Colección Tierra Firme

LA FÁBRICA DE LA MEMORIA

PETER ELMORE

La fábrica
de la memoria

*La crisis de la representación en la
novela histórica hispanoamericana*

ATENEA   cfe

FONDO DE CULTURA ECONÓMICA

MÉXICO - ARGENTINA - BRASIL - COLOMBIA - CHILE
ESPAÑA - ESTADOS UNIDOS DE AMÉRICA - PERÚ - VENEZUELA

Primera edición, Lima, 1997
ISBN: 9972-663-09-4

Impreso y hecho en el Perú
Printed and made in Peru

Quiero dar las gracias a Nancy Elmore,
Abelardo Oquendo y Luis Valera por su
imprescindible apoyo. Agradezco también el
generoso respaldo de la Universidad de Colorado.

A Tania, en el primero de sus años.

LA NOVELA HISTÓRICA EN HISPANOAMÉRICA: FILIACIÓN Y GENEALOGÍA

En un célebre pasaje del *Ulises,* Stephen Dedalus razona que la historia es una pesadilla de la cual no puede despertar[1]. No pocos escritores hispanoamericanos suscribirían la desencantada posición del artista adolescente de Joyce: el pasado colectivo tiene, con frecuencia, un peso traumático y perturbador en las ficciones del continente[2]. Así, el impulso retrospectivo y la meditación sobre el tiempo no sirven para ensayar un escape ilusorio a un mundo idílico, sino para encontrarse con problemas aún no resueltos, con conflictos todavía vigentes; en esa medida, la escritura se mide con las grandes cuestiones de la actualidad a través de la indagación crítica e imaginativa en las crisis del pasado. No por azar, los periodos más visitados por la narrativa histórica latinoamericana son la Conquista y la Emancipación: el comienzo de la experiencia colonial en los siglos XV y XVI y la fundación de estados autónomos en el XIX pueden ser vistos como momentos de fisura, procesos dramáticos en los cuales se condensan las contradicciones que marcan a las sociedades latinoamericanas. Es imprescindible reconocer, sin embargo, que nuestro acceso al pasado se constituye a través de los discursos que dan cuenta de los eventos y procesos históricos. De ahí que la historiografía —desde sus manifestaciones eruditas hasta las versiones oficiales para consumo escolar— sea al mismo tiempo el soporte y la interlocutora de la ficción histórica: en ambas, lo que está en juego es la memoria y el registro del devenir de una comunidad políticamente organizada.

No resulta difícil invocar datos que demuestren el auge del género en la América Latina contemporánea. Por ejemplo, Seymour Menton

[1] La oración aparece en el curso de una de las numerosas tertulias en las que Stephen participa:
" —History, Stephen said, is a nightmare from which I am trying to awake" (34)
La frase reaparece en otro pasaje de la novela:
"—Clever, Lenehan said. Very.
—Gave it to them on a hot plate, Myles Crawford said, the whole bloody history.
Nightmare from which you will never awake"(137).
[2] Sobre la presencia de Joyce en la literatura latinoamericana moderna se ocupa extensamente Gerald Martin en *Journeys through the labyrinth.*

precede el cuerpo de su *Latin America's New Historical Novel* con una lista de 367 novelas históricas publicadas entre 1949 y 1992 (1-13); acaso lo más impresionante de ese catálogo sea que, aunque populoso, no tiene la pretensión de ser exhaustivo. Puede añadirse que entre los autores que han frecuentado esta forma se hallan Alejo Carpentier, Augusto Roa Bastos, Mario Vargas Llosa, Fernando del Paso y Gabriel García Márquez, pero más importante todavía es recordar los títulos de las novelas históricas que han escrito, respectivamente: *El siglo de las luces* (1962), *Yo el Supremo* (1974), *La guerra del fin del mundo* (1981), *Noticias del Imperio* (1987) y *El general en su laberinto* (1989). Más allá de sus peculiaridades y divergencias, estas novelas hallan su materia narrativa en las peripecias de la construcción de estados nacionales en el siglo XIX latinoamericano: ese terreno compartido permite, en buena cuenta, discutirlas en conjunto. Sin duda, su sola enumeración revela con claridad que las ficciones históricas no son inquilinas precarias en nuestro canon y que, por el contrario, su ausencia lo empobrecería de manera drástica. Precisamente porque ni el mérito ni la importancia de estas obras están sujetos a controversia, me propongo utilizarlas para evaluar a partir de ellas la trayectoria y el carácter de la novela histórica en América Latina.

La insistencia en desmitificar íconos patrióticos o reconsiderar periodos cruciales es, en sí misma, reveladora de una crisis de consenso: las novelas históricas contemporáneas delatan con su propia existencia que las mitologías nacionales latinoamericanas han perdido su poder de persuasión, su capacidad de convocatoria. Si, como sostiene Benedict Anderson, las naciones son "comunidades imaginadas"[3], la propuesta de visiones alternativas del pasado cuestiona a las imágenes y los relatos que permiten la integración de los individuos en el dominio abarcador de lo nacional; sin la idea de un sedimento histórico común, de una herencia compartida por gentes de diversas clases y grupos étnicos, el sentimiento patriótico se convierte en una argamasa más bien deleznable, pues el apego emotivo al país de origen se diluye si éste aparece exclusivamente bajo la forma de su aparato estatal, de la suma de sus instituciones militares y burocráticas. Por eso, es comprensible que en

---

[3] Ver: *Imagined Communities,* de Benedict Anderson. El énfasis que Anderson pone en la capa letrada colonial como formadora de la imagen nacional resulta esclarecedor, pues muestra la conexión íntima entre las prácticas simbólicas y el proyecto político en la empresa nacionalista.

la retórica de la identidad nacional se adjudique tanto valor al territorio y a la historia, ya que ambos asientan en el espacio y el tiempo la convicción de pertenecer a una comunidad de compatriotas, a un Pueblo[4]. Eric Hobsbawn ha recordado que "el nacionalismo, o mejor dicho, para usar la lúcida frase del siglo XIX, *el principio de nacionalidad*, asume la *nación* como un hecho evidente, así como una democracia asume el *pueblo* como un hecho evidente" (246). A este vacío conceptual se añade la dificultad de señalar los contornos precisos y los contenidos concretos de la actitud nacionalista —que recorre, por cierto, una gama que va desde el chauvinismo conservador hasta el populismo antiimperialista. Vale la pena, en todo caso, subrayar la naturaleza pre-racional, emotiva, del fenómeno: no es inútil recordar la estirpe romántica de la apología de lo telúrico y el alma colectiva[5]. Una de las principales tareas de la novela histórica en la segunda mitad del siglo XX será, precisamente, el escrutinio y el desmantelamiento de las premisas esencialistas que sustentan a buena parte de las inquisiciones en la problemática de la identidad[6].

El siglo XIX latinoamericano se distingue por las diversas tentativas de fundar estados nacionales en sociedades heterogéneas, marcadas

[4] El tópico de la identidad nacional —que ha conocido usos conservadores y radicales a lo largo del siglo— resulta hoy mucho menos seductor que en las décadas del 20 y 60. Eso se debe, entre otros factores, a la debacle (o al agotamiento) de los proyectos populistas y nacionalistas en América Latina. Por otro lado, la crítica al ego romántico y a las expectativas de la modernidad ha contribuído también al descrédito de este discurso. En *Escribir en el aire*, Antonio Cornejo Polar formula la siguiente observación : "Pero sucede que cada vez tengo mayores sospechas acerca de que el asunto de la identidad esté demasiado ligado a las dinámicas del poder: después de todo es una élite intelectual y política la que convierte, tal vez desintencionadamente, un *nosotros* excluyente, en la que ella cabe con comodidad, con sus deseos e intereses íntegros, en un *nosotros* extensivamente inclusivo, casi ontológico, dentro del cual deben apretujarse y hasta mutilar algunas de sus aristas todos los concernidos en ese proceso en el que, sin embargo, no han intervenido. Ese *nosotros* es —claro— la *identidad* intensamente deseada"(21).

[5] En el prólogo a *Nationalism, Colonialism, Literature* , Seamus Deane señala el núcleo idealista y voluntarista en el que se cimienta el credo del nacionalismo : "All nationalisms have a metaphysical dimension, for they are all driven by an ambition to realize their intrinsic essence in some specific and tangible form"(8). No deja de ser irónico que las afirmaciones de la particularidad nacional sigan un recorrido tan poco singular.

[6] En *The Voice of the Masters*, Roberto González Echevarría afirma: "The main theme of Latin American thought has been the question of identity"(12). En un libro posterior, *Myth and Archive*, el mismo autor escribe: "To most readers, the Latin American novel must appear to be obsessed with Latin American history and myth"(5). Ninguna de las dos declaraciones destaca por polémica; al contrario, a ambas las ampara el consenso de la crítica. El debate sobre la identidad —que incluye hasta a quienes recusan la validez de la noción misma— ocupa, en efecto, una parte importante del ensayo y la ficción latinoamericanos; además, la indagación en los saberes del mito y la historia —esas dos maneras de interrogarse sobre los orígenes— distingue a nuestra literatura. De lo anterior se deduce con facilidad por qué la novela histórica es uno de los géneros capitales en América Latina.

por el abigarramiento étnico y la diversidad cultural. El impulso autonómico que rigió a la empresa anti-colonial debió complementarse con la necesidad de encontrar estructuras adecuadas de policía y gobierno. Por eso, sobre los escombros del ordenamiento virreinal se planteó el debate sobre la forma que la soberanía popular —esa poderosa ficción legal— debía asumir: si el modelo republicano se impuso a la larga, no puede olvidarse que José de San Martín se inclinó por una monarquía constitucional, que Agustín de Iturbide fue el efímero emperador de México en 1822 o que a Pedro I —el hijo del rey de Portugal— le correspondió proclamar en Brasil una monarquía independiente que habría de prolongarse desde 1822 hasta 1889. Es cierto que los afanes de la auto-determinación no ocuparon a las grandes mayorías, que permanecieron más o menos ajenas a las peripecias de la lucha por el poder político. Las capas ilustradas, sin embargo, se vieron ante el desafío de construir un edificio jurídico y conceptual que justificase la ruptura con el viejo orden e implantase otras reglas de convivencia social: el colapso de un modelo cuya lógica se fundaba en el interés de la metrópolis estimuló la afirmación de la diferencia americana y la búsqueda de la legitimidad en fuentes internas. Así, Bolívar pudo afirmar categóricamente: "Toda la tierra está ya agotada por los hombres, la América sola, apenas está encentada" (*Escritos políticos* 77-8); por su parte, José Joaquín Olmedo convocó en "La Victoria de Junín" al espectro de Huayna Cápac para que, en un dialecto neoclásico y solemne, celebrase el triunfo de las tropas criollas sobre los ejércitos realistas[7]. Si en el primer ejemplo se revela el deseo de señalar la especificidad latinoamericana, en el segundo se advierte la voluntad de apropiarse del pasado autóctono: las fórmulas de Bolívar y Olmedo pueden parecernos caducas, pero es innegable que las cuestiones a las cuales intentaban responder —es decir, las de la identidad y la historia permanecieron como tópicos claves de la producción cultural del continente.

Limitar el proceso emancipador y la edificación de estados independientes a una contienda de ideas y de imágenes sería excesivo, pero lo que interesa en este trabajo es mostrar cómo, en ciertas novelas contemporáneas que tratan la vida política latinoamericana del siglo

---

[7] Ver: *Obras Completas*, de José Joaquín Olmedo.

XIX, se insiste en el papel decisivo que las prácticas simbólicas cumplen en la fundación de lo nacional y en la construcción de lo popular: al presentar la historia como escritura y proceso, los relatos hegemónicos del pasado son puestos en cuestión. En *El siglo de las luces*, *Yo el Supremo*, *La guerra del fin del mundo*, *Noticias del Imperio* y *El general en su laberinto*, la problemática de las fundaciones y los orígenes de los estados nacionales ocupa un lugar central: de distintas maneras, estos textos examinan las encrucijadas de la modernidad y los avatares del deseo utópico en la América Latina del siglo pasado. Al mismo tiempo, a través de las figuras que convocan y las crisis que recrean, estas obras ponen en escena los dilemas y las paradojas de la *representación* artística y política[8]. En suma, lo que define a sus poéticas es la convergencia del impulso contestatario con la dimensión auto-reflexiva: al examinar las ficciones de la historia se interrogan también sobre la naturaleza de su propia invención.

José Miguel Oviedo ha observado que Alejo Carpentier "reintroduce lo que sería uno de los grandes temas de la novela contemporánea (después de haberlo sido en la del siglo XIX): la Historia, no como un sumario de fechas y hazañas, sino como una vivencia reveladora, pues traspasa la vida individual y la coloca sobre el tapete del tiempo colectivo, esa tarea de Sísifo que comenzamos una y otra vez como si fuese la primera" (*Antología crítica del cuento hispanoamericano* 409). Es, efectivamente, en el flujo temporal y en la experiencia social donde los personajes de Carpentier definen la razón y el sentido de su existencia: de ahí que su reino sea de este mundo, aun si creen en mitos y ordenan la realidad con categorías mágicas, como aquellos esclavos haitianos que ven la metamorfosis de un hechicero donde los europeos sólo observan la ejecución de un rebelde[9]. A San Agustín se le atribuye habitualmente la calidad de precursor del pensamiento

---

[8] Ver: "Representation", de W. J. T. Mitchell.
[9] Aludo a un pasaje famoso de *El reino de este mundo,* el del ajusticiamiento de Mackandal en la Plaza del Cabo:
"El fuego comenzó a subir hacia el manco, sollamándole las piernas. En ese momento, Mackandal agitó su muñón que no habían podido atar, en un gesto conminatorio que no por menguado era menos terrible, aullando conjuros desconocidos y echando violentamente el torso hacia adelante. Sus ataduras cayeron, y el cuerpo del negro se espigó en el aire, volando por sobre las cabezas, antes de hundirse en las ondas negras de la masa de esclavos. Un solo grito llenó la plaza.
—Mackandal sauvé!"(65).

histórico occidental[10]; la idea es debatible, pero lo que sí resulta indudable es que en la novela histórica no hay sitio para construir ninguna Ciudad de Dios: hasta Canudos, esa Nueva Jerusalén que fundan los seguidores de Antonio el Conselheiro en *La guerra del fin del mundo*, es un modelo alternativo de sociedad terrena. Hanna Arendt ha argumentado persuasivamente que la conciencia histórica moderna no podría haber surgido sin la separación entre las esferas de la fe y la praxis política, de las instituciones religiosas y el poder estatal: la intervención de lo sobrenatural y las sanciones divinas quedan relegadas, en todo caso, al fuero íntimo y al ámbito de las creencias personales, pero las explicaciones del devenir social proceden exclusivamente de una causalidad humana (*Between Past and Future* 70-73). Esta secularización de la vida social no sólo afecta al campo de lo público, sino que tendrá enormes consecuencias en el área de la subjetividad, de la manera de concebir la existencia humana:

> The separation of religion and politics meant that no matter what an individual might believe as a member of a church, as a citizen he acted and behaved on the assumption of human mortality (73).

Uno de los índices de la visión moderna del mundo radicaría, precisamente, en esta suerte de esquizofrenia funcional a la que alude Arendt: el mismo sujeto que, en tanto feligrés, cree en la eternidad y la resurrección, basa su práctica social en la premisa de que la vida es precaria, limitada. La muerte no se presenta, entonces, como un puente hacia una realidad superior, sino como el término que define la praxis humana. La convicción de que el final es inexorable no provoca una respuesta pasiva y desalentada; al contrario, de esa certidumbre trágica provienen, entre otros fenómenos, el énfasis en los méritos de la voluntad individual y la insistencia en la ética del trabajo. Así, la única inmortalidad disponible en el mundo moderno es la de las obras: la historia ofrecería un sucedáneo terrestre de la salvación[11]. No es ésta, por cierto, la única relación que puede trazarse entre el pensamiento

---

[10] Ver: *Christianity and Classical Culture*, de C. N. Cochrane.
[11] En *The Sense of an Ending*, Frank Kermode enfatiza los nexos entre el pensamiento apocalíptico y la conciencia histórica moderna: "The apocalyptic types —empire, decadence and renovation, progress and catastrophe— are fed by history and underlie our ways of making sense of the world from where we stand, in the middest"(29).

cristiano y el modo de conciencia histórico[12]. Al advertir las intersecciones entre ambos, sin embargo, se corre el riesgo de olvidar las áreas divergentes. Para comenzar, el significado mismo de la trascendencia varía en las claves de lo sagrado y lo secular: si en la primera acepción hay que entender el concepto literalmente, en la segunda sólo se puede admitir un sentido figurado, metafórico; además, la noción teológica de inmortalidad supone que la agencia del tiempo ha sido abolida, mientras que en el discurso histórico sólo es posible sobrevivir en la memoria de los otros, en el presente de las generaciones futuras.

No es azaroso que la muerte sea un tema crucial y un motivo clave en las ficciones históricas. En el caso de *El siglo de las luces*, por ejemplo, la desaparición física de Sofía y Esteban se representa como una comunión trágica y paradójica con el pueblo madrileño que, el 2 de mayo de 1808, se alzó contra la invasión napoleónica; antes que internarme en las complejidades de la novela, me limito a señalar los rasgos que definen el fin de los protagonistas: aunque las causas por las cuales se inmolan no sean idénticas, resulta obvio que el sacrificio de sus vidas es deliberado; más aun, su fallecimiento ocurre en medio de una jornada cuya importancia excede las biografías de los dos jóvenes cubanos. Sería erróneo equiparar su gesto último a un suicidio: el suicida renuncia a la sociedad, mientras que los personajes de *El siglo de las luces* se encuentran y se pierden en ella. La muerte que eligen es *pública*, pero no en el sentido de un espectáculo ofrecido a la curiosidad de los transeúntes, sino de una acción dotada de un contenido raigalmente colectivo y político.

El general en su laberinto y *Yo el Supremo*, por su parte, indagan en la problemática de la mortalidad desde otros ángulos. En un pasaje de *Yo el Supremo*, el secretario Patiño le dice al doctor Francia: "Estaba pensando en esas palabras que usted me dictó el otro día cuando dijo que, viva o muera, el hombre no conoce inmediatamente su muerte; que siempre muere en otro mientras abajo está esperando la tierra" (369).

---

[12] Como apunta V.N. Toporov en una erudita monografía, "Les sources cosmologiques des premiéres descriptions historiques", el cristianismo fue la primera religión que, a través de la figura de Cristo, situó a Dios en el plano histórico: "Plus radical encore fut le pas accompli par le christianisme. C'est précisément lui qui, totalement, et pour la première fois, plaça Dieu dans le temps historique, insistant sur l'historicité du Christ, né d'une femme humaine, Marie, et supplicié au temps de Ponce Pilate. Par lá même, pour la première fois, le temps de la liturgie coincide avec celui de l'histoire"(136).

De inmediato, Francia acusa a su amanuense de haber adulterado la cita; en vez de refutarla, sin embargo, amenaza a Patiño con hacerle probar en carne propia la justicia de la idea: "No es eso exactamente lo que te dicté, pero es exactamente lo que te pasará a ti dentro de no mucho más que muy poco" (369). La ambigüedad de la reacción es significativa en un texto que, como *Yo el Supremo*, interroga sistemáticamente las paradojas de la autoridad y de la autoría: el dictador se distancia de lo que ha dictado y, al mismo tiempo, lo confirma. Justamente, la frase de la discordia alude a ese reconocimiento de la muerte por parte de los vivos en el cual, según Michel de Certeau, se funda la escritura histórica[13]. En *El general en su laberinto*, de otro lado, la intimidad y la agonía del hombre público más importante del siglo XIX latinoamericano se convierten en materia de la ficción: la proximidad del final, su innegable imninencia, explican el aura melancólica del texto, pero también su empeño en recorrer retrospectivamente la biografía del Libertador. El motivo del río, de resonancias mitológicas y clásicas, organiza al discurso: el recorrido por el Magdalena se convierte en un viaje por el tiempo, en una pesquisa cuyo objeto será el significado mismo de la praxis histórica y de la existencia individual. Esa doble travesía física y subjetiva que extenúa al protagonista encuentra su símbolo y su forma en la figura del laberinto, cuya estirpe borgeana es notoria; acaso convenga también recordar que el apellido de Stephen Dedalus evoca al nombre del arquitecto que edificó en Creta la residencia del Minotauro. Tanto en la obra de Borges como en el mito griego, el laberinto no sólo invita a la perplejidad, sino que está directamente asociado a la muerte: un destino funesto les está reservado a quienes no pueden escapar de él. De ahí su vinculación con el tiempo, también ineludible y voraz: si el monstruo de Creta devora seres humanos, Cronos se alimenta de sus propios hijos. Ese carácter letal se retiene en la novela de García Márquez, porque el sentido del actuar histórico y de una existencia entregada a la utopía revolucionaria se evalúan en la agonía, en la clausura mismo del ciclo vital.

---

[13] Mediante la comparación entre la historiografía y los cementerios, Michel de Certeau recalca el caracter equívoco, doble, de ese reconocimiento: "Mais en même temps, l'écriture historienne fonctionne comme image inversée; elle faite place au manque et elle le cache; elle crée ces récits du passé qui sont l'équivalent des cimétiers dans les villes; elle exorcise et avoue une présence de la mort dans le milieu des vivants" (*L'écriture de l'histoire* 103).

En *Noticias del Imperio*, el clímax dramático radica en el fusilamiento de Maximiliano I, el 19 de junio de 1867, en el Cerro de Las Campanas. Ese suceso sella no sólo el fin del Emperador, sino el del proyecto imperial que él encarnaba; de nuevo, la circunstancia personal adquiere una dimensión política, pública. Hasta cierto punto, el hecho de sangre puede convertirse en soporte de una alegoría cívica: la República derrota a la Monarquía, un proyecto de nación sepulta y anula a un proyecto adversario. En la novela, sin embargo, el episodio no se agota en esa interpretación, aunque la acoge como una de las maneras de elucidar el final trágico de Maximiliano. La voz que predomina a lo largo del vigésimo capítulo de *Noticias del Imperio* es la de un investigador minucioso que critica a sus fuentes y las coteja entre ellas para acceder a una reconstrucción fidedigna de los hechos: la ficción parece, en principio, subordinarse a las exigencias del acopio documental. Además del rigor forense con el que intenta fijar los detalles de la captura y el ajusticiamiento de Maximiliano I, el narrador se propone consignar los comentarios que la muerte del monarca suscitó. Según el juicio de los historiadores pro-imperialistas, el fusilamiento habría constituido "un acto de venganza a nivel tanto individual y consciente, como colectivo y subconsciente" (572): Juárez haría las veces de Moctezuma, el gobernante austríaco las de Hernán Cortés. Por otro lado, desde una perspectiva estrictamente nacionalista, la sangre de Maximiliano le marcaba un desenlace al casi medio siglo de guerra civil entre liberales y conservadores (572). Más que afectar neutralidad, al narrador le interesa ofrecer una versión plausible de los aconte- cimientos y, al mismo tiempo, establecer no sólo la credibilidad de sus fuentes, sino los intereses y preocupaciones que apuntalan sus exégesis.

A primera vista, la crónica de la muerte del Emperador aparenta seguir las pautas de cierta historiografía académica; sin embargo, la prolija acumulación de datos y el análisis minucioso de los documentos conducen, sobre todo, a subrayar la distancia irrecuperable entre el discurso que habla del pasado y su objeto. No es casual que en el capítulo se intercalen un corrido y el monólogo de uno de los soldados que participó en la ejecución. Desde una mirada romántica, la voz anónima de la balada popular podría reivindicar una mayor autenticidad que la palabra de un erudito; una sensibilidad positivista, por otro

lado, podría favorecer la declaración de un testigo ocular sobre las
conjeturas de quien no estuvo presente a la hora de los hechos. En el
ámbito de la novela, el corrido y el monólogo del soldado ilustran
también a su manera la separación entre la mímesis y la materia que
ésta modela; la brecha se debe no sólo a las operaciones de la memoria
y el olvido, sino a la intervención de lo que Hayden White llama "modes
of emplotment", esos sistemas de producción de significado que le
confieren forma narrativa a los acontecimientos[14]: al convertir el Cerro
de las Campanas en el Gólgota de un Cristo que se sacrifica por un
pueblo ingrato, la ejecución de Maximiliano se vierte en el molde
simbólico de la tragedia —o, lo que es lo mismo, se hace inteligible
como suceso trágico.

Además, la decisión de adoptar la máscara del historiador —y
no, por ejemplo, la del narrador omnisciente— permite negar en *Noticias
del Imperio* una ilusoria inmediatez entre el sujeto enunciador y el
referente. *Reconstruir los hechos* equivale, en buena cuenta, a darles
una forma verosímil. Indagar en el valor simbólico de los sucesos, por
otro lado, exige salir del terreno empírico: el sentido de la muerte de
Maximiliano I no se halla en los pormenores del fusilamiento, sino en
las funciones que éste cumple en las futuras historias de México. En
consecuencia, el interés histórico se manifiesta en dos planos
complementarios: en tanto evento único, irrepetible, el deceso del
Emperador invita a la recuperación imaginaria de sus circunstancias;
para esclarecer su significado, sin embargo, es preciso integrarlo a un
cauce narrativo, incorporarlo a alguno de los relatos que dan cuenta
del pasado nacional.

Esta peculiar inscripción de la mortalidad en el cuerpo mismo de
los textos es, en suma, uno de los rasgos centrales de la novela histórica
y la historiografía. De hecho, lo que señala Michel de Certeau sobre el
discurso de las ciencias humanas se aplica con aún mayor exactitud a
la creación literaria:

---

[14] En *Metahistory*, Hayden White señala: "Following the line indicated by Northop Frye in
his *Anatomy of Criticism*, I identify at least four different modes of emplotment: Romance,
Tragedy, Comedy, and Satire"(7). La idea de que el género al que pertenece un discurso rige
el sentido de éste se vierte así en *The Content of the Form*, también de White: "When the
reader recognizes the story being told in a historical narrative as a specific kind of story—for
example, as an epic, romance, tragedy, or farce— he can be said to have comprehended the
meaning produced by the discourse. This comprehension is nothing other than the recogni-
tion of the form of the narrative"(43).

La mort obséde l'Occident. A cet égard, le discours des sciences humaines est pathologique: discours du pathos —malheur et action passionnée— dans une confrontation avec celle mort que notre société cesse de pouvoir penser comme un mode de participation á la vie. Pour son propre compte, l'historiographie suppose qu'il est devenu impossible de croire en cette présence des morts qui a organisé (ou organise) l'expérience de civilisations entiéres, et qu'il est pourtant impossible de "s'en remettre", d'accepter la perte d'une vivante solidarité avec les disparus, d'entériner une limite irréductible (*L'écriture de l'histoire* 12).

La historiografía admite la ausencia de los muertos, la pérdida de esa continuidad entre el mundo de los vivos y el de los ancestros que distingue a las sociedades pre-modernas; la novela, por su parte, participa de esa misma certidumbre, pero en ella la mímesis muestra a los personajes históricos como agentes y actores, como seres que intervienen en la construcción de sus vidas y sus entornos. Kate Hamburger sostiene, a propósito de las representaciones de Napoleón en los textos de historia y en *La guerra y la paz*, que la divergencia entre ambos no radica en la menor fidelidad de Tolstoi a los datos de la erudición; sucede, más bien, que el mundo novelesco postula un *ahora* ficticio en el cual viven y actúan los personajes (*The logic of literature* 112-3). Por eso, en el relato de Tolstoi, la Guerra Franco-Rusa de 1812 funciona a la vez como pasado de la narración y presente de la fábula; la misma alquimia temporal, por cierto, se produce con cualquier episodio histórico que se convierta en materia novelesca. Esa dualidad explica que, en su desplazamiento del discurso historiográfico al régimen de la ficción, los habitantes de otros tiempos recobren imaginariamente su calidad de sujetos y se reintegren al orden de la praxis.

La cuestión nacional, con sus perplejidades y paradojas, no sólo solicita el interés de una parte considerable de la narrativa latinoamericana contemporánea. Puede declararse, sin riesgo de provocar polémicas, que su urgencia fue incluso mayor para la intelectualidad decimonónica. Como señala Francine Masiello, la tarea de definir a la nación obsesionó a los escritores-estadistas del siglo XIX, que se ocuparon primordialmente de tramar el curso de los estados recién nacidos a la independencia (*Between Civilization and Barbarism* 3). Doris Sommer, por su parte, se ha interesado en el íntimo vínculo que

conecta a las novelas románticas de la época con el empeño de forjar
modelos viables de identificación nacional:

> Why did Latin American political and military leaders cultivate
> and promote the romantic novel as perhaps the most significant
> discursive medium for national development? Evidently, they as-
> sumed certain analogies between ideal history and (domestic) ro-
> mance: first, that a nation is like a family; it is founded on mutual
> love which insures its continuing stability and productivity. Sec-
> ond, that the stable and coherent identity of the family nation
> bears the name of the father, so that by metonymic extension, his
> personal (or class, race, party) identity is a national identity. There-
> fore, romance accomplishes two things at once. It establishes na-
> tional unity through love; and it organizes that love through the
> father's will (54).

Uno puede objetar que, en el siglo XIX latinoamericano, la poesía,
la oratoria cívica, el teatro y el periodismo gozaron de más prestigio y
presencia que la novela: la utilidad didáctica que solió reclamársele a
ésta no es sino un síntoma de la relativa desconfianza que despertaba
la ficción narrativa. Esa salvedad no invalida el argumento de Sommer,
aunque sí lo califica y modera. Más allá del peso específico de la novela
en la arena cultural, importa anotar que, bajo el rubro genérico del
romance, Sommer incluye desde *Enriquillo* (1882), del dominicano
Manuel de Jesús Galván, hasta *María* (1867), del colombiano Jorge
Isaacs, pasando por *Amalia* (1855), del argentino José Mármol. A pesar
de las semejanzas que los conectan, conviene enfatizar que estos tres
textos difieren en sus posturas hacia la historia como asunto y problema.
De *Enriquillo* señaló Amado Alonso, sin dilatar el punto, que "tiene
fama de ser la mejor novela histórica americana" (66); por su lado, el
lacrimoso idilio que se narra en *María* tiene por escenario y contexto
una naturaleza exuberante, desmedida: el paisaje es, en ella, mucho
más significativo que el momento político. *Amalia* equidista de las
otras dos novelas pues, en ella, Mármol simuló retóricamente la distancia
temporal en la que se asienta el relato histórico:

> La mayor parte de los personajes históricos de esta novela existen
> aún, y ocupan la misma posición política o social que en la época
> en que ocurrieron los sucesos que van a leerse. Pero el autor, por

una ficción calculada, supone que escribe su obra con algunas generaciones de por medio entre él y aquéllos. Y es ésta la razón por la que el lector no hallará nunca en presente los tiempos empleados al hablar de Rosas, de su familia, de sus ministros, etc. (1).

El ardid del novelista consiste, entonces, en inventar una voz autorial que valora lo contemporáneo como pretérito; esa asimetría le concede al unitario Mármol una ventaja imaginaria sobre el federalista Rosas, pues lo sitúa en un futuro ideal desde el cual juzga a su enemigo. El gesto de Mármol no fue tan singular como puede parecer a primera vista: un correligionario famoso, Domingo Faustino Sarmiento, aseguraba en el *Facundo* (1845) que en la Argentina "el siglo XIX y el siglo XII viven juntos: el uno dentro de las ciudades, el otro en las campañas" (28). La fórmula lapidaria de Sarmiento y el artificio de Mármol ponen en evidencia la concepción del tiempo histórico que caracteriza al liberalismo decimonónico. Lineal y ascendente, el progreso trazaba su trayectoria en las sociedades humanas: oponerse a su paso significaba condenarse al anacronismo, aliarse a él suponía integrarse a la comunidad de los contemporáneos. Sin duda, la noción de que las disonancias y las contradicciones sociales latinoamericanas pueden leerse en términos de un desfase temporal, como si en el territorio de un mismo país coexistieran épocas diferentes, no acabó con los románticos argentinos de la Generación de Mayo: ese motivo impulsa a *Los pasos perdidos* (1949), de Carpentier, y también aparece notoriamente en *La guerra del fin del mundo*. Por cierto, la confianza en la superioridad moral de lo moderno sobre los atavismos y las normas de las tradiciones locales ha cedido su lugar a una visión más compleja, más trágica. Ningún autor latinoamericano de primera fila ha compartido en el siglo XX el categórico optimismo de Sarmiento, pero la manera que éste tuvo de aprehender la heterogeneidad ha logrado persistir en un punto decisivo: el principal criterio de deslinde cultural en nuestras sociedades ha sido el nivel de modernización. Octavio Paz ha señalado que, con el advenimiento del mundo moderno, "se postula como ideal universal al tiempo y sus cambios" (*Los hijos del limo* 40). Precisamente porque el dinamismo temporal se torna en el principio diferenciador por excelencia, en la vara que mide y juzga a las colectividades, la Historia se convierte en el terreno donde la verdad radica y se manifiesta. De ahí que Hegel, por ejemplo, hiciera de ella la base y el fundamento de su metafísica[15].

La noción de que la vida de las sociedades posee un rumbo y un propósito, de que un argumento alentador se dibuja tras la aparente incoherencia de la acción humana, animó a románticos y positivistas en América Latina: como en Europa, la idea del progreso inspiró una teología laica[16]. En Brasil, el positivismo no sólo sedujo a los fundadores de la República, sino que llegó al extremo de fomentar la creación de una secta religiosa; acaso por eso, de allí provino la crítica más cáustica a las ilusiones fomentadas por el racionalismo de Comte y Spencer. En *Memorias posthumas de Braz Cubas* (1881), el difunto cronista que concibió Machado de Assis narra un delirio en el cual se parodia y desmantela el mito decimonónico del progreso; Braz Cubas, conducido por un hipopótamo vertiginoso, llega a la cima de una montaña desde la que Pandora le muestra nada menos que el pasado, el presente y el futuro de la humanidad:

> Inclinei os olhos a uma das vertentes, e contemplei, durante um tempo largo, ao longe, atravez dum nevoeiro, uma cousa unica. Imagina tu, leitor, uma reducção dos seculos e um desfilar de todos elles, as raças todas, todas as paixões, o tumulto dos imperios, a guerra dos appetites e dos odios, a destruição reciproca dos seres e das cousas. Tal era o espectaculo, acerbo a curioso espectaculo. A historia do homem e da terra tinha assim uma intensidade que lhe não podiam dar nem a imaginação nem a sciencia, porque a sciencia é mais lenta e a imaginação mais vaga, enquanto que o que eu alli via era a condensação viva de todos os tempos (35).

Ese precursor del Aleph no le revela a Cubas la cifra de la eternidad: en vez de una epifanía, el protagonista sufre un desmayo dentro de su propio delirio. Antes de que esto suceda, el recorrido de los años le muestra que cada siglo "trazia a sua porção de sombra e de luz, de apathia e de combate, de verdade e de erro, e o seu cortejo de

---

[15] Hanna Arendt, en *Between Past and Future*, considera que esta relación entre la verdad y el flujo del tiempo es la clave de la conciencia histórica moderna: "To think, with Hegel, that truth resides and reveals itself in the time-process itself is characteristic of all modern historical consciousness, however it expresses itself, in specifically Hegelian terms or not"(68).

[16] Para una visión de conjunto sobre las corrientes filosóficas en América Latina, ver: *Dos etapas de pensamiento en Hispanoamérica*, de Leopoldo Zea.

systemas, de idéas novas, de novas illusões" (37-8). El juego de contrastes y el estoico humor de este pasaje hacen recordar a los *Sueños*: hay, sin duda, semejanzas entre el pesimismo barroco de Quevedo y el escepticismo conservador de Machado de Assis, pero la gran diferencia entre ambos tiene que ver con el peso de lo secular en sus respectivas visiones. En *Memorias posthumas* no es posible ya el recurso tácito a una verdad divina, ultraterrena, en la que se superan los fallos y las mentiras de la condición humana: en un sentido profundo, la pesadilla de Cubas asume que nada existe más allá de la historia. Esa misma certidumbre (y, a la vez, el imposible deseo de abolirla) se ratifica en la ficción histórica contemporánea. "¡Cómo voy a salir de este laberinto!", murmura el Bolívar de García Márquez hacia el final de su agonía; significativamente, la solución al enigma no la encontrará en la ultratumba, sino en el último minuto de su vida: el tiempo atrapa al héroe, pero a la vez le revela el sentido de su existencia.

Si la doctrina positivista marcó al siglo XIX, la reacción contra su optimismo dogmático ha señalado al pensamiento y la imaginación latinoamericanos de este siglo: en el México pre-revolucionario, por ejemplo, Antonio Caso, Alfonso Reyes y las figuras vinculadas al Ateneo de la Juventud se forjaron en la brega con las tesis de los "científicos", que le habían prestado legitimidad a la modernización vertical impuesta por el Porfiriato. Lois Parkinson Zamora, por su parte, resalta el papel de Ortega y Gasset en la formación de un nuevo clima intelectual en las décadas del 20 y el 30; aparte del rol divulgador que cumplió la *Revista de Occidente*, la teoría orteguiana de las generaciones ilustraba una manera concreta de eludir al modelo lineal y ascendente de la historia, pues en su diseño la noción de progreso se desplazaba en favor de los conceptos de recurrencia cíclica y simetría ("The Usable Past" 28-32). Ahí, por cierto, residiría la afinidad entre las propuestas de Ortega y las de Vico, Spengler o Nietzsche: en ellas —y al margen de las discrepancias que las separan— la espiral o el círculo se proponen como imágenes del curso del tiempo.

El panorama quedaría incompleto si se ignorase a la dialéctica hegeliana, que en América Latina impactó sobre todo a través de su encarnación marxista. Ciertamente, a Hegel se debe la versión más decantada y rigurosa de lo que Lukács llamó "el historicismo progresista"(*The historical novel* 28); acaso esa filiación haya llevado a atribuirle una supuesta creencia en el crecimiento lineal y evolutivo de la humanidad. Las tesis que *La filosofía de la historia* expone no admiten, sin embargo, esa glosa simplista; de hecho, tiene más sentido sostener —como hace Agnes Heller— que la concepción hegeliana del tiempo es, en definitiva, más bien circular ("History and the Historical Novel" 19). En efecto, Hegel apunta que las manifestaciones iniciales del Espíritu contienen virtualmente la totalidad de la Historia Universal (18); el símil del embrión que encierra potencialmente a su fruto le sirve para ilustrar esa idea, que funciona como hilo conductor de las conferencias en las cuales se basa su libro póstumo. En *La filosofía de la historia* se concilian, entonces, la apología del progreso con la afirmación de que el pasado es, al menos parcialmente, una forma embrionaria del futuro:

> In actual existence Progress appears as an advancing from the imperfect to the more perfect; but the former must not be understood abstractly as *only* the imperfect, but as something which involves the very opposite of itself —the so-called perfect— as a *germ* or impulse. So —reflectively, at least— *possibility* points to something destined to become actual (57).

La contienda dialéctica entre lo nuevo y lo viejo trasciende la mera superación de formas de vida anticuadas, caducas. El presente, el momento de la praxis, no conduce fluidamente y sin dramatismo de un peldaño inferior a otro más alto, de una condición precaria a otra más próspera. Hegel no sugiere, en absoluto, que todo tiempo pasado sea peor. Contra la confianza en que el paso de los siglos conduce inexorablemente a la dicha, a la satisfacción plena de las necesidades humanas, insiste en el caracter trágico del proceso histórico: no sólo la historia universal "no es el teatro de la felicidad"(26), sino que las épocas de relativa estabilidad y armonía apenas son en ella páginas en blanco. En el pensamiento hegeliano, los intervalos de calma resultan irrelevantes, mientras que los momentos de conflicto se cargan de sentido: sin la colisión abierta entre dos fuerzas antagónicas no hay posibilidad de que la historia —es decir, "el desarrollo de la Idea en el tiempo" (72)— realice sus posibilidades. El razonamiento de Hegel devalúa la estabilidad y aprecia la crisis, lo cual podría explicarse en términos de su radical modernidad; la concepción del tiempo que apoya a ese juicio tiene, sin embargo, un parecido notorio con la perspectiva apocalíptica de los primeros cristianos:

...*Chronos* is passing time or 'waiting time'—that which, according
to Revelation, 'shall be no more'— and *Kairos* is the season, a
point in timefilled with significance, charged with a meaning de-
rived from its relation to the end. (Kermode 47).

Así, el flujo de las horas y los días, la duración homogénea que
miden los relojes y los calendarios, se subordina a esos momentos
excepcionales en los cuales el mundo se llena de significado: en las
nociones de crisis y de *kairos,* el futuro se revela en el presente, la
meta final se hace inteligible en la experiencia[17] Resulta tentador
proponer que el pensamiento mesiánico es, a la larga, el sustrato y la
inspiración de la metafísica hegeliana; no puede olvidarse, de todas
maneras, que al primero lo ordena la lógica de lo sagrado y, a la
segunda, una racionalidad secular. A partir de la semejanza entre ambas
visiones podría alentarse la hipótesis de que, con Hegel, la filosofía de
la historia deviene una suerte de teología laica. Más modestamente, me
limito a señalar que el sesgo apocalíptico en las obras de Karl Marx y
Walter Benjamin puede deberse tanto al magisterio de la dialéctica
como a la influencia —improbable en Marx, explícita en Benjamin—
de la tradición judía.

Si la crisis se convierte en el criterio decisivo para elucidar la
Historia, la agonía —en su sentido etimológico de lucha, de conflicto
sin cuartel— aparecerá como la expresión más elevada de experiencia
social. Una de las consecuencias de esta postura será la de ver el
proceso histórico como un drama, como representación trágica o
paródica de un argumento paradigmático: el azar y la contingencia se
someten, en definitiva, a los imperativos de una forma simbólica. Bajo
esa mirada, la Reforma Protestante y la Revolución Francesa, por
ejemplo, serían ilustraciones de una misma estructura. En líneas
generales, podría entonces concluirse que cuando el trayecto rutinario
del tiempo se acelera y el curso de la sociedad se vuelve materia de
litigio, el carácter problemático y ambivalente de la historia se pone en
evidencia; por eso, en la visión de Hegel los héroes representativos de

---

[17] Vale la pena apuntar que Hayden White ve de otro modo la relación entre el tiempo
cronológico y el *kairótico* : "The calendar locates events, not in the time of eternity, not in
kairotic time, but in chronological time, in time as it is humanly experienced"(*The Content of
the Form* 8). Me parece importante tomar en cuenta que, cuando se experimentan crisis
personales o colectivas, la vivencia del tiempo escapa a la mera secuencia cronológica; además,
la noción de 'kairos' puede aplicarse tanto a la eternidad como a un futuro utópico.

una época —es decir, esos *individuos universales* que marcan el tránsito
hacia un nuevo orden— son figuras esencialmente trágicas. Alejandro
Magno murió en su juventud, Julio César fue asesinado y Napoleón
acabó sus días en el exilio: sus infortunios no se deben a un azar
adverso, sino que confirman su condición heroica. El retrato que de
ellos ofrece Hegel es elocuente:

> They attained no calm enjoyment; their whole life was labor and
> trouble; their whole nature was nought else but their master-pas-
> sion. When their object is attained they fall off like empty hulls
> from the kernel (31).

Obsesivo e infatigable, habitado por el deseo de cumplir su
propósito en el mundo, el personaje heroico sale de la escena apenas
cumple su misión: al construir se destruye. Justamente porque su vida
es una batalla continua, el precio de la victoria será la muerte o el
ostracismo. Carlyle y la historiografía romántica insistirían, por su parte,
en la singularidad colosal del héroe, capaz de imponerle su voluntad a
las masas amorfas y marcar así su huella en la historia[18]. En cualquiera
de los dos casos, las grandes figuras de la historia son, literalmente,
protagonistas, pues interpretan siempre el papel principal del drama
que los incluye. Podría uno suponer que las ficciones históricas tendrían
que reservarles, casi obligatoriamente, el rol más prominente. Sin embargo, en *La novela histórica*, Lukács considera que la misma
importancia de estos sujetos es el mayor obstáculo para su representación novelesca; en su esquema, el género exige un personaje
central que sea, esencial y funcionalmente, mediano (o, incluso, me-
diocre). Sin duda, se trata de una regla a la que contradicen demasiadas
excepciones, pero no conviene ignorar la reflexión que la respalda. Al
referirse a ese "héroe intermedio", Lukács afirma:

> This portrait of the age is held together at the center by the "middle-
> of-the-road" hero. Those very social and human characteristics
> which banish such figures from drama or permit them only a sub-
> ordinate, episodic role, qualify them for their central position in
> the historical novel. The relative lack of contour to their personali-
> ties, the absence of passions which would cause them to take up

---

[18] Ver: *On Heroes, Hero-Worship, and the Heroic in History*, de Thomas Carlyle.

major, decisive, one-sided positions, their contact with each of the contending hostile camps, make them specially suited to express adequately, in their own destinies, the complex ramifications of events in a novel (128).

Lo que está en juego no es sólo un problema técnico, un asunto de composición, sino la forma misma de concebir la mímesis del pasado histórico. Lukács canoniza la fórmula de Walter Scott, a la cual Alfred de Vigny rechazó en "Sur la Verité dans l'art", ese manifiesto con el que prologó a su *Cinq-Mars* (1826): en la querella se oponen el individualismo de los románticos franceses al pragmatismo ilustrado de Scott. Por cierto, Alexis Márquez ha notado que la primera novela histórica hispanoamericana, *Xicoténcatl* (1826), "corresponde exactamente al esquema antiscottiano de De Vigny" (*Historia y ficción...* 35), no sin señalar que la fecha de publicación de los dos libros excluye la influencia directa del escritor francés sobre el anónimo mexicano (quien, dicho sea de paso, al ocultar su nombre seguía el ejemplo de Walter Scott, que sólo reconoció públicamente la autoría de sus novelas en 1827).

Que el centro de gravedad del texto recaiga en una figura histórica capital o en un personaje menor y transitivo se debe, fundamentalmente, a cómo se conteste esta pregunta crucial: ¿Qué tipo humano representa mejor a una época? La respuesta romántica se inclina por el *individuo universal* hegeliano; la realista, por el *hombre medio*. Esas preferencias no obedecen sólo a los dictados del gusto y la sensibilidad. Para Hegel, la Historia y la Tragedia no sólo se parecen formalmente, sino que poseen el mismo contenido (White, *Metahistory* 95); esa equivalencia profunda explica que el fin de la Historia coincida con la realización cabal de la Idea, que reemplaza con un orden armónico a un dinamismo basado en la lucha de contrarios. Por su parte, Lukács sostuvo desde antes de su conversión al marxismo que la novela, en tanto género burgués y raigalmente prosaico, marca la imposibilidad de las formas épicas y trágicas en el mundo moderno[19].

A pesar de las obvias diferencias de status que los separan, tanto el *individuo universal* como el *hombre medio* se localizan en zonas de frontera, en puntos de colisión y encuentro: así, Julio César o Napoleón se sitúan en la línea divisoria entre dos épocas, mientras que

---

[19] Ver: *Theory of the Novel*, de Lukács.

los protagonistas de las novelas históricas clásicas se ubican —y repito la frase de Lukács— "en medio del camino". En suma, lo que perfila y define a ambos tipos es su intervención en el ámbito de sociedades en crisis, convertidas en campos de batalla donde se enfrentan lo nuevo y lo viejo, lo emergente y lo caduco, lo dominado y lo dominante, lo nacional y lo extranjero, lo utópico y lo atávico. Los pares de esta serie no son, por cierto, ni sinónimos ni intercambiables; más aún, al plasmarse en el tejido de las ficciones lo hacen de manera intrincada, compleja: no es la contienda cósmica entre el Bien y el Mal —es decir, el enfrentamiento entre esencias atemporales— lo que la novela histórica representa, sino el drama del cambio social y la temporalidad humana. En esa esfera existencial y temática actúan los personajes centrales, al margen de su estatura moral e intelectual; en ella, de hecho, es donde convergen los modelos que formulan Hegel y Lukács. Al compararlos, entonces, se hace posible señalar que la praxis específica de la historia discurre en el marco de la disputa por la hegemonía cultural y el control del poder político: la encrucijada es su sitio; la crisis, su condición.

Es cierto que las dos poéticas principales del siglo XIX —el romanticismo y el realismo social— no rigen a la literatura latinoamericana contemporánea. No por ello dejan de ser importantes para examinarla, pues forman su horizonte retrospectivo, la tradición frente a la cual puede afirmar su diferencia. Por eso, los tipos que Hegel y Lukács proponen son útiles como puntos de referencia, no como posibles moldes o arquetipos: de poco sirve preguntarse hasta qué punto el Víctor Hugues de *El siglo de las luces* es un *héroe mediano* o si el doctor Francia puede ingresar al círculo exclusivo de los *individuos universales*. Lo que interesa, en todo caso, es identificar el área de discusión que esas categorías delimitan.

Al poner en relieve los umbrales de épocas, las cesuras en el tiempo social, la conciencia histórica moderna imagina su objeto como una cadena de fines y comienzos: lo que le importa principalmente no es la sucesión temporal, sino sus discontinuidades y sus cortes. Ese énfasis en la ruptura violenta explica por qué la guerra ha sido, indiscutiblemente, el tema predilecto de la ficción histórica. Como observa Mikhail Bakhtin:

> For a long time the central and almost sole theme of purely his-
> torical narrative was the theme of war. This fundamentally histori-

cal theme—which has other motifs attached to it, such as con-
quest, political crimes and the deposing of pretenders, dynastic
revolutions, the fall of kingdoms, the founding of new kingdoms,
courts, executions and so forth— is interwoven with personal-life
narratives of historical figures (with the central motif of love), but
the two themes do not fuse. The major task of the modern historical novel has been to overcome this duality: attempts have been
made to find an historical aspect of private life, and also to repre-
sent history 'in its domestic light' (*The Dialogic Imagination* 217).

Bakhtin no se detiene a explorar por qué el tema bélico ha tendido
a dominar el campo de la narrativa histórica. Tan obvio le parece ese
dato que ni siquiera se toma la molestia de mencionar *La guerra y la
paz* o *Ivanhoe* para corroborarlo. Los ejemplos le sobran porque, en
efecto, la lucha armada parece indisociable del discurso de la Historia.
También la literatura latinoamericana contemporánea rubrica esa alianza:
La guerra del fin del mundo y *Noticias del Imperio* se centran en una
pugna intestina y una invasión extranjera, respectivamente, aunque el
deslinde entre esos dos tipos de enfrentamiento no sea siempre claro.
Por lo demás, los márgenes que limitan a *El siglo de las luces* son 1789
y 1808, los años de la Revolución Francesa y la resistencia anti-
napoleónica en España. A su vez, las guerras civiles que siguieron a la
Independencia sudamericana forman el trasfondo de *El general en su
laberinto*, así como la amenaza de la conjura interna y la intervención
foránea subyacen a la atmósfera claustrofóbica de *Yo el Supremo*. No
basta, sin embargo, comprobar que el motivo bélico participa de todos
estos textos. La razón de esta presencia se debe, sobre todo, a que la
guerra ilustra, como ningún otro fenómeno, la problemática de la crisis: se trata en ella de encontrar una solución violenta a un *impasse*, de
ajustar en la práctica una controversia pública entre naciones o bandos
internos.

Según se ha visto ya, la reflexión sobre la naturaleza del tiempo
de las sociedades excede los confines de la novela histórica, que adquirió
carta de ciudadanía en la literatura occidental con *Waverley* (1814), de
Walter Scott. El libro refiere las aventuras de un aristócrata inglés entre
los rebeldes escoceses que en 1745 se sublevaron, tardía y catastró-
ficamente, en favor de la casa de los Estuardo y contra la dinastía de
los Hanover; la inmediata apoteosis del relato lo convirtió en molde y

paradigma de una nueva manera de novelar, que se extendió a lo largo de Europa y llegó también a las Américas. Es, sin duda, difícil exagerar el influjo de Scott en su momento, aunque ya el prestigio del autor de *Ivanhoe* había declinado en sus últimos años de vida. De todas maneras, su importancia no se extinguió y, de hecho, Georg Lukács recurre sobre todo a la autoridad de Scott y al ejemplo de *Waverley* para describir al género en *La novela histórica,* que se publicó por primera vez en Moscú, en 1937. Esa decisión no ha dejado de tener consecuencias, en la medida que el vasto ensayo de Lukács, a pesar de su tenor polémico y su carácter explícitamente tendencioso, sigue siendo la tentativa más sistemática de definición del género. Aunque me he referido antes a una de sus tesis capitales, es preciso ahora examinar el libro a partir de las circunstancias de su escritura: *La novela histórica* se inscribe nítidamente en el clima fomentado por la estrategia estalinista de los Frentes Populares, que promovía alianzas con todas las fuerzas dispuestas a enfrentar la amenaza fascista; además, los procesos de Moscú y el Terror de los años 30 en la Unión Soviética forman también parte del contexto en el cual el texto de Lukács fue pensado y producido. No tiene mayor sentido preguntarse por la sinceridad con la que el autor asumió su empresa crítica; en todo caso, es indudable que su reflexión teórica en *La novela histórica* apunta a prestarle legitimidad intelectual al vuelco hacia una línea de pactos y transacciones con los sectores anti-fascistas de la burguesía europea. Como señala Agnes Heller, en el vocabulario del Lukács marxista, los términos *humanismo, democracia* y *humanismo democrático* no sólo aparecen con frecuencia, sino que adquieren una carga positiva, pese a que provienen de la tradición liberal ("History and the historical novel..." 25). Aunque pasadas por el filtro del socialismo, también las premisas del populismo romántico y la tesis de Herder sobre el "espíritu del pueblo" se advierten en las alabanzas a aquellos autores —Scott, Pushkin, Fenimore Cooper y Tolstoi se hallan en esa nómina más bien desigual— que habrían tenido la virtud de incorporar los grandes problemas de la vida popular en sus obras.

En *La novela histórica*, el sujeto colectivo por excelencia no es el proletariado, sino el pueblo: los bandos adversarios en la sociedad se definen menos en términos de clase que en relación a sus posiciones frente al pasado nacional. Puede sospecharse en este desplazamiento una maniobra retórica, dictada por la necesidad de adaptarse a los rigores de la nueva ortodoxia; esa conjetura, aunque verosímil, no termina de ser convincente. Al margen de los apremios que padeció el autor mientras redactaba su obra, la propia arquitectura de *La novela histórica* revela por qué la clase obrera debía pasar a un segundo plano: resulta casi innecesario repetir que, en la lógica del marxismo, el proletariado es una clase apátrida e internacionalista, hija y a la vez sepulturera de la sociedad burguesa. Es cierto que, bajo la égida de Stalin, la idea de una revolución a escala planetaria cedió ante la doctrina del socialismo en un solo país; no se renunció, de todas formas, a la idea de que la condición de los asalariados niega y trasciende fronteras: los trabajadores tienen en común su sitio en el aparato productivo, no sus lugares de nacimiento. Sin embargo, el asunto decisivo en el proyecto de Lukács es *la representación novelesca de lo nacional* ; por eso, en su discurso crítico el pueblo —es decir, la gente común, la mayoría de los naturales del país— adquiere un papel protagónico. No es gratuito, entonces, que celebre en la novela histórica clásica su capacidad de retratar "la evolución del pueblo hasta el presente, partiendo de las crisis del pasado" (296). De hecho, el hilo conductor del libro es la noción de que la historicidad misma consiste en el esclarecimiento del vínculo activo, orgánico, entre lo contemporáneo y lo pretérito. Sin duda, la novela histórica latinoamericana no se ha escrito bajo la preceptiva de Lukács ni, por cierto, ha seguido su arbitraje estético. El veto a que las grandes figuras del pasado ocupen el primer plano de la ficción, por ejemplo, no ha impedido que Francia y Bolívar sean los protagonistas de *Yo el Supremo* y *El general en su laberinto*; tampoco el llamado a inspirarse en las formas clásicas del género ha corrido mejor fortuna, a pesar del aliento épico de *La guerra del fin del mundo*. En el plano del análisis, en cambio, el aporte de Lukács sí es crucial. La tesis de que la novela histórica examina primordialmente la problemática de la nación y lo popular en el proceso de su devenir se ratifica, con nitidez, en la ficción latinoamericana contemporánea.

Ni los reclamos de la nostalgia ni las seducciones del exotismo tendrán cabida en la lectura estrictamente política que propugnó Lukács. Más importante todavía será su impugnación de la novela moderna, a la cual presume entrampada en un rechazo estéril a la estética realista: ese voto a favor de un arte mimético y socialmente responsable explica, entre otras cosas, la apología de Scott y la censura a Flaubert en *La novela histórica*. Lukács polemiza con las escrituras modernas porque éstas niegan la posibilidad misma de representar artísticamente las contradicciones sociales y, en esa medida, renuncian a ser útiles, a cumplir una función pedagógica. No se acaban ahí las diferencias. Los experimentos de Henry James con el punto de vista o el maniático artesanado que caracteriza al estilo de Flaubert, para citar sólo dos ejemplos, indican una conciencia del carácter esquivo y ambivalente del lenguaje que, en cambio, es ajena al aparato crítico de Lukács: *La novela histórica* presupone que la trama de las relaciones humanas puede trasladarse al espacio de la ficción, siempre y cuando el autor adopte la perspectiva genérica e ideológica correcta.

Después de la supremacía regionalista de los 20 y los 30, las corrientes principales de la narrativa latinoamericana discurren por cauces distintos a los del realismo decimonónico. El sedimento de las obras de autores tan disímiles como Borges, Asturias y Carpentier se halla en los experimentos de la vanguardia, en una estética que privilegia la novedad y la ruptura, exalta la diferencia frente a la norma burguesa y rescata el saber irracional de los sueños y los mitos. El hecho de que Borges renegase de la retórica del ultraísmo o Carpentier repudiase el primitivismo de los surrealistas en el prólogo a *El reino de este mundo* —ese manifiesto de lo "real maravilloso"—, muestra hasta qué punto la nueva ficción del continente tiene en la vanguardia a su punto de referencia y partida: en la polémica con ella fragua sus propias respuestas. El influjo de Joyce, Faulkner o Flaubert en las escrituras latinoamericanas del siglo XX, por otro lado, pone en evidencia que el marco de éstas no es otro que esa modernidad literaria a la cual Lukács denuncia y cuestiona.

No es irrelevante que *Noticias del Imperio, El general en su laberinto* y *La guerra del fin del mundo*, por ejemplo, compartan una ética flaubertiana del trabajo artístico. Por supuesto, sería inútil rastrear semejanzas entre el decorado cartaginense de *Salammbô* y los escenarios de estas novelas; más bien, lo que vincula a los textos es un mismo ánimo erudito, una misma tendencia al registro cuidadoso de los detalles históricos. En principio, podría atribuirse ese despliegue documental al deseo arqueológico de reconstruir verazmente los usos y los objetos del pasado: el rigor informativo estaría, entonces, al servicio del espejismo mimético, del proyecto de evocar referentes con la mayor fidelidad posible. A esa hipótesis la complica, sin embargo, la comprobación de que las novelas históricas contemporáneas inscriben en sus poéticas la dificultad de restaurar objetivamente el pasado. En definitiva, la exactitud de los datos es más importante por su capacidad de *deslumbrar* que de *esclarecer*: el efecto estético precede en importancia al poder explicativo. Sobre Bolívar, por ejemplo, la voz autorial de *El general en su laberinto* declara que de los once Simones en el santoral católico, el Libertador "hubiera preferido ser nombrado por el cirineo que ayudó a Cristo a cargar su cruz, pero el destino le deparó otro Simón, el apóstol y predicador en Egipto y Etiopía, cuya fecha es el 28 de octubre" (200). El narrador de *La guerra del fin del mundo* anota, por su parte, que los cuatro médicos encargados de la autopsia de Antonio Conselheiro verificaron que medía "un metro setenta y ocho de longitud, que había perdido todos los dientes y que no murió de bala pues la única herida, en su cuerpo esquelético, era una equimosis en la pierna izquierda, causada por el roce de una esquirla de piedra" (431-2). Pasajes similarmente precisos e informaciones igualmente recónditas se encuentran sin demasiado esfuerzo en otras novelas. Así, el barroquismo de Carpentier en *El siglo de las luces* se apoya no sólo en una sintaxis arcaizante y un léxico cultista, sino también en el espectro de alusiones que el relato emplea; *Yo el Supremo*, con su dicción alucinatoria y sus deliberados anacronismos, no deja de desplegar un conocimiento exhaustivo de la literatura consagrada al régimen y la persona de José Gaspar Rodríguez de Francia. De todas maneras, ninguna de estas obras sobrepasa la exuberancia de *Noticias del Imperio*; en ella, el fervor enciclopédico que sostiene al conjunto de la representación llega a su paroxismo en los monólogos demenciales que Carlota, la viuda de Maximiliano, declama en el castillo de Bouchout, seis décadas después de la muerte de su esposo. Los parlamentos de la emperatriz loca ocupan los doce capítulos impares de *Noticias del Imperio* y, en gran medida, forman la viga maestra de la novela: a esos *tours de force* estilísticos, en los que se abigarra un enorme caudal de información, les corresponde abrir y clausurar el relato.

Aunque el manejo erudito de fuentes conecta a las ficciones históricas con la historiografía, es importante subrayar una diferencia decisiva: en la escritura novelesca, el despliegue de un saber arcano y específico se convierte fundamentalmente en un rasgo expresivo, en una marca de estilo. Así, el bagaje documental remite menos a las exigencias del rigor académico que a la noción de un *valor-trabajo* añadido al texto por su productor. Se sabe, por ejemplo, que entre las faenas preparatorias de *Salammbô*, Flaubert leyó un tratado de cuatrocientas páginas sobre el ciprés piramidal; más allá de lo meramente anecdótico, esa atención al detalle revela una forma peculiar de asumir el quehacer literario: ni espontánea ni utilitaria, la escritura artesanal —según apunta Barthes— "se salvará no en virtud de su destino, sino gracias al trabajo que ha costado" (*Le degré zéro de l'écriture* 56). La alusión cultista se cuenta, precisamente, entre las formas a través de las cuales el texto exhibe el esfuerzo que lo hizo posible. En vez de cancelar el carácter ficcional de los relatos, la erudición se convierte en índice de la labor del artista, en señal del costo que su materia le cobra: a la larga, el propósito didáctico se subordina al deseo de recalcar que el escritor es, ante todo, un artífice. Por cierto, esa forma de concebir al autor de ficciones remite inevitablemente a Borges, que la ilustró ya en su *Historia universal de la infamia* (1935).

He señalado ya que la pesquisa en bibliotecas y archivos no sólo precede a la redacción de las novelas, sino que en cierto sentido les sirve de garantía estética. A mediados del siglo XIX, Manzoni renegó del género que había practicado en *Los novios* porque lo encontraba híbrido e impuro; entre los escritores hispanoamericanos contemporáneos, el arrepentimiento de Manzoni no se ha repetido y, más bien, la reivindicación del uso de documentos y textos en la fábrica de los relatos ha sido la norma. Carpentier añadió a *El siglo de las luces* una noticia titulada "Acerca de la historicidad de Victor Hugues", en la que pasa rápida revista a la bibliografía dedicada al revolucionario francés y, de paso, evoca los viajes que emprendió para acumular material sobre su personaje. García Márquez, por su lado, agrega unas páginas de "Gratitudes" a *El general en su laberinto*. En ellas, aparte de lo que el rótulo anticipa, el novelista ofrece también una crónica de su obra. Si al comenzarla había considerado que los fundamentos históricos serían de importancia menor, pronto debió cambiar su parecer: "Durante dos años largos me fui hundiendo en las arenas movedizas de una documentación torrencial, contradictoria y muchas veces incierta, desde los treinta y cuatro tomos de Daniel Florencio O'Leary hasta los recortes de periódicos menos pensados" (272). En *Yo el Supremo*, a su vez, la indagación preliminar modifica los atributos de la autoría: el productor se ve a sí mismo como compilador, no como creador. No se debe al azar que para Roa Bastos, al igual que para García Márquez, el proceso de investigación semeje sobre todo un laberinto de signos: en él, es más fácil el extravío que el hallazgo. Luego de afirmar hiperbólicamente que ha consultado cuarenta mil documentos, la voz autorial de *Yo el Supremo* continúa: "Hay que agregar a esto las versiones recogidas en las fuentes de la tradición oral, y unas quince mil horas de entrevistas grabadas en magnetófono, agravadas de imprecisiones y confusiones, a supuestos descendientes de supuestos funcionarios; a supuestos parientes y contraparientes de El Supremo, que se jactó siempre de no tener ninguno; a epígonos, panegiristas y detractores no menos supuestos y nebulosos" (467). No es necesario tomar literalmente esta confesión, sobre todo si se considera que el mismo compilador —ese alter-ego de Roa Bastos— sostiene unas líneas más abajo haberse limitado "a copiar fielmente lo ya dicho y compuesto por otros" (467). Por supuesto, basta hojear *Yo el Supremo* para advertir que no se trata de un montaje de citas ajenas; la declaración se refiere, notoriamente, menos al discurso que a la poética de la novela.

La guerra del fin del mundo y *Noticias del Imperio* prescinden de esas notas finales, pero no del énfasis en las fuentes que reelaboran. El texto de Vargas Llosa dialoga sobre todo con un clásico del canon brasileño, *Os sertões* (1902), de Euclides da Cunha, a quien la ficción transfigura en el esperpéntico periodista miope. El libro de da Cunha —híbrido de ensayo y narración, al igual que *Facundo* (1845), de Sarmiento— no es el único que alimenta a la novela de Vargas Llosa, como ha establecido minuciosamente Leopoldo Bernucci (*Historia de un malentendido* 8-16). Se trata, sin embargo, de su punto de partida y su estímulo principal: sin el auxilio de las secciones que *Os sertões* consagra a los pobladores nordestinos y a la crónica de las cuatro campañas contra los *yagunzos*, por ejemplo, *La guerra del fin del mundo* se empobrecería enormemente; de otro lado, una de las líneas argumentales del relato narra las peripecias de un autor que no ha comenzado aún su obra maestra. El resultado de esta doble relación entre los textos es una paradoja: la novela de Vargas Llosa tiene su origen —al menos parcialmente— en un libro cuya génesis imagina. A propósito de *Noticias del Imperio*, Fernando Aínsa anota que "del Paso reescribe pasajes de *Maximiliano*, de Ireneo Paz, *Calvario y Tabor*, de Riva Palacio y *El Cerro de las Campanas*, de Juan Mateos" (30); aunque la lista sea parcial —la omisión de *Corona de Sombra*, el drama de Rodolfo Usigli, viene en seguida a la mente— importa menos ofrecer un catálogo prolijo de influencias que advertir cómo *Noticias del Imperio* trabaja a partir de una bibliografía inspirada en el drama de Maximiliano y Carlota.

El relieve del diálogo intertextual es una de las características centrales de la novela histórica contemporánea en América Latina[20]. Esa insistencia no se conforma con que los rastros de las lecturas previas se hallen diseminados en los relatos; exige, además, un reconocimiento explícito de las fuentes utilizadas. Lo que se expresa en este gesto no es un mero escrúpulo académico, sino el deseo de resaltar las condiciones de la representación histórica: un acceso directo e inmediato al pasado es, por definición, imposible. Hayden White observa, sobre este punto, que "lo históricamente real, el pasado real, es aquéllo a lo que sólo se puede aludir por medio de artefactos de naturaleza textual" (*The Content of the Form* 209). Los artefactos a los que alude White provienen tanto de la historiografía como de la ficción histórica y, en último análisis, su función es la de *informar*, en las dos acepciones del verbo: aparte de transmitir conocimiento, esas lecturas también contribuyen a *darle forma* e identidad al relato que las invoca. En gran

<hr>

[20] Para Seymour Menton, la intertextualidad es una de las seis características de lo que el denomina "nueva novela histórica". Las otras cinco son: la aplicación de tres tópicos popularizados por Borges (la imposibilidad de determinar el verdadero carácter de la realidad, la importancia del tiempo cíclico y la índole impredecible de la historia); la distorsión deliberada de la historia a través de anacronismos, omisiones o hipérboles; la entrega de los papeles protagónicos a figuras históricas de primer nivel; el empleo de la metaficción; y, por último, la ilustración de ciertos conceptos elaborados por Mikhail Bakhtin (el dialogismo, lo carnavalesco, la parodia y la heteroglosia) (*Latin America's New Historical Novel* 22-4) Menton advierte al lector que no es indispensable la presencia de todos y cada uno de los seis rasgos para que un texto califique como "nueva novela histórica"; esa salvedad tiene el mérito de hacer más flexible la definición, pero al mismo tiempo le resta rigor. Por otro lado, la distinción entre "nueva novela histórica" y "no tan nueva(sic) novela histórica" (4) es borrosa y demasiado tentativa, sobre todo cuando se la aplica a textos recientes; así, para Menton, *El general en su laberinto* pertenece al molde tradicional de la novela histórica (sin que, ciertamente, esto disminuya su calidad estética).

Por su parte, Fernando Aínsa propone que "la escritura paródica nos da, tal vez, la clave en la que puede sintetizarse la nueva narrativa histórica"("La reescritura de la Historia en la nueva narrativa latinoamericana" 30). Aínsa, sin embargo, identifica la parodia con la desmitificación cómica, que es sólo uno de sus posibles usos; es útil notar, de paso, que en ninguna de las novelas analizadas en este libro "la deconstrucción paródica rehumaniza personajes a los que se había transformado en 'hombres de mármol'"(30).

medida, la novela histórica elige un repertorio que sirve para definirla como tal; de ahí que las fuentes no proporcionen sólo la materia prima del relato, sino su genealogía. Puede decirse, por ejemplo, que *La guerra del fin del mundo* pertenece al linaje de *Os sertões*, mientras que *Yo el Supremo* está emparentada con "Ensayo sobre el doctor Francia", de Carlyle. Se impone, sin embargo, una reserva a la metáfora de la descendencia: en el orden de la literatura, los herederos tienen el privilegio de escoger a sus ancestros.

No es posible entender la novela histórica contemporánea, en suma, sin desandar el trayecto del género ni evaluar su relación con el discurso historiográfico. Así, la crónica de la forma permite iluminar su fondo. Este examen revela que no basta una brecha de varias décadas o siglos entre el presente de la escritura y el de los personajes para que una narración ficcional pertenezca al rubro histórico. Se necesita, además, que esa distancia temporal se inscriba en la poética del texto bajo el signo de la mortalidad, del deslinde entre los vivos y los difuntos: en los relatos de la historia, la representación no sólo evoca a su objeto sino que, a la vez, lo conmemora. Significativamente, la muerte de los sujetos y la caducidad de las generaciones se remiten al futuro de sus sociedades, no al tiempo metafísico de la eternidad; esa elección obedece a una lógica en la cual la trascendencia pierde su sentido religioso, sagrado, para desplazarse al orden secular y político. En efecto, cuando la historia se transforma en el teatro de la existencia, la organización misma de la sociedad se convierte en marco y fundamento del drama humano. De ahí que las ficciones históricas discurran en periodos de transición y crisis, en aquellos puntos donde se juegan los destinos colectivos; precisamente, la forja de estados autónomos en el siglo XIX es —junto a la Conquista— una de las dos grandes encrucijadas del pasado latinoamericano. Esa tendencia a concentrarse en los momentos de fundación podría invitar a una sospecha, la de que la novela histórica en América Latina se propone —para usar un cliché bastante trajinado— la *búsqueda de las raíces* nacionales y continentales. En ella, sin embargo, el impulso retrospectivo no aspira a convertir al principio en el lugar del sentido pleno, en el sitio donde los enigmas de la comunidad y el Estado se esclarecen; por el contrario, lo que caracteriza a los ejemplos más notables del género es la crítica a los orígenes de la nacionalidad, el desmantelamiento de los mitos patrióticos. En el espacio de los relatos, la duda trágica y el distanciamiento irónico corroen e interrogan a los tópicos consagrados por la tradición y los aparatos del Estado; al mismo tiempo, el ejercicio de la relectura pone en relieve el carácter textual, ideológico, de las imágenes hegemónicas del pasado colectivo. Síntesis de fábula y ensayo, lugar donde confluyen la invención y el documento, la novela histórica interviene desde el espacio de la literatura en la contienda por la memoria pública y el patrimonio simbólico de las naciones.

EL SIGLO DE LAS LUCES:
LA HISTORIA COMO TEATRO DE SOMBRAS

EL SIGLO DE LAS LUCES (1962) se cuenta, sin duda, entre los proyectos más ambiciosos que encaró Alejo Carpentier. La cuarta novela del escritor cubano puede leerse como un fresco histórico que evoca los relatos de aventuras del siglo XIX, una reflexión ejemplar sobre la utopía revolucionaria, una inquisición en las relaciones entre la metrópolis y la periferia colonial, un romance familiar o una crónica de envergadura épica. *El siglo de las luces* admite todas las definiciones previas, lo cual bastaría para dar testimonio de su complejidad y riqueza. Es preciso añadir, sin embargo, que el texto de Carpentier —y esta clave orientará mi lectura— no sólo se vuelca hacia uno de los umbrales decisivos del pasado latinoamericano, sino que al hacerlo dramatiza la problemática misma de la representación artística e histórica.

Contemporánea de la Revolución Cubana, la novela inicia su acción en 1791, cuando en Francia se vive el inicio de la era de las revoluciones modernas[1]; los acontecimientos que arrastran y reclaman a los personajes centrales se cierran en otro año decisivo, 1808, en el que el pueblo español se lanzó a la lucha contra la ocupación napoleónica[2]. Esas dos columnas definen el arco temporal de la historia; en menos de dos décadas, que se extienden entre las postrimerías de un siglo y el comienzo de otro, el viejo y el nuevo orden se enfrentan sin cuartel en las tierras de Europa y América. A esa época, fértil en transformaciones aceleradas y grandes conmociones sociales, la definen la transición y la crisis: el cambio —el principio rector de la modernidad— es su fuerza tutelar. "Llegaron los tiempos, amigos, llegaron los tiempos" (72) afirma Ogé, el médico mulato en el que se reconcilian la razón ilustrada y el saber iluminista; la apocalíptica urgencia de esas palabras se pone a prueba en *El siglo de las luces,* que no sólo evoca

---

[1] Carpentier concluyó la redacción de *El siglo de las luces* a fines de 1958, en Venezuela, pero la novela fue publicada unos años más tarde, en 1962. Ese hiato fomentó la sospecha de que el escritor había modificado su texto para hacerlo más próximo al espíritu de la Revolución Cubana. Dos críticos bastante disímiles entre sí —Roberto González Echevarría y Alexis Márquez Rodríguez— rebaten de modo decisivo esa conjetura. Ver: González Echevarría, *Alejo Carpentier: El peregrino en su patria*, 279-82; Márquez Rodríguez, *Ocho veces Alejo Carpentier,* 163-4.

[2] Sobre los hitos históricos a los que alude la novela, ver: Oscar Velayos Zurdo, *Historia y utopía en Alejo Carpentier,* 46-9.

las promesas y los logros de la Revolución, sino que se detiene en los efectos que la práctica de la violencia y el ejercicio vertical del poder tienen sobre el proyecto utópico. A partir de las posesiones francesas y españolas en el Caribe, la novela de Carpentier se ocupa críticamente de esa democratización de la experiencia histórica que Lukács restringe al ámbito europeo:

> It was the French Revolution, the revolutionary wars, and the rise and fall of Napoleon, which for the first time made history a mass experience, and moreover on a European scale. During the decades between 1789 and 1814 each nation of Europe underwent more upheavals than they had previously experienced in centuries (23).

El siglo de las luces se encarga de ampliar la afirmación de Lukács: la caída del *ancien régime* también impactó profundamente a los dominios francófonos de ultramar, aparte de repercutir con fuerza en las incipientes burguesías comerciales de Hispanoamérica. El espacio colonial —ancilar, subordinado— se transforma en la novela de Carpentier en el terreno cultural y humano desde el cual se piensa y se representa la problemática de la Revolución. La periferia no es, en suma, hechura y reflejo distorsionado del centro; por el contrario, las tensiones entre esos dos polos, su juego recíproco de colisiones y encuentros, permite reflexionar sobre la distancia que los divide y la diferencia que define a cada uno de ellos. Sintomáticamente, el texto no se abre ni en la tierra firme de la metrópolis ni en el suelo colonial, sino en medio de las aguas del océano que, al mismo tiempo, los aparta y conecta. Por cierto, vale la pena subrayar la singularidad de la viñeta introductoria de *El siglo de las luces,* esa obertura que expone los temas centrales de la novela. El fragmento no está a cargo del narrador omnisciente que controlará luego el discurso, sino de una voz tras la cual sólo después —en la decimoséptima sección del segundo capítulo— podrá el lector reconocer la presencia de Esteban, el joven cubano que retorna de la Francia jacobina; además, a la enigmática identidad del hablante se añaden el misterio de la escena misma, desgajada del curso de la historia, y la descripción deliberadamente oblicua de la guillotina, ese objeto emblemático de la Revolución:

> Esta noche he visto alzarse la Máquina nuevamente. Era, en la proa, como una puerta abierta sobre el vasto cielo que ya nos

traía olores de tierra por sobre un Océano tan sosegado, tan dueño de su ritmo, que la nave, levemente llevada, parecía adormecerse en su rumbo, suspendida entre un ayer y un mañana que se trasladaran con nosotros (7).

Sobre la cubierta del navío se levanta el instrumento por excelencia de la justicia plebeya, aunque ésto no sea obvio en una primera lectura. En todo caso, la alusión a la guillotina gana en claridad unos párrafos más abajo, cuando el narrador señala: "Ya no la acompañaban pendones, tambores ni turbas; no conocía la emoción, ni la cólera, ni el llanto, ni la ebriedad de quienes, allá, la rodeaban de un coro de tragedia antigua..." (7). Aparece aquí un tópico central de *El siglo de las luces,* el de la teatralidad: en la quietud de la noche, el hablante evoca las ejecuciones como puestas en escena, como espectáculos en los cuales se representa el drama de la época. El motivo histriónico —junto al pictórico, del que me ocuparé luego— inscribe poderosamente en el cuerpo de la novela el asunto de la *representación*, que es de crucial importancia en la poética de *El siglo de las luces*. Gracias a él, Carpentier hace coexistir en su texto la meditación sobre el lenguaje —esa premisa de las escrituras modernas— con la voluntad de crear una imagen coherente y verosímil del pasado histórico: si lo primero apunta a la crítica del realismo, lo segundo obedece al magisterio del realismo crítico.

En este marco, se entiende mejor a qué se debe el ocultamiento de la palabra guillotina en el pórtico de *El siglo de las luces*. Según observa Gabriel Saad, el uso de las perífrasis que reemplazan al vocablo escondido no es exclusivamente estilístico:

Celle-ci est appelée, d'abord, "la Machine", pour devenir ensuite "une porte ouverte sur le vaste ciel", une "porte-sans-battant", une "armature", un "gigantesque instrument de navigation", à nouveau "une porte" et finalement un "noir rectangle". Remarquons, enpassant, que le texte nous parle aussi de son "implacable géometrie" et qu'il la compare à "l'aiguille d'une balance" oscillant au rythme de chaque vague. Mais, n'est-ce pas de la loi dont on dit qu'elle est implacable? Et la balance, n'est-elle pas l'un des attributs de la justice qui est elle, précisément, l'application de la *loi* ? ("Instances de la lettre..." 98).

En efecto, el propio rigor formal del artefacto —y no sólo su uso— determina su asociación con la justicia; en vez de ser únicamente un instrumento de castigo, la guillotina es el símbolo mismo de la Ley, su figura más elocuente. La tendencia alegórica se extiende a lo largo de la novela, convirtiendo con frecuencia a los acontecimientos y a los sujetos en significantes de realidades universales, arquetípicas. Afirma Julio Ortega, plausiblemente, que *El siglo de las luces* "puede leerse como una secuencia de varios emblemas que sugieren un proceso alegórico" (145). Bajo esa clave, la lectura equivale a un trabajo de desciframiento, cuyo objetivo último consiste en develar el sentido que subyace al nivel literal del texto. El modelo de esa hermenéutica se halla en la tradición ocultista de la Cábala, que Carpentier conjura en el primer epígrafe de la novela: "Las palabras no caen en el vacío". La sentencia del *Zohar* —que en el siglo XIII escribió Moisés de León— se confirma ampliamente en *El siglo de las luces,* pues el texto enfatiza el papel de la ideología y la retórica no sólo en el mundo representado, sino en el proceso mismo de la representación. Roberto González Echevarría señala que la doctrina cabalística, en la novela de Carpentier, "se convierte en el vínculo metafórico entre la historia y la escritura, en una nueva pseudo-teología de la narrativa" (*Alejo Carpentier...* 303). Si los iniciados en el saber hermético postulaban que el universo era la escritura de Dios, la traducción profana de ese precepto afirmará el poder generador de la palabra, su capacidad de crear mundos autónomos; así se explica la fascinación que la Cábala ejerció, por ejemplo, en Borges, quien también habría de rescatarla como imagen de una forma erudita y perspicaz de la lectura. La posición de Carpentier es similar, pero no idéntica. Por lo pronto, en el contexto de *El siglo de las luces*, la cita del *Zohar* adquiere con frecuencia un sentido secular, estrictamente político: el Decreto contra la esclavitud del 16 Pluvioso del Año II, la Declaración de los Derechos del Hombre y la Constitución francesa —entre muchos otros textos— prueban que, en efecto, el destino de las palabras no es la esterilidad sino, al contrario, la reproducción[3]. De ahí la importancia de la Imprenta, que complementa

---

[3] En un libro de entrevistas, Carpentier declara: "Pero recuerda que inicio la narración con una cita del Zohar, libro sagrado de los hebreos: 'Las palabras no caen en el vacío'. Ahí está dicho todo. Los hombres pueden flaquear, caer, sucumbir, traicionar incluso lo que amaron un día. Pero las ideas no caen en el vacío"(Chao 98). A esa interpretación, que privilegia el sentido público de la cita, añade la novela una lectura en clave privada y existencial. Cuando Sofía deja La Habana para ir en busca de Víctor Hugues, el narrador glosa así las expectativas de la joven: "La esperaba un prodigioso destino. El futuro se venía gestando secretamente desde que una Voluntad atronara, cierta noche, las aldabas de la casa. Había palabras que no brotaban al azar. Un misterioso poder las modelaba en las bocas de los oráculos. *Sophia.*"(315). Se puede notar que la premonición no tiene aquí un carácter místico y sobrenatural, sino político y secular; aún así, la idea de un destino prefigurado —o, literalmente, pre-dicho— une a la Cábala con la fe en la Historia.

y acompaña a la Guillotina en la travesía desde la Francia revolucionaria a la Guadalupe. No sin fundamento le asegurará Víctor Hugues a Esteban, durante la travesía a América, que ambos artefactos "son las dos cosas más necesarias que llevamos a bordo, fuera de los cañones" (127). Antagónicas en apariencia, cada una de las máquinas simboliza una tarea capital del poder político: la producción del consenso y el ejercicio de la coerción, respectivamente. Al distribuirse los roles en el mundo novelesco, la primera de esas funciones recae por un tiempo en Esteban, a quien la Revolución encomienda labores de traducción y propaganda; la segunda —es decir, la aplicación sistemática de la violencia— corresponde sobre todo a Víctor Hugues, cuyo ánimo histriónico resalta este retrato:

> Luciendo todos los distintivos de su Autoridad, inmóvil, pétreo, con la mano derecha apoyada en los montantes de la Máquina, Víctor Hugues se había transformado, repentinamente, en una Alegoría. Con la Libertad, llegaba la primera guillotina al Nuevo Mundo (134).

La descripción sugiere a las claras una puesta en escena: síntesis de cuadro y representación teatral, lo que hallamos aquí es un *tableau vivant*. Así, los dos códigos auxiliares de la mímesis —el pictórico y el dramático— confluyen en el pasaje. Por otro lado, la estampa del pórtico se nos revela finalmente como preparación de este instante apoteósico; si al comienzo del texto había un escenario y un espectador, ahora se completa la imagen con la presencia del actor. Fenómeno y metáfora a la vez, el espectáculo se convierte en una realidad a la segunda potencia, pues la experiencia tiene simultáneamente un sentido literal y uno figurado.

El orden del relato en *El siglo de las luces* es, sin embargo, básicamente lineal. De manera enfáticamente simbólica, las peripecias de la novela se abren con una muerte que es, al mismo tiempo, la cancelación de un orden tradicional. No en la escala pública, por cierto, sino en la doméstica: el *pater familiae* —progenitor de Carlos y Sofía, aparte de tío de Esteban— sucumbe intempestivamente, de modo que los huérfanos se encuentran de pronto enfrentados a su libertad. En gran medida, el núcleo familiar opera como un microcosmos que refracta un estado futuro de la sociedad colonial: no por casualidad, el padre difunto es español mientras que sus hijos son criollos —o, en el decir del jesuíta Juan Pablo Vizcardo y Guzmán, "españoles americanos".

Ciertamente, no faltan candidatos a llenar el vacío de autoridad. El
primero es don Cosme, el administrador del patrimonio de los herederos,
que se pone a disposición de éstos con melodramático fervor: "'Ahora
seré vuestro padre', lloriqueaba el Albacea desde el rincón de los retratos
de familia" (15); los huérfanos declinan el ofrecimiento de esa tutela y,
poco después, descubren la falta de escrúpulos y la mala fe de su
supuesto protector. Fracasa de esa manera la propuesta de la
continuidad, de la prolongación de los antiguos usos bajo nuevas
circunstancias: la ruptura se ha producido y no hay, entre los jóvenes,
ningún deseo de negarla. Por el contrario, el ámbito de la casa paterna
—hasta entonces regido por una ley austera, rígida— es transtornado
radicalmente y, durante una temporada, se somete a la lógica de la
inversión carnavalesca, que pone de cabeza al mundo oficial y propone
una cotidianeidad alternativa, basada en la fiesta y el juego. Hay que
resistir,sin embargo, la tentación de proponer una plena equivalencia
entre lo que ocurre en la mansión habanera de *El siglo de las luces* y los
festejos medievales o renacentistas que Bakhtin caracteriza en su libro
sobre Rabelais[4]. En primer lugar, Sofía, Carlos y Esteban trastocan las
reglas sociales al interior de su casa, en la esfera privada, mientras que
el carnaval era público y abierto por naturaleza. La segunda diferencia
consiste en que la conducta excéntrica de los huérfanos viola el
protocolo prescrito por la tradición para el período de duelo; en
contraste, el calendario litúrgico asignaba a los carnavales un tiempo
específico, que precedía obligatoriamente a la Cuaresma —o, dicho en
otras palabras, el orden establecido regulaba su propia transgresión. La
tercera divergencia se funda en que los herederos cubanos no tienen
en común un origen popular, sino una misma filiación generacional[5].
Precisamente, el hecho de que los defina su juventud remite al tópico
clásico del "mundo al revés", que Curtius documenta con ejemplos

---

[4] Ver: Mikhail Bakhtin, *Rabelais and his world*.

[5] En el ensayo "Estrategias textuales de la novela barroca", Iris Zavala afirma: "No podemos
negar lo que salta a los ojos: la conjunción entre la sensibilidad de Carpentier y la literatura
carnavalizada, de antiguo origen (...) De la amplia gama de carnavalización, destacan en
Carpentier la serie de lo sexual, la comida y la bebida, lo bajo corpóreo o el cuerpo y la
muerte"(66). Esas coincidencias, sin embargo, no impiden una discrepancia de fondo: el mundo
de *El siglo de las luces* no es cómico. Por su parte, en "*Le siécle de lumiéres* ou les turbulences
baroques", Marie-Anne Macé ve en el período anárquico de los primos un ejemplo de
carnavalización, sin advertir los puntos de disenso entre la categoría de Bakhtin y la
representación de la experiencia de los adolescentes en la novela.

extraídos de los *adynata* de Virgilio y *Carmina Burana*, entre otros[6].
Virgilio se complace en la enumeración de hechos imposibles —la
oveja persigue al lobo, la encina produce manzanas—, pero el sentido
de las imágenes no será gratuito; sobre todo a partir de la Edad Media,
estos trastocamientos fantásticos se ponen al servicio de una crítica
más bien conservadora del presente, en el cual se ve una parodia
insensata del pasado. Así, en el poema cómico recopilado en *Carmina
Burana*, "los niños y los párvulos/ son de la astucia oráculos". En
medio del desconcierto de las jerarquías, la principal oposición enfrenta
a los viejos con los jóvenes, según observa Curtius: "El contraste de
generaciones es una de las pugnas que caracterizan las épocas agitadas,
tanto las que se encuentran bajo el signo de una incipiente primavera
como las que están ya en el ocaso" (148).

En *El siglo de las luces* la etapa que sigue a la muerte del padre se
distingue por la inversión simbólica, el impulso paródico, la energía
lúdica y la afirmación de la vitalidad juvenil. De ahí que, en un sentido
estricto, a la abolición del orden paterno no la suceda el caos, sino un
régimen contestatario, ácrata:

> Poco a poco se habían acostumbrado a vivir de noche, llevados a
> ello por Esteban, que dormía mejor durante el día y prefería velar
> hasta el amanecer, pues las horas de madrugada eran harto propicias
> al inicio de largas crisis, cuando lo sorprendían amodorrado (25).

Lo que interesa recalcar aquí es que los hábitos noctámbulos de
los jóvenes no ilustran —como querría la tradición del "mundo al
revés"— la pérdida de la racionalidad, pues en la novela de Carpentier
las normas tradicionales no son ejemplo de cordura; por el contrario,
revelan un conservadurismo rígido, incapaz de tomar en cuenta las
necesidades de los individuos. La cita anterior demuestra con claridad
que el trastorno de los horarios se debe en principio a razones prácticas,
terapéuticas, y no al simple propósito de contradecir el orden
convencional. Esa otra dimensión —la del jolgorio y el desafío a lo
establecido— no está ausente, sin embargo, y se manifiesta de diversas
formas. Una de ellas es el rechazo a las reglas de etiqueta :"...Por

---

[6] Sobre el tópico del "mundo al revés", ver: Ernest Curtius, *Literatura europea y Edad
Media latina, I*, 143-9.

reacción contra la tiesura siempre observada en las comidas familiares, los adolescentes se portaban como bárbaros" (28); otra, el despilfarro y el abigarramiento que reinan en el interior de la residencia paterna: "De día en día se había ido edificando un laberinto de cajas dentro de la casa, donde cada cual tenía su rincón, su piso, su nivel, para aislarse o reunirse en conversación en torno a un libro o a un artefacto de física que se había puesto a funcionar, de pronto, de la manera más inesperada" (28). Según se puede advertir, la vida cotidiana se guía por una ética que privilegia el placer sobre el deber y pone la improvisación por encima del protocolo: la informalidad, en suma, le da forma a la conducta. Es fácil ver las afinidades entre el hedonismo adolescente de los personajes y la moral libertaria de los surrealistas, que Carpentier suscribió en su juventud. Por lo demás, en *El siglo de las luces* las referencias al surrealismo no son solamente tácitas, pues el texto juega conscientemente con alusiones anacrónicas, con reverberaciones improbables del futuro en el presente del mundo ficcional. Sin embargo, el anacronismo no es el único recurso que en *El siglo de las luces* problematiza al orden de la cronología[7]. La crítica de la temporalidad se percibe también en la resonancia emblemática que cobran ciertos objetos. Así, al describir el paisaje doméstico que rodea a los huérfanos, el narrador anota: "Puesto en el patio, el reloj de sol se había transformado en reloj de luna, marcando invertidas horas" (26). Cosa y símbolo a la vez, metáfora inscrita en el mundo representado, el reloj duplica la experiencia de Sofía, Carlos y Esteban: lo nocturno prevalece sobre lo diurno, el tiempo discurre en un sentido contrario al habitual.

Aunque ajena al experimentalismo que primó en la literatura latinoamericana durante los años 60, *El siglo de las luces* hace de la auto-reflexividad uno de sus rasgos centrales. Hemos visto ya que el relato suele resaltar la doble existencia —literal y figurada— de los eventos y los seres que lo pueblan; ese funcionamiento alegórico permite, en definitiva, que la ilusión de realidad coexista con la realidad de la ilusión. No sorprende, entonces, que el teatro sea invocado a lo largo de la novela como imagen ejemplar, paradigmática, de la mímesis[8].

---

[7] Sobre la recurrencia de anacronismos en la novela, ver: González Echevarría 298-302.

[8] Carpentier apeló al teatro como emblema de la textualidad en otros relatos. Ver: Aníbal González, "Ética y teatralidad: *El retablo de las maravillas* de Cervantes y *El arpa y la sombra* de Alejo Carpentier".

Precisamente, la abrupta llegada de Víctor Hugues a la casona habanera —con la cual se marca el cierre del periodo anárquico que siguió a la muerte del padre— establece tanto el tránsito del marco doméstico al histórico como la apertura al mundo de la teatralidad, de la representación de roles[9]. Pronto, el comerciante francés —cuya historicidad, dicho sea de paso, documenta un apéndice de la novela[10]— se gana la confianza de sus anfitriones y pasa a fungir de padre sustituto. Ciertamente, Víctor Hugues no copia al progenitor difunto, sino que tiene por modelo un arquetipo, una figura ideal; más aún, interpreta y encarna la figura paterna que, intuitivamente, los jóvenes demandan: la autoridad de Víctor se funda en el poder de seducción de sus palabras y sus actos. Importa recordar, además, que Hugues introduce a sus pupilos al juego teatral el mismo Sábado de Gloria en que los conoce; significativamente, una fiesta de disfraces sella la nueva alianza entre los jóvenes cubanos y el adulto francés:

> Poco después, en el Gran Salón transformado en teatro, alternando en representar y adivinar, los cuatro se dieron, por turno, a interpretar papeles diversos (...). Monsieur Jiug, evidentemente afecto a la antigüedad, hizo de Mucio Scévola, de Cayo Graco, de Demóstenes —un Demóstenes prestamente identificado cuando se le vio salir al patio en busca de piedrecitas (37).

La elección de roles revela la interioridad del actor: tribunos y oradores reclaman a Hugues, que todavía no sospecha su futuro como hombre público y emisario de la Revolución francesa en el Caribe. Más adelante, ya decepcionado por la causa jacobina, Esteban contemplará retrospectivamente esa escena premonitoria: "Una tarde había sonado la Aldaba Mayor de la Morada, dándose inicio a la operación diabólica que comenzara por transtornar tres vidas hasta entonces unidas, con

---

[9] Eduardo González escribe, a propósito de Víctor Hugues: "El retorno del Padre transfigurado viene a culminar y a clausurar el período de los juegos, de la representación de múltiples papeles que él puede resumir a través del histrionismo y la demagogia, pues 'varios individuos parecían alojarse en su persona'"(*Alejo Carpentier: el tiempo del hombre* 64). La oración me parece equívoca, pues no está claro si "los juegos" y "la representación de múltiples papeles" son sinónimos o apuntan a fenómenos afines, pero distintos y sucesivos. Además, Victor Hugues no es una nueva versión del padre muerto, sino una alternativa a éste (a menos que, por cierto, la mayúscula indique una paternidad puramente simbólica).

[10] Anota Noel Salomon, en relación a las fuentes que utilizó el novelista con el fin de crear al personaje de Victor Hugues: "Se trata de M. A. Lacour: *Histoire de la Guadeloupe* y Sainte-Croix de la Ronciére: *Victor Hugues le Conventionnel*, Paris, 1932..."(399).

juegos que sacaban de sus tumbas a Licurgo y Mucio Scévola, antes de
abarcar a una ciudad con sus tribunales de sangre, una isla, varias islas,
un mar entero, donde la voluntad de Uno Solo, ejecutor póstumo de
una Voluntad Acallada, pesaba sobre todas las vidas" (188). Las trayec-
torias inversas de la profecía y el recuerdo permiten poner en perspectiva
el significado del primer encuentro en la mansión familiar: su proyección
hacia el futuro es lo que lo hace memorable. Puede añadirse que
Esteban, al evocar la visita de Víctor Hugues, rescata de ésta sólo el
comienzo —la llamada— y el fin —la celebración escénica, el
divertimento teatral. El remate histriónico de la jornada adquiere gran
importancia en el diseño de la novela, pues la estructura en abismo del
pasaje —cercano en este rasgo especular, por lo demás, a la "obra
dentro de la obra" que ocupa la segunda escena del tercer acto de
Hamlet— indica con nitidez la tendencia autorreferencial de *El siglo de
las luces*: "Y caían prelados, caían capitanes, caían damas de corte,
caían pastores, en medio de risas que, lanzadas a lo alto por la angos-
tura del patio, podían oírse en toda la calle" (38). Vale la pena notar
que el *happening* con el cual se divierten los personajes deriva en una
apoteosis de violencia vicaria — o, para decirlo con las palabras de
Carlos, en una "gran masacre". En suma, la fiesta nocturna se torna
simulacro de una revolución a la que, sin embargo, desconoce: a este
episodio, más que a la fonda de *Los pasos perdidos*, le convendría
llamarse "Los Recuerdos del Porvenir".

La Revolución misma —referente y horizonte de la mascarada
que preside Víctor Hugues— aparece también bajo el signo de la
representación teatral, de la puesta en escena. De esa manera, *El siglo
de las luces* exhibe sin rodeos su gusto por las simetrías y los
desdoblamientos, por la proliferación de imágenes que se refractan
recíprocamente. Así, cuando Esteban, convertido en compañero de
viaje y camarada ideológico de Víctor Hugues, llegue al París jacobino
de 1791, no dejará de sentir que "ha caído en una enorme feria, cuyos
personajes y adornos hubiesen sido ideados por un gran intendente de
espectáculos" (95). La segunda de las siete secciones de la novela
comienza, justamente, filtrando los sucesos de la metrópolis europea a
través de la mirada perspicaz y deslumbrada del testigo latinoamericano:
la crónica de viajes invierte su orden acostumbrado, sin duda, pero

sobre todo cabe notar que el relato recurre al campo semántico de la teatralidad para figurar las nuevas experiencias de Esteban. Por ejemplo, la extranjería del personaje lo convierte en espectador de su nuevo entorno; de hecho, registra la realidad social como si se tratara de una vasta ficción, de un drama que se despliega en el escenario vertiginoso de la urbe. París no es sólo una fiesta, sino un teatro: "Todo le era espectáculo bueno para detenerse y admirarse" (96), acota el narrador en un pasaje que enumera las observaciones del recién llegado. La euforia y el asombro del focalizador no le impiden, sin embargo, considerar las causas de su peculiar vínculo con el medio parisino. Acaso —piensa Esteban— otros se han habituado ya al ritmo exaltado de la vida cotidiana, pero "él, sacado repentinamente de sus modorras tropicales, tenía la impresión de hallarse en un ambiente exótico —ésa era la palabra—, de un exotismo mucho más pintoresco que el de sus tierras de palmeras y azúcares, donde había crecido sin pensar que lo visto siempre pudiera resultar exótico para nadie" (96). Comprensiblemente, el letargo colonial resulta, para quien se ha criado en él, menos llamativo que el dinamismo revolucionario; esta constatación —tan obvia que bordea la banalidad— sirve de apoyo a una intuición más compleja, la de que la alteridad no radica ni en la persona del observador ni en el objeto observado, sino en el espacio de la mirada, en la trayectoria que se traza entre ambos polos. El exotismo deja de ser una cualidad intrínseca de las sociedades no europeas para percibirse, en cambio, como una forma de conocimiento y apropiación estética de lo Otro.

En la escena urbana, los objetos, las personas y los sitios concurren para crear una atmósfera insólita, casi onírica en su intensidad y su vértigo; no en vano, la descripción de París al inicio de la segunda sección de *El siglo de las luces* remite en parte al mecanismo de la metáfora surrealista porque, como éste, se funda en la heterogénea confluencia de imágenes. Por cierto, en el prólogo a *El reino de este mundo* (1949), que equivale a un manifiesto de lo real maravilloso, Carpentier censura sin paciencia "la vieja y embustera historia del encuentro fortuito del paraguas y la máquina de coser sobre una mesa de disección" (*Tientos y diferencias* 108); Esteban, por su parte, se complace "en el traje del barquillero y el muestrario de alfileres, los

huevos pintados de rojo y los pavos, pregonados como *aristócratas*
por una desplumadora del Mercado" (96). La gran diferencia entre el
tropo vanguardista y la descripción novelesca radica, notoriamente, en
la naturaleza síquica del primero y el carácter empírico de la segunda;
por otro lado, su coincidencia principal estriba en el efecto de maravilla
que ambos propician. El argumento que sustenta la polémica de
Carpentier con el surrealismo no ha cambiado: de nuevo, se reafirma
que el inconsciente —o, si se prefiere, la poética que lo reivindica—
no puede competir en complejidad y riqueza plástica con el ámbito de
la experiencia. Ese contraste alimenta, en el prefacio de *El reino de este
mundo,* la convicción de que lo real maravilloso es la clave y el
fundamento de la vida latinoamericana: "¿Pero qué es la historia de
América toda sino una crónica de lo real maravilloso?" (*Tientos...,* 112),
se pregunta retóricamente el escritor al rematar su texto; en *El siglo de
las luces,* sin embargo, la misma categoría se puede aplicar a cabalidad
al paisaje humano del París revolucionario, abarcando así a aquello
que se presenta como radicalmente nuevo y ejemplarmente moderno.
Al desplazamiento geográfico y cultural lo acompaña, como ya se ha
visto, una inversión del vínculo colonial, pues el viajero latinoamericano
se convierte en testigo del espacio europeo[11].

En la visión de Esteban, la riqueza visual de la vida parisina
sugiere la intervención de una fuerza secreta, de un autor cuya voluntad
mueve secretamente los hilos de lo visible: París no puede ser el "Máximo
Teatro del Mundo" (101) por generación espontánea. Los designios de
esa hipotética agencia permanecen, sin embargo, indescifrables para
el espectador de la escena urbana:

> Más que una revolución, parecía que se estuviera en una gigantesca
> alegoría de la revolución, en una metáfora de revolución —re-
> volución hecha en otra parte, centrada sobre polos ocultos,

---

[11] Sintomáticamente, es el francés Hugues quien ve las Antillas como territorio de lo
insólito y bizarro: "Por lo demás —proseguía el otro, cambiando de latitud— las Antillas
constituían un archipiélago maravilloso, donde se encontraban las cosas más raras: áncoras
enormes abandonadas en playas solitarias; casas atadas a la roca por cadenas de hierro, para
que los ciclones no las arrastraran hasta el mar; un vasto cementerio sefardita en Curazao; islas
habitadas por mujeres que permanecían solas durante meses y años, mientras los hombres
trabajaban en el Continente; galeones hundidos, árboles petrificados, peces inimaginables; y,
en la Barbados, la sepultura de un Constantino XI, último emperador de Bizancio, cuyo fantasma
se aparecía, en las noches ventosas, a los caminantes solitarios"(33-4).

elaborada en soterrados concilios invisibles para los ansiosos de saberlo todo (97).

Así, la vida colectiva y pública produce en el personaje una impresión curiosa, contradictoria. Gracias a una paradoja de reminiscencias barrocas, Esteban valora lo que sus ojos ven como pura apariencia, como engaño de los sentidos, mientras concibe que la verdad de los acontecimientos está escondida y se descubre sólo a un pequeño grupo de iniciados. Hay aquí una inesperada reaparición de la Cábala, no sólo porque la imagen de "soterrados concilios invisibles" parece evocarla sino, sobre todo, porque el protagonista adhiere en este momento a una exégesis hermética: en la medida que el sentido yace debajo de la superficie, para acceder a él es necesario descender a las profundidades, internarse en las regiones oscuras. Esa actitud explica el interés que en Esteban despierta la masonería, en la cual se conjugan el gusto por los rituales clandestinos y las cifras enigmáticas con el respaldo a una ideología ilustrada; el encanto mayor de las logias masónicas radica, a la larga, menos en sus ideas que en su modo de organización: cerrados y exclusivos, los cenáculos de los filántropos —cree por un tiempo Esteban— poseen la forma que más conviene a la revelación de la verdad.

En *El siglo de las luces*, la hermenéutica del ocultismo y el prestigio de la clandestinidad establecen un vínculo ambivalente con el registro espectacular y la celebración de la mirada. Por un lado, la idea de que lo trascendente es siempre imperceptible a primera vista contrasta con el énfasis del relato en las imágenes teatrales o pictóricas y, además, parece contrariar la tendencia parnasiana del narrador a detenerse en minuciosas descripciones de formas y superficies; por otro, lo secreto es —al menos en principio— susceptible de ser desnudado, descubierto. Esa contienda entre los atributos de lo patente y lo escondido no afecta sólo la subjetividad de los personajes, sino el status mismo de la mímesis, pues lo que está en juego es la naturaleza de la representación y de las relaciones entre los referentes y los signos. ¿De qué otra manera concebir, por ejemplo, que la Revolución francesa —es decir, el fenómeno histórico más importante del siglo XVIII europeo— parezca una pieza teatral o una figura retórica? Esa impresión es una de las numerosas pruebas del continuo deslizamiento del orden factual al plano simbólico que caracteriza a *El siglo de las luces*.

A lo largo de la cuarta novela de Carpentier se multiplican las referencias al auto sacramental y, en particular, a *El gran teatro del mundo* (1635), de Calderón de la Barca[12]. Reiteradamente, la alegoría religiosa sirve de vehículo metafórico tanto a la experiencia revolucionaria como al reino animal: la sociedad y la naturaleza —los dos componentes del *mundo* de la doctrina católica, dominio mortal de la materia y los sentidos— se formulan mediante un tópico de linaje clásico al que el Barroco español recurrió con insistencia: oblicuamente, el Siglo de Oro se coteja con el de las Luces[13]. Más que sostener la igualdad esencial entre ambos —como si la Historia consistiese en una secuencia fatal de calcos y repeticiones—, la comparación permite trazar el perfil único de ese siglo XVIII en el cual Rousseau le dio a la palabra *moderno* su sentido actual (Berman 17).

Ya antes hemos visto pasajes que equiparan a la vida con el drama y a la realidad material con un tinglado. Según Curtius, el motivo inicia su genealogía con el Platón tardío de las *Leyes*; en la Antigüedad latina, lo adoptan tanto filósofos paganos —Cicerón y Séneca, por ejemplo— como autoridades cristianas —San Agustín y San Juan Crisóstomo, entre otros—. En el Medioevo, correspondería a Juan de Salisbury el mérito de renovar el tópico y garantizar su circulación futura: "Si la metáfora vuelve a ser tan frecuente en los siglos XVI y XVII —conjetura el autor de *Literatura europea y Edad Media latina*—

---

[12] En *El gran teatro del mundo*, que se representó por primera vez alrededor de 1635, el Autor convoca al Mundo para que en él la humanidad escenifique un drama: "Y como siempre ha sido/ lo que más me ha alegrado, y divertido,/ la representación bien aplaudida,/y es representación la humana vida,/ una Comedia sea/la que hoy en tu Teatro vea;/si soy Autor,/ y si la fiesta es mía, /por fuerza la ha de hacer mi Compañía (...) (132). El Autor —es decir, Dios— les entrega sus papeles a los personajes; terminada la comedia de la vida, el Mundo los despoja de las indumentarias que los distinguen. Luego, se realiza el juicio a los siete personajes y el ascenso a la mesa sacramental. A partir de este resumen escueto puede observarse que el auto sacramental no reconoce deslindes entre lo secular y lo sagrado o lo natural y lo sobrenatural: el Mundo no es, en suma, un sinónimo de la existencia social, a pesar de figuras como El Rico o El Labrador; de hecho, éstos comparten la escena con cualidades o virtudes, como La Discreción o La Hermosura, y hasta con una criatura que muere antes de nacer, El Niño. Además, el Autor se encarga de aclararle al Pobre que "no porque pena te sobre, siendo Pobre, es en mi Ley/ mejor papel el del Rey, si hace bien el suyo el Pobre"(143). Así, la Ley que rige a la alegoría no es la de la Historia, sino la de la Providencia divina.

[13] Carlos Santander, en "Historicidad y alegoría en *El siglo de las luces* de Alejo Carpentier", ensaya una comparación entre la novela y el auto sacramental de Calderón. Santander sostiene, insólitamente, que en *El siglo de las luces* "el bien realmente supremo es la naturaleza americana. El mal, la ideología impuesta desde Europa y sus consecuencias de decadencia o muerte. En la tensión dramática entre ambos se fatiga el ser, el hombre"(313). La novela de Carpentier no puede reducirse a una contienda maniquea entre la bondad de la naturaleza autóctona y la perversidad de las ideas foráneas.

esto se debe seguramente, en gran medida, a la popularidad del *Policraticus*" (206). El erudito recorrido de Curtius no excluye a Shakespeare, Cervantes ni Gracián y, por cierto, se dilata en Calderón de la Barca,"el primer poeta que convierte al *theatrum mundi*, dirigido por Dios, en asunto de un drama religioso" (208). Curiosamente, omite a Erasmo, que en su *Elogio de la Locura* (1509) presenta la existencia bajo la forma de una obra en la que cada actor lleva su disfraz y su máscara[14]. Hay un eco nítido de ese argumento erasmista en la segunda parte del *Quijote* (1615), cuando el hidalgo observa: "Pues lo mesmo acontece en la comedia y trato deste mundo, donde unos hacen los emperadores, otros los pontífices y, finalmente, todas cuantas figuras se pueden introducir en una comedia; pero en llegando al fin, que es cuando se acaba la vida, a todos les quita la muerte las ropas que los diferenciaban, y quedan iguales en la sepultura" (II, 517-8). Sancho aprueba la analogía, pero no la encuentra novedosa: aunque aldeano y analfabeto, está familiarizado con una idea que es ya un lugar común en la España de la Contrarreforma.

A fines del siglo XVIII, la plebe parisina asistió en la Place de Gréve a la ejecución del Rey; en el siglo XVII, los autos sacramentales congregaban, durante las fiestas de Corpus, al vulgo madrileño en la Puerta de Guadalajara. La eficacia del cotejo se debe al juego resultante entre la semejanza y la diferencia. Como afirma José Antonio Maravall, la pedagogía barroca apelaba al impacto visual para educar a la muchedumbre e imprimir en ella el respeto a la autoridad monárquica, la sujeción al orden estamental en crisis[15]. Tengamos eso en cuenta al revisar este párrafo de *El siglo de las luces*, que alude a la guillotina montada en la Plaza de la Libertad, en Bayona: "Lejos de su ambiente mayor, lejos de la plaza salpicada por la sangre de un monarca, donde había actuado en Tragedia Trascendental, aquella máquina llovida —ni siquiera terrible, sino fea; ni siquiera fatídica, sino triste y viscosa— cobraba al actuar, el lamentable aspecto de los teatros donde unos

---

[14] En *El elogio de la locura*, la Estulticia señala que la vida humana se mostraría en su precariedad y miseria a quien lograra mirarla desde una distancia olímpica: "Sigamos, pues: si alguien pudiera observar el panorama desde un elevado mirador —tal como los poetas suelen decir que hace Júpiter— vería a qué calamidades está sometida la vida de los hombres" (52). Sobre Erasmo y su desarrollo del tópico del "theatrum mundi", ver: Antonio Vilanova, "El tema del Gran Teatro del Mundo".

[15] Ver: José Antonio Maravall, *La cultura del Barroco. Análisis de una estructura histórica*.

cómicos de la legua, en funciones provincianas, tratan de remedar el estilo de los grandes actores de la capital" (111-2). Si el drama sacro del siglo XVII ratifica las jerarquías sociales —que nacen de la voluntad divina—, el regicidio perpetrado por los revolucionarios franceses en el siglo XVIII tiene el sentido exactamente contrario. En ambos casos, sin embargo, la multitud urbana recibe una lección gráfica e imponente en un ámbito público. A la larga, la naturaleza fáctica o ficticia de la puesta en escena importa menos que su huella en la concurrencia.

No puede tampoco olvidarse que la urbe barroca fue, en gran medida, un espacio escénico: la cultura del espectáculo no se confinó a los corrales de comedias, sino que invadió calles y plazas. Lo mismo sucede, notoriamente, con el París revolucionario de *El siglo de las luces*. Las fronteras entre la vida cotidiana y la teatralidad —o, si se prefiere, la para-teatralidad— se tornan borrosas, indecisas, en la medida que ambas comparten el territorio de la ciudad. Maravall propone que, desde el Renacimiento, lo visible gana en autoridad a lo audible y, en parte, atribuye ese desplazamiento a la expansión urbana, que creó masas de espectadores potenciales y convirtió la esfera pública en una fuente incesante de atracciones y estímulos (502). En todo caso, ¿no se considera más fiable el testimonio de aquél que ha visto algo *con sus propios ojos* frente al de quien, por el contrario, conoce un hecho sólo de oídas? Esta hegemonía de la vista repercute, indudablemente, en cualquier reflexión sobre la mímesis[16]. Ya he señalado antes que al interior del texto de Carpentier se libra una controversia sobre el valor de la imagen visual. Los epígrafes que remiten a la serie "Los desastres de la guerra", de Goya, las menciones a Hogarth con las cuales se caracteriza la podredumbre de Cayena y el empleo como *leit motif* de "Explosión en la Catedral" —lienzo fantástico del pintor francés Monsú Desiderio, que en el relato permanece anónimo— prueban la

---

[16] Roland Barthes, escribiendo sobre Ignacio de Loyola y la pedagogía visual jesuítica, apunta que al comenzar la época moderna se produjo un reacomodo en la jerarquía de los sentidos. La vista —que, en la Edad Media, se valoraba menos que el oído y el tacto— se apoderó entonces del lugar de privilegio: "Au début de l'époque moderne, au siècle de Ignace, un fait commence a modifier, semble-t-il, l'exercice de l'imagination: un remaniement de la hiérarchie des cinq sens. Au Moyen Age, nous disent les historiens, le sens le plus affiné, le sens perceptif par excellence, celui qui établit le contact le plus riche avec le monde, c'est l'ouïe; la vue ne vient qu'en troisième position, après le toucher. Puis il y a renversement: l'oeil devient l'organe majeur de la perception (le baroque en témoignerait, qui est art de la chose vue)" (*Sade, Fourier, Loyola* 70).

importancia de las artes plásticas en la novela[17]. La pintura, sin embargo, tiene en la novela un status tan crucial como equívoco: por un lado, los cuadros sirven —literalmente— para *ilustrar* eventos e ideas; por el otro, su poder de referencia y su capacidad de simbolización no están libres de sospecha.

Una instructiva paradoja hace que las últimas páginas de *El siglo de las luces* tengan como epígrafe —o epitafio, si se toma en cuenta que su materia es la muerte de Esteban y Sofía— la frase "Así sucedió", con la que Goya tituló uno de sus grabados. La promesa del lema se cumple sólo a medias, pues la relación que sigue se teje "con lo sabido en tiendas y talleres; con lo oído en una taberna cercana, donde muchas memorias se refrescaban al calor del aguardiente; con lo narrado por personas de las más diversas condiciones y estados" (352). La expectativa de la información fidedigna parece negada por la calidad dudosa de las fuentes; el focalizador del segmento, Carlos, se ve obligado a recurrir a los filtros opacos del rumor, de la palabra callejera, para reconstruir los sucesos: no se trata de un testigo ocular, sino de un oyente. Y, sin embargo, luego de recoger el testimonio de una mujer que confiesa *no* haber visto a Esteban y Sofía en la fecha fatídica, la narración se modifica de manera brusca, insólita: de pronto, las mediaciones se disuelven y la voz del narrador pasa a transmitir una visión directa, escénica, de lo que llama "El Día sin Término" (356). La plasticidad del pasaje, la gráfica precisión de sus detalles, sugieren claramente una matriz pictórica; aun sin el reconocimiento explícito de Carpentier, sería fácil notar que el "Dos de mayo" y el "Tres de mayo", de Goya, sirvieron de modelo y base para la secuencia final de *El siglo de las luces*[18]. La fuente pictórica desplaza a la oral, haciendo que la representación se haga más nítida y precisa, pero el tránsito es tan abrupto que deja en el texto una cicatriz, la huella de una maniobra retórica: la repentina inmediatez de la mirada narrativa es, en verdad, una ilusión óptica, un espejismo del discurso.

Que la mímesis revele así su propio artificio tiene una enorme importancia para una novela que, como *El siglo de las luces*, indaga en

[17] Sobre la relación entre las artes plásticas y *El siglo de las luces*, ver: Catherine Wall, "The visual dimension of *El siglo de las luces*: Goya and *Explosión en una catedral*"; Alessandra Riccio, "El cambio en la fijeza: Alejo Carpentier y Monsú Desiderio"; Anne Leoni, "'L'Explosion dans une cathédrale' dans *Le siècle des lumières* d'Alejo Carpentier".

[18] Señala Wall, citando a Carpentier: "Furthermore, Carpentier has identified his visual source: 'Toute la fin est une vision de Goya'"(152).

el pasado colectivo. El texto explora las dos dimensiones de la Historia: el plano de los eventos y el de su registro, el dominio de la acción cumplida y el de la escritura. Sostiene Michel de Certeau que la conciencia histórica exige una línea divisoria entre el ámbito del presente —ahí donde los vivos se ejercitan en las prácticas de la memoria— y el del pretérito —es decir, el campo de los difuntos, de aquéllos a los que conmemoran los sobrevivientes[19]. *El siglo de las luces* dramatiza esa separación en su desenlace, pues el deudo —Carlos— debe elaborar una versión de la jornada final de sus muertos, Sofía y Esteban. Sin embargo, como los eventos del Dos de Mayo de 1808 son ya inaccesibles para los sentidos, la efemérides no puede ser revivida, sino solamente evocada: lo ya acontecido sólo puede existir fantasmalmente, bajo la forma de la representación. La conciencia de que el pasado es irrepetible no suprime el deseo de recobrarlo, aunque la recuperación del tiempo perdido tenga un carácter *imaginario* —lo cual ayuda a explicar, por cierto, la seductora autoridad que en el pasaje final ejercen el "Dos de mayo" y el "Tres de mayo", pues los dos cuadros fijan plásticamente la mirada de un testigo.

En otro nivel, el hermenéutico, cumple un papel central "Explosión en una catedral", que aparece seis veces en *El siglo de las luces*. Como Carlos —quien, en su calidad de heredero, abre y clausura la acción de la novela—, el cuadro conecta también los dos límites temporales del relato. Más que describir un trayecto circular, esas simetrías esclarecen la distancia radical entre los dos márgenes de la novela: si la muerte del padre representa la derrota de un orden arcaico, la de los jóvenes señala el alto costo de la rebelión contra el poder establecido. Sobre la pintura predilecta de Esteban se dice, en su primera aparición, que "era la apocalíptica inmovilización de una catástrofe" (19); a Sofía le atrae y repele a la vez ese "terremoto estático" que su primo defiende —medio en broma— con el argumento de que "le sirve para irse acostumbrando" (19). "Explosión en una catedral" ilustra la sensibilidad de su dueño, que gusta "de lo imaginario, de lo fantástico" (18), pero no sólo sirve para caracterizar a Esteban; el cuadro funciona también

---

[19] Refiriéndose a la historiografía —o, como también la llama, "escritura histórica"—, afirma Michel de Certeau: "Mais en même temps, elle fonctionne comme image inversée; elle fait place au manque et elle la cache; elle crée ces récits du passé qui sont les équivalents des cimetiéres dans les villes; elle exorcise et avoue une présence de la mort au milieu des vivants" (103).

como un emblema de la época (y también de la novela misma, cuya traducción al inglés se titula *Explosion in a Cathedral*). Oxímoron visual en el que coexisten la quietud extrema y el movimiento sin freno, la pintura ilustra el élan mesiánico de los tiempos; mejor dicho, el sentido profético del lienzo se lo adjudican sus receptores, pues la obra misma carece de intención programática. Sin duda, recurrir al trabajo de Monsú Desiderio —seudónimo del manierista francés François de Nôme, activo en Nápoles a fines del siglo XVI y comienzos del XVII— delata el pasado de Carpentier entre los surrealistas, que reivindicaron la pintura fantástica del Barroco[20]. Es preciso admitir, sin embargo, que el novelista escamotea deliberamente la referencia: en *El siglo de las luces*, el cuadro se atribuye a un "maestro napolitano anónimo" y —esto me parece aun más llamativo— se insinúa que "Explosión en una catedral" es una obra dieciochesca, pese a que data aproximadamente de 1600. El anacronismo no resulta caprichoso: que el cuadro y los personajes sean contemporáneos significa que los anima el mismo espíritu de época. Paradójicamente, de esa circunstancia depende el carácter visionario y alegórico que Esteban —a su retorno de Francia— quiere ver en la pintura: si la catedral representa al yo del personaje, éste ha pasado sin duda por traumáticas rupturas; si, por el contrario, encarna a la época, "una formidable explosión, en efecto, había derribado sus muros principales" (259); por último, si el edificio en trance de arruinarse simboliza a la Iglesia católica, Esteban repara en que "una hilera de fuertes columnas le quedaba intacta" (259). En el fragmento, la variedad de interpretaciones es un efecto de la relación entre la imagen pictórica y el bagaje de quien la observa. Así, el sentido del cuadro reside en la experiencia de la mirada, en el evento de la lectura. Por eso, la muerte de la obra no se produce a través de su destrucción material, sino de la ausencia de su receptor, como establece el párrafo final de *El siglo de las luces*:

> Cuando quedó cerrada la última puerta, el cuadro de la "Explosión en una catedral", olvidado en su lugar —acaso voluntariamente olvidado en su lugar— dejó de tener asunto, borrándose, haciéndose mera sombra sobre el encarnado oscuro del brocado

---

[20] Sobre Monsú Desiderio, ver: Pierre Seghers, *Monsú Desiderio, ou le théâtre de la fin du monde*.

que vestía las paredes del salón y parecía sangrar donde alguna
humedad le hubiese manchado el tejido (359).

El óleo, que había sido restaurado luego de que su dueño intentase
destrozarlo[21], no puede sin embargo sobrevivir a Esteban. Sin nadie
que las descifre, las figuras se diluyen y confunden, se pierden en la
indiferencia: el lienzo oscurecido equivale a una página ilegible. También
los textos son mortales, afirma melancólicamente *El siglo de las luces*
en el instante mismo de su conclusión.

Se ha visto ya cómo la pintura y el drama orientan la percepción
de Esteban, quien ocupa ejemplarmente en la novela el lugar del receptor, y se ha observado que su contraparte es Víctor Hugues, a quien
señala la vocación de actor, tanto en el sentido histriónico como en el
militante. Hay que añadir que las discordias entre ambos se deben no
sólo a razones ideológicas y éticas, sino a que aspiran al mismo objeto
del deseo: los dos aman a Sofía —que, dicho sea de paso, es mucho
más que la depositaria de estos afectos. Oblicuamente, *El siglo de las
luces* pone en escena un triángulo edípico, pues entre los roles de
Víctor está el de *pater familiae* y Sofía, por su lado, cumple funciones
maternales en relación a Esteban: "Fue ella, la primera mujer conocida,
madre estrechada por ti en vez de la que nunca llegaste a conocer" (276)
rezan unas líneas que, sintomáticamente, preceden a una traumática
tentativa de seducción. El incesto simbólico no se consuma, pero Sofía
—en apariencia hostil al goce erótico— sostiene un romance apasionado
con Víctor Hugues: la fantasía filial se desgarra, al mismo tiempo que
la figura paterna impone su poder. Sin embargo, el desarrollo posterior
de la trama compensa en parte al amante derrotado, pues Sofía abandona
a Víctor y termina viviendo una suerte de matrimonio casto, asexuado,
con Esteban. El empalme del drama histórico y la *novela familiar*
freudiana no es, en verdad, tan insólito ni tan innovador como puede
parecer al principio. Por el contrario, delata la afinidad estructural de
El siglo de las luces con sus antecedentes decimonónicos —con *Los*

---

[21] Al final de la quinta sección, cuando los agentes de la policía colonial se llevan preso a
Esteban, éste se lanza enfurecido contra la pintura: "'¡Para lo que me importa ya cuál ha de ser
mi destino!', dijo Esteban. Se detuvo ante el cuadro de la Explosión en la Catedral, donde
grandes trozos de fustes, levantados por la deflagración, seguían suspendidos en una atmósfera
de pesadilla: 'Hasta las piedras que iré a romper estaban presentes en esta pintura'. Y agarrando
un taburete, lo arrojó contra el óleo, abriendo un boquete en la tela, que cayó al suelo con
estruendo" (303).

novios de Manzoni, por ejemplo—, pues al igual que éstos imbrica los grandes asuntos de la época representada con las peripecias sentimentales y los conflictos íntimos de los protagonistas[22]. En todo caso, el triángulo Esteban-Sofía-Víctor Hugues es tan decisivo en el diseño novelesco que acaba por volver casi prescindibles a otros personajes: Carlos —quien al comienzo de la novela parece destinado al protagonismo, por su calidad de primogénito y su función de focalizador— queda relegado luego de que aparece Víctor Hugues; Jorge, el esposo de Sofía, pasa fugazmente por el relato y cae fulminado por una oportuna epidemia finisecular: menos de treinta páginas discurren entre la primera vez que se le menciona y su desaparición.

Las dudas y dilemas que sacuden a Esteban, así como el hecho de que la mayor parte del relato circule a través de su mirada —la más notable excepción ocurre durante la sexta parte de la novela, en la que Sofía ocupa el centro de la escena—, pueden conducir a considerarlo un mero observador, un testigo limitado a registrar la realidad que es incapaz de transformar. En ese caso, se corre el riesgo de soslayar que el personaje es, sobre todo, un aventurero; su heterodoxia y su ánimo disidente no lo convierten en un sujeto pasivo, sino periférico: entre él y su entorno media siempre una distancia. Basta repasar el itinerario que sigue para probar su índole trashumante, inquieta. De la Cuba colonial va —con trasbordo en un Haití convulsionado— al París convencionario de 1791, de donde lo destacan a la frontera franco-española[23]; remonta el Atlántico en dirección a la Guadalupe, ocupada por los ingleses, y sirve luego como escribano de campañas corsarias en el Caribe. Después de una estadía en la colonia penitenciaria de Cayena y un tránsito breve por el dominio holandés de Surinam, pasa en Cuba una temporada corta, que culmina cuando las autoridades españolas deciden confinarlo en el presidio de Ceuta, del cual sale para recalar finalmente en Madrid, la última de sus escalas. Con estos recorridos sólo pueden competir las travesías de Víctor Hugues

---

[22] Es, justamente, la capacidad de conectar la intriga doméstica con la crisis pública lo que Lukács celebra en *Los novios*: "Thus, while Manzoni's immediate story is simply a concrete episode taken from Italian popular life —the love, separation and reunion of a young peasant boy and girl— his presentation transforms it into a general tragedy of the Italian people in a state of national degradation and fragmentation"(*The Historical Novel* 70).

[23] Esa estadía en el País Vasco hace coincidir a *El siglo de las luces* con *Las memorias de un hombre de acción*, de Pío Baroja. Ver: Jean Goulemot, "Romans de langue espagnole et Révolution française".

—justificadas, además, primero por las obligaciones comerciales y luego por los deberes políticos—. Sin duda, Esteban comparte con el narrador anónimo de *Los pasos perdidos* la doble vocación de viajero y cronista: para los dos, la aventura del conocimiento encuentra su forma en el motivo del camino.

Es la condición itinerante de Esteban —y no su presunta incapacidad de comprometerse a fondo con la causa revolucionaria— la que lo lleva a comportarse como un espectador: su extranjería se traduce en extrañeza, en una actitud de permanente curiosidad intelectual y estética. Las obras de los humanos y las de la naturaleza solicitan su interés porque ante ellas adopta la perspectiva del recién llegado, del visitante venido de otras regiones. Esa actitud ávidamente vitalista y radicalmente anti-convencional no pasará inadvertida en París. La exuberancia y el entusiasmo del joven extranjero le ganan un apodo esclarecedor: "Los libreros del barrio lo llamaban "El Hurón"—dice el narrador— y él, halagado por el remoquete que unía el recuerdo de Voltaire a la imagen de América, hacía cuánto le fuera posible por chocar con los hábitos de urbanidad del antiguo régimen, alardeando de una franqueza, de una brutalidad verbal, de una crudeza de juicios, que a veces lastimaba a los mismos revolucionarios" (98). Se puede advertir fácilmente que Esteban interpreta con gusto el rol que otros han identificado para él; si al mundo representado lo rigen las leyes de la teatralidad, no es inaudito que el mismo sujeto haga de espectador y de actor, según las circunstancias. Hay que subrayar, además, la estirpe literaria del sobrenombre, que se refiere al héroe de *L'Ingénu*, uno de los últimos cuentos satíricos de Voltaire. El relato parodia en su historia, como el *Candide*, las peripecias improbables y las casualidades insólitas que favorecían la novela bizantina y su heredera, la barroca. Racionalista y didáctico, Voltaire ridiculiza a éstas por su falta de verosimilitud y su exotismo desenfrenado. Al igual que el Montesquieu de las *Lettres Persannes*, considera que la finalidad de la ficción es la crítica de las costumbres, el examen irónico de los dogmas: la conciencia ilustrada no trata de escapar hacia lo desconocido, sino de re-conocer lo familiar por medio del distanciamiento. No es un secreto que, para lograr ese efecto, la mirada del forastero constituye un recurso privilegiado. Así, por ejemplo, al pedir que se le expliquen las razones de los hábitos y las creencias dominantes en Francia, el Ingenuo no muestra su barbarie, sino que exhibe la irracionalidad de la civilización; el cuento —cuyo mismo subtítulo, "Historia verdadera", recalca su sesgo sarcástico— presenta al Hurón como un observador que, gracias a su alteridad, puede aprehender el sentido (o, mejor dicho, la falta de sentido) de la trama social. Significativamente, el estudio de la Historia hace que el Ingenuo llegue a conclusiones casi idénticas a las sostenidas por Esteban luego de su etapa de militancia:

> Il lut des histoires, elles l'attristèrent. Le monde lui parut trop méchant et trop misérable. En effet, l'histoire n'est que le tableau des crimes et des malheurs. La foule des hommes innocents et paisibles disparaît toujours sur ces vastes théâtres. Les personnages ne sont que des ambitieux pervers. Il semble que l'histoire ne plaise que comme la tragédie, qui languit si elle n'est animée par les passions, les forfaits, et les grandes infortunes. Il faut armer Clio du poignard, comme Melpoméne (36).

A través de la lectura, el Hurón llega a la melancólica certidumbre de que la Historia no es sino la representación del Mal, su frenética puesta en escena. Por eso la concibe como un "cuadro de crímenes y desdichas" o un "vasto teatro" que reserva los papeles protagónicos a seres sin escrúpulos ni grandeza moral. Las metáforas pictóricas e histriónicas que proliferan en *El siglo de las luces* —aparte del escepticismo y el desencanto de su principal focalizador— se despliegan también en el cuento de Voltaire: la razón moderna del siglo XVIII habla el mismo idioma que la conciencia crítica del siglo XX, pero para ésta última el pasado no es sinónimo del *antiguo régimen*, pues su memoria incluye el nacimiento de la era de las revoluciones populares. Resulta evidente que las vicisitudes de las utopías igualitarias y los proyectos políticos de liberación inquietan a la novela de Carpentier; más obvio aún es que *El siglo de las luces* se rehúsa a incurrir en la apología o la propaganda. Decir que el texto aprueba la Revolución Francesa o que la condena me parece igualmente erróneo, por unilateral y simplista. Lo más relevante de la Revolución es que constituye —para sus partidarios y sus detractores— el acontecimiento que define a la época y marca a sus contemporáneos. No hay manera de ser imparcial o de permanecer impasible ante su existencia. Más aun, en el reparto de *El siglo de las luces* no se halla un solo actor importante que no vea su destino transformado por la Revolución y que carezca de un juicio sobre ella. En definitiva, no es posible actuar ni ejercer la crítica si no se ha ingresado antes al teatro de la Historia.

He señalado anteriormente que la vocación histriónica moldea a Víctor Hugues. Quiero detenerme ahora en la importancia de ese aspecto para la caracterización del personaje. De hecho, desde su primera visita a la casona de La Habana, la figura de Hugues es indesligable del juego teatral. Sofía nota, por ejemplo, que el visitante "gustaba de representar papeles de legisladores y tribunos antiguos" (53); mucho después, cuando concluya sus relaciones con quien se ha convertido en funcionario napoleónico, le dirá con áspera ironía que parece "un parricida de tragedia antigua" (343). Esteban, por su lado, identifica sin dificultad la fuente de los gestos efectistas con los que Hugues impresiona a la tripulación que navega de Francia a La Guadalupe: "'Teatro', pensaba Esteban. Pero teatro que lo agarraba, como a un espectador más, revelándole la dimensión de quien a tales papeles se alzaba" (122). Los límites entre el espacio escénico y el empírico se desdibujan hasta el punto de que, para Víctor Hugues, la sociedad entera se transforma en un escenario. A pesar de eso, el personaje de Carpentier no pertenece a la estirpe de Don Quijote o Madame Bovary —aunque, como a ellos, lo anime el deseo de *ser otro*. A diferencia de las criaturas de Cervantes y Flaubert, Hugues revela una índole pragmática y una versatilidad camaleónica. Sobre todo, su fantasía íntima y su práctica pública no se oponen diametralmente; por el contrario, se concilian gracias al ejercicio de la actuación. Víctor Hugues emula a sus ídolos y hasta llega a encarnar versiones bastante logradas de ellos, pero sólo puede ser idéntico a sus modelos de una forma secundaria, derivativa: está literalmente condenado a re-presentar. Sin embargo, el predicamento del personaje consiste en que, por momentos, olvida que es un intérprete. A eso se refiere Esteban cuando le advierte —sin mayor fortuna— sobre los peligros de la "borrachera del Traje" (132). De todos los disfraces que Víctor Hugues lleva, sin duda el que más le acomoda y complace es el del Incorruptible, a quien rinde el homenaje de la imitación sincera: "Había querido *ser* Robespierre, y *era* un Robespierre a su manera. Como Robespierre, en otros días, hubiese hablado de *su* gobierno, de *su* ejército, de *su* escuadra, Víctor Hugues hablaba ahora de *su* gobierno, de *su* ejército, de *su* escuadra" (194).

A pesar de la reacción thermidoriana y la muerte del líder de los jacobinos, Víctor mantiene empecinadamente en La Guadalupe un simulacro del régimen ya derrotado en la metrópolis: así, el anacronismo —esa violación del tiempo lineal— aparece como una forma de protestar contra la tiranía de los hechos, contra el orden empírico. A la larga, Víctor Hugues termina pasándose al bando triunfador y, perdida la fe revolucionaria, traiciona su pasado radical. Esa claudicación permite, paradójicamente, que el personaje preserve su carácter proteico, pues la identidad de Víctor no está anclada en una esencia fija, única; es, por el contrario, plural y mudable. Por eso resulta sintomático que la penúltima intervención de Víctor Hugues en *El siglo de las luces* consista, justamente, en el reconocimiento desgarrado y en voz alta de su histrionismo: "En menos de diez años, creyendo maniobrar mi destino, fui llevado por los demás, por ésos que siempre nos hacen y nos deshacen, aunque no los conozcamos siquiera, a mostrarme en tantos escenarios que ya no sé en cuál me toca trabajar. He vestido tantos trajes que ya no sé cuál me corresponde" (342). Este raro momento introspectivo y de auto-revelación semeja a la anagnórisis del héroe trágico (aunque aquí nos encontramos, en verdad, ante un anti-héroe). Importa, sobre todo, constatar que el actor no puede seguir en escena después de ese parlamento: su labor ha concluido, en la novela y en la Historia. De ahí que Sofía, comprometida con la utopía y la brega revolucionarias, decida abandonar la casa de su amante para "volver al mundo de los vivos" (344). A pesar de las decepciones y los reveses, Sofía no ha renunciado a la acción y aspira aún a representar un papel transformador en el drama de la época.

Un *ethos* activista, que exalta la praxis radical como la forma más alta de la expresión humana, distingue a la única protagonista femenina de *El siglo de las luces*. En el ambiente cubano de fines del siglo XVIII, Sofía es indudablemente una figura de excepción: ni típica de su clase ni representativa de su género, anuncia con su actitud y su comportamiento una posibilidad vital que sólo en el futuro podrá generalizarse. Por otro lado, sin el sustento ideológico del enciclopedismo y las peculiares circunstancias de su biografía, el personaje resultaría inverosímil y forzado. Así, la caracterización de Sofía supone dos maneras de incorporar la Historia al mundo novelesco: en primer término, el diseño de la protagonista revela una tendencia prospectiva, anticipatoria, que presenta al pasado como germen del futuro; el riesgo del anacronismo involuntario se conjura, sin embargo, pues el relato sitúa al personaje en un entorno que, aunque heterodoxo y singular, es históricamente posible. Mujer de ideas avanzadas y hábitos anti-convencionales, Sofía trasciende las normas de su tiempo, pero no sin haber antes experimentado los roles prescritos por la tradición para las hijas de las clases altas coloniales. A pesar de su índole rebelde, Sofía conoce la vida del convento y la rutina conyugal; una reveladora simetría quiere que sea la muerte de un hombre —el padre primero, el marido después— lo que en cada uno de estos casos la libere. La ruptura final con Víctor Hugues entraña también una liberación de toda tutela patriarcal, de toda sujeción a una autoridad masculina.Por cierto, el fin de sus relaciones con su amante y mentor no significa, en absoluto, un tácito voto de castidad; al contrario, la misma noche en la cual se emancipa de Víctor —dice el narrador— "Sofía se entregó al joven oficial de Sainte-Affrique, que la amaba con wertheriano recato desde su llegada a la colonia" (345-46). Esta vez, sin embargo, el ritual erótico equivale casi literalmente a una declaración de independencia: "Volvía a ser dueña de su propio cuerpo —el subrayado es mío— *cerrando, con un acto a su voluntad debido, el ciclo de una larga enaje-nación*" (346). De manera un tanto sorprendente, la práctica del amor libre se traduce en los términos de la teoría democrática y la doctrina anti-colonialista. No hay que forzar las analogías —sin duda, la relación entre un imperio y sus dominios poco tiene de amorosa—, pero es obvio que aquí el sujeto subalterno recobra su soberanía por medio de un acto realizado con plena deliberación y conciencia: lo que otra novela trataría como un *affaire* de alcoba, se convierte dentro del politizado universo de *El siglo de las luces* en metáfora del contrato social y símbolo de la revolución.

De hecho, el trasiego de la sexualidad a la política (y viceversa) es una de las características básicas del relato. El triángulo que forman Esteban, Sofía y Víctor debe su eficacia a que fusiona la intriga romántica a la controversia ideológica y moral. Carpentier no separa la conseja del consejo: los enredos sentimentales y las encrucijadas políticas están imbricados en la trama de *El siglo de las luces*. La fórmula melodramática se aplica sin titubeos en la novela, que no omite su cuota de pasiones incestuosas, peripecias accidentadas y gestos patéticos. Esa convergencia de la historia de amor y la Historia propiamente dicha le da una dimensión íntima, sicológicamente plausible, a lo que de otro modo se convertiría en el despliegue más bien abstracto de tres posturas éticas ante el cambio social: la escéptica, la utópica y la pragmática —aunque conviene admitir que el pragmatismo de Hugues es de la variedad oportunista— En buena cuenta, Esteban, Sofía y Víctor Hugues se definen ante y por la Revolución, pero no son solamente animales políticos; el deseo erótico libra a los personajes del acartonamiento porque los singulariza y —como la enfermedad, ejemplificada por el asma de Esteban o el "mal egipcio" que aqueja a Víctor Hugues— les da consistencia física, los sitúa en la materialidad de sus cuerpos. Los relatos de Carpentier suelen ser pródigos en descripciones de obras arquitectónicas o paisajes naturales; son, en contraste, lacónicos en el retrato de seres humanos. Aunque *El siglo de las luces* no desmiente esta norma del estilo del novelista cubano, hay en este libro un mayor interés en aportar detalles sobre la fisonomía de los personajes[24].

De todas maneras, es indudable que el perfil ideológico y moral de los protagonistas tiene primacía sobre todo lo restante. Cada uno de ellos ilustra paradigmáticamente una forma de intervenir en las arenas de la política y el conflicto social. Si la praxis es una filosofía de la historia puesta en acción, los personajes centrales de *El siglo de las luces* se enfrascan en una polémica —a veces tácita, otras veces explícita— que abarca tanto el curso de la Revolución francesa como el sentido del devenir histórico y del compromiso militante. ¿Cuál es el partido que toma la novela en esa controversia? Esa pregunta invitaba a respuestas fogosas en los años 60 y 70, cuando la novela de Carpentier se leía a la luz (o, acaso, a la sombra) de la victoria de los rebeldes de Sierra Maestra ¿Era el libro una apología o una impugnación de la utopía radical y la conciencia histórica moderna? Más allá de esas querellas tempranas, sorprende la disparidad de las interpretaciones sobre el trasfondo ideológico de *El siglo de las luces*. Roberto González Echevarría, por ejemplo, advierte en la novela una ruptura con cierto

---

[24] Señala Alexis Márquez, con acierto, que Carpentier se esmeró en el diseño de Sofía: "En la pintura de Sofía se detiene a menudo, hecho por demás significativo, pues Carpentier fue siempre muy parco en las descripciones de personajes (...) Ella es el personaje más y mejor retratado por Carpentier" (*Ocho veces Alejo Carpentier* 185).

fatalismo circular que habría impregnado a textos anteriores del autor cubano:

> Hay repeticiones y regresos en *El siglo de las luces*, pero no ciclos históricos que se reflejan entre sí y crean una vertiginosa *composition en abîme*. Los personajes regresan a lo que parece ser un momento anterior en sus vidas, así como la historia parece repetirse en ciertos eventos. Pero el retorno no es al mismo punto; más bien es a uno que es meramente semejante y que crea la ilusión de semejanza pero que en realidad está muy distante del anterior: en vez de ciclos idénticos, la historia en *El siglo de las luces* sigue un movimiento en espiral. Y la historia ya no está determinada por ciclos cósmicos en complicidad con la naturaleza, sino que es hecha por el hombre (*Alejo Carpentier: El peregrino...* 298).

En un pasaje anterior del mismo libro, González Echevarría señala con perspicacia que con *El siglo de las luces* "Carpentier rescata al surrealismo y a Hegel de su propio pasado" (278). Sin duda, el cuadro de Monsú Desiderio es un préstamo del museo imaginario de Breton, mientras que el irreverente luto de los jóvenes al principio de la novela revela un vanguardismo *avant la lettre*. Los rastros del pensamiento hegeliano son también fácilmente detectables en la obra, aunque *El siglo de las luces* está muy lejos de ratificar en bloque las tesis de *La filosofía de la historia*. De hecho, las discrepancias son tan importantes como las coincidencias. Basta, a manera de ejemplo, observar que según Hegel "la Razón es la soberana del Mundo y que la historia del mundo nos presenta, por lo tanto, un proceso racional" (8). La idea es incompatible con la irónica distancia que Carpentier toma frente al racionalismo enciclopédico y liberal; como el mismo autor se encargó de explicar, hasta el propio título de la novela comenta mordazmente las ilusiones de la Ilustración y evoca —por contraste— la barbarie y la violencia que tiñeron al siglo XVIII[25]. Sin embargo, es cierto que la línea espiral reemplaza al círculo en la geometría simbólica del novelista. En un pasaje decisivo de *El siglo de las luces* —situado, para más señas, en el centro mismo del relato— Esteban experimenta una epifanía que le revela en la solidez sinuosa de un molusco a la imagen natural de la transformación y el cambio:

---

[25] Ver: Miguel Roa, "Alejo Carpentier: El recurso a Descartes" (Entrevista).

El caracol era el Mediador entre lo evanescente, lo escurrido, la
fluidez sin ley ni medida y la tierra de las cristalizaciones, estructuras
y alternancias, donde todo era asible y ponderable. De la mar
sometida a ciclos lunares, tornadiza, abierta o furiosa, ovillada o
destejida, por siempre ajena al módulo, el teorema y la ecuación,
surgían esos sorprendentes carapachos, símbolos en cifras y
proporciones de lo que precisamente faltaba a la Madre (...)
Contemplando un caracol —uno solo— pensaba Esteban en la
presencia de la Espiral durante milenios y milenios, ante la cotidiana
mirada de pueblos pescadores aún incapaces de entenderla ni de
percibir, siquiera, la realidad de su presencia (184).

Si bien la cita anterior no se refiere directamente al tiempo, sería
erróneo circunscribir las observaciones de Esteban —que pretenden
tener un valor general— al dominio particular del espacio[26]. Su reflexión
resalta la condición transitiva de la espiral, su calidad de intermediaria
entre realidades cualitativamente distintas. ¿El pensamiento dialéctico
no concibe de ese modo al flujo del tiempo? Para el personaje, la
forma geométrica funciona como cifra de lo real —o, más precisamente,
de las leyes y fundamentos de lo real. Así, el caracol adquiere la categoría
de símbolo porque en él se materializa una abstracción de carácter
universal. El mensaje que el molusco lleva señalado en su forma ha
sido, sin embargo, invisible "durante milenios y milenios" para la
humanidad: sólo a fines del siglo XVIII —y no antes— se hace posible
descifrarlo. Justamente, la radical historicidad del conocimiento se le
revela a Esteban al final de su visión: "Meditaba acerca de la poma del
erizo, la hélice del muergo, las estrías de la venera jacobita, asombrán-
dose ante aquella Ciencia de las Formas desplegada durante tantísimo
tiempo frente a una humanidad aún sin ojos para pensarla" (164). Cuando
lo visita esta iluminación, ya el personaje ha dejado de creer que las
sociedades están llamadas a evolucionar hacia órdenes más justos y
más libres; importa subrayar, entonces, que si el escepticismo lo lleva
a desechar la fe en el progreso político y social, no lo conduce a negar
la agencia del tiempo en la comprensión de la realidad: "¿Qué habrá
en torno mío que esté ya definido, inscrito, presente, y que aún no

<hr />

[26] Raúl Silva-Cáceres afirma, en "Un desplazamiento metonímico", que "en *El siglo de las
luces*, el motivo (del caracol y el espiral) se sitúa en la zona de valores más identificados con
el transcurso temporal y cumple la función de intermediario entre lo líquido y lo sólido, entre
la permanencia y la fluidez sin ley ni medida"(494).

pueda entender?" (184) se pregunta retóricamente Esteban, que ve el mundo como un libro cuando no se lo imagina como un teatro.

Si en la línea espiral radica la clave de la realidad (al punto que su estructura contiene "todos los barroquismos por venir", 184), ¿qué decir entonces de los retornos, simetrías, desdoblamientos y repeticiones en los que se muestra tan pródigo el mundo de la ficción? ¿Son, como sugiere González Echeverría, sólo aparentes?[27] De hecho, no faltan quienes llegan a sostener que la novela suscribe una visión circular del tiempo. Según su exégesis, en *El siglo de las luces* el cambio —esa condición de la experiencia histórica— sería puramente ilusorio: a pesar de los deseos de los idealistas, las revoluciones terminarían invariablemente en su punto de partida, los roles sociales seguirían siendo siempre los mismos. Beatriz Pastor expresa con claridad esta manera de interpretar la visión que de la Historia da *El siglo de las luces:*

> Like Victor, the merchant may become a hero, the hero a politician, the politician a pirate, the pirate a merchant, in a constant permutation of roles dictated by the contingencies of the struggle for power. And the game of permutations hides the lack of true revolutionary change. The illusion of movement it creates brings neither progress nor revolutionary transformation. Rather, it results from a succession of analogous cycles in which names change but functions remain the same. The concept of progress disappears, and so does the concept of history as linear time gives way to the recurrent repetitions of mythical time (Pastor 266).

Vale la pena notar que si la tesis de González Echevarría se apoya en la destreza hermenéutica de Esteban, la de Pastor se sustenta en el talento histriónico de Víctor. ¿No resulta sintomático que los arquetipos del Espectador y el Actor propicien lecturas tan diametralmente opuestas? La discordia de las interpretaciones obedece al énfasis unilateral de cada una de ellas; el precio de privilegiar la experiencia de *uno* de los

---

[27] Barbara Webb discrepa con la tesis de González Echevarría sobre las diferentes concepciones del tiempo que animarían a *El reino de este mundo* y *El siglo de las luces.* Según ella, el historicismo radical de *El siglo de las luces* está ya presente en *El reino de este mundo:* "The concept of a dialectical movement of history that González Echevarría sees in the later novel *El Siglo de las Luces* is therefore already suggested in *El Reino...* "(86) Me parece forzado encontrar rastros de dialéctica en *El reino de este mundo.* Por el contrario, lo que emparenta a las dos novelas es la insistencia trágica en el deseo utópico, en la búsqueda a lo largo de la Historia humana de una Tierra Sin Mal.

personajes centrales es la disminución de la importancia de los otros. Por eso,dicho sea de paso, resulta casi banal proponer la candidatura de Sofía como encarnación de la filosofía de la historia que *El siglo de las luces* respalda. Más útil es rescatar el carácter polémico de la relación entre los vértices del triángulo: no es casual que, en pasajes decisivos de la novela, los protagonistas debatan acaloradamente sobre el curso de la Historia y el valor del compromiso político. Ya antes se ha visto cómo la ruptura de Sofía con Víctor Hugues entraña mucho más que un desacuerdo sentimental; la separación definitiva de los amantes equivale a una escisión, a un zanjamiento ideológico: la pasión utópica de Sofía no puede tolerar la *real politik* que Víctor Hugues practica. Podría decirse que la restitución de la esclavitud es la causal de divorcio que invoca la joven cubana, aunque el vínculo entre ella y el funcionario francés no estuvo nunca sellado legalmente. Bajo la especie de una riña doméstica, se desarrolla ante los lectores una disputa que gira sobre las tortuosas relaciones entre la ética y la razón de estado.

Otra polémica decisiva en *El siglo de las luces* es la que tiene como contendores a Sofía y a Esteban, el día exacto en el que éste retorna a La Habana —desencantado y escéptico— después de su prolongada Odisea. No deja de ser paradójico que el testimonio del viajero sea cuestionado precisamente por ser el discurso de un testigo presencial. En efecto, cuando Esteban concluye su catártica crónica de los horrores de la Revolución, Sofía le replica que acaso ella entienda más cabalmente los hechos históricos, pues "a distancia se podía tener una impresión más objetiva de los acontecimientos—menos apasionada" (268). Ante lo que estima como una manifiesta desvalorización de su experiencia, su primo pregunta patéticamente: "¿Así que haber descendido al infierno no me ha servido de nada?" (268). Los términos del debate están planteados con una nitidez que no excluye cierta ironía subrepticia, pues a una heroína romántica le corresponde ensayar la defensa del racionalismo. El contraste de ideas, sin embargo, no está sesgado en favor de Esteban, pese a que éste ha sido hasta ese momento el focalizador principal de la novela. El grueso de la información se filtra a través de la prolija voz del narrador externo, que resume en estilo indirecto los argumentos y las pruebas presentadas por ambas partes. Las citas de los personajes sirven para rubricar sus

posiciones y, sobre todo, para rescatar la fogosa vivacidad del
intercambio verbal, el calor de la controversia:

> La palabra "felicidad" tuvo el poder de enfurecer a Esteban:
> "¡Cuidado! Son los beatos creyentes como ustedes; los ilusos, los
> devoradores de escritos humanitarios, los calvinistas de la Idea,
> quienes levantan las guillotinas". "Ojalá pudiéramos levantar una,
> muy pronto, en la Plaza de Armas de esta ciudad imbécil y podrida",
> replicó Sofía (269).

La diferencia ideológica se plasma en dos apreciaciones
antagónicas sobre la guillotina, herramienta y símbolo de la justicia
jacobina; pero, más allá de esa referencia explícita al momento histórico,
el pasaje ilustra el enfrentamiento entre una censura ética al
vanguardismo político y una abierta apología de la violencia
revolucionaria. Puede notarse también que la discusión opone tanto
ideas como actitudes vitales, pues el desencanto de Esteban se estrella
contra el fervor militante de Sofía. La fe en la Revolución resulta más
persuasiva que el escepticismo: quienes hacen las veces de auditorio
de la controversia —Carlos y Jorge— le conceden la razón a la polemista,
causando la reacción airada del recién retornado. Por cierto, los lectores
de la novela no tienen que identificarse necesariamente con los oyentes
del debate; lo que sí parece obvio es que el ímpetu dialéctico y
argumentativo de la escena no invita a la neutralidad, sino a tomar
partido por alguna de las posiciones en pugna. No puede olvidarse
que, cuando *El siglo de las luces* salió de la imprenta, la polémica que
Sofía y Esteban ilustran estaba lejos de haberse enfriado; por el contrario,
seguía en gran medida vigente al interior de la *intelligentsia*
latinoamericana de izquierda (y, de hecho, se tornó más actual y
perentoria después de la publicación de la novela, que coincide con la
definición socialista del proceso cubano). Así, un dilema contemporáneo
se representa en un escenario de otra época: examinada bajo la lupa
ortodoxa de Lukács, *El siglo de las luces* sería culpable de ·modernizar
la historia, ese pecado original de las ficciones históricas escritas después
de las fallidas revoluciones democráticas que sacudieron a Europa Occidental en 1848. La capacidad de mostrar el nexo orgánico entre las
grandes crisis del pasado y las realidades políticas del presente habría
declinado —asegura el marxista húngaro— a partir del momento en el

cual el bloque popular se escindió en dos bandos enemigos, el burgués y el proletario[28]. La glosa del argumento revela hasta qué punto sería anti-histórico aplicarlo a ficciones latinoamericanas producidas en la segunda mitad del siglo XX. Vale la pena recordar que Lukács piensa en el Flaubert de *Salammbô*, que no contiene ni prefigura al Carpentier de *El siglo de las luces*. Neil Larsen, por su parte, observa que a la misma estrategia discursiva —en este caso, a la *modernización* del pasado— se le pueden adjudicar sentidos distintos, según el contexto en el cual se la utilice: lo que en Flaubert sería síntoma de una actitud anti-realista, en Carpentier más bien señalaría el deseo de "avanzar hacia un realismo épico con coordenadas específicamente caribeñas" (127).

El propio autor aseguró que las coincidencias entre el presente de la acción y el de la redacción no se debían a un mero artificio retórico; supuestamente, esas semejanzas textuales replicarían a las de la realidad social: "Después de haber examinado muchas crónicas de aquella época, observé que en los últimos años del siglo XVIII la gente se interesaba, más o menos, por las mismas cosas que ahora" (Chao 100). Tomada al pie de la letra, la declaración de Carpentier desmiente que la novela incurra en anacronismos o modernice a sus personajes: las violaciones de la cronología en *El siglo de las luces* serían, en verdad, espejismos de la erudición. Se ha visto ya, por ejemplo, que "Explosión en una catedral" no es una extemporánea incrustación surrealista en la historia; además, la referencia a una novela utópica "cuya acción transcurría en el año 2240" (26) resulta insólitamente escrupulosa: el libro en cuestión es *L'an deux mille quatre cent quarante: Rêve s'il en fut jamais* (1772) de Sebastien Mercier[29] Sin embargo, hay al menos una cita inequívoca del *Manifiesto comunista*, que data de 1848; apropiadamente, está a cargo de un practicante de la magia y el esoterismo: "Y seguiremos sin noticias porque los gobiernos tienen miedo; un miedo pánico al fantasma que recorre Europa —concluyó Ogé con tono profético" (72). A ese guiño anacrónico se suman otros, como las menciones literales de técnicas sicoanalíticas o juegos surrealistas: "Se alcanzaba la más extrema sutileza en la interpretación

---

[28] Sobre las revoluciones de 1848 y su efecto sobre los escritores europeos, escribe Lukács: "But in Western Europe after the 1848 Revolution the writer is alienated from comprehensive social problems and his vision limited to one or other of the 'two nations'" (207).

[29] Ver: González Echevarría 299-301.

de los sueños. Y por medio de la escritura automática, dialogábase con el yo profundo, consciente de vidas anteriores, que dentro de cada hombre se oculta" (105). Juntar a Freud, Breton y Alan Kardec —o cualquier otro teósofo— en el escenario del siglo XVIII es, aparte de la broma de un ex-vanguardista, una obvia infracción de la historiografía: en estos pasajes, el discurso confunde a propósito el orden de las fechas y mezcla con gusto los datos enciclopédicos. El efecto buscado es el de la extrañeza, que equivale a una quiebra de la ilusión de realidad. Ese atrevimiento separa a *El siglo de las luces* de la novela histórica decimonónica, en sus variantes realistas, románticas o decadentistas. Los leones crucificados de *Salammbô* causan estupor, así como en *Waverley* provoca asombro que Fergus Mac-Ivor vea —o, más bien, crea ver— al Espectro Gris poco antes de que los rebeldes escoceses sufran su derrota final. La refinada truculencia del primer ejemplo y el aura gótica del segundo no les impiden amoldarse a lo históricamente posible; Carpentier, sin embargo, se permite contrariar la verosimilitud misma, que la tradición del género había respetado. En vez de ser un desliz embarazoso, el anacronismo marca en *El siglo de las luces* la auto-conciencia del texto, su voluntad de ofrecerse como artefacto: los escándalos de la cronología —aparentes o no— impiden naturalizar el relato y hacerlo pasar por una transcripción más o menos exacta de su referente. La novela no simula reproducir un objeto irrecuperable, sino que pone en escena los nexos frágiles y dinámicos entre el presente y el pasado, entre los tiempos de la escritura y lo narrado: la conciencia histórica actúa, precisamente, en la zona donde estos pares se encuentran y colisionan. Es notorio que *El siglo de las luces* no apela a la parafernalia de la narrativa post-realista y, de hecho, posee una trama lineal, a la vez que prescinde de monólogos interiores o montajes espacio-temporales. Pero si la novela de Carpentier no recuerda a las de Joyce o Faulkner, en cambio resulta cercana —en la concepción, aclaro, no en la técnica— al teatro anti-aristotélico de Brecht[30]. Al igual que éste, coloca la racionalidad argumentativa y crítica por encima de la descarga catártica; como las piezas del autor de *Galileo*, además, la ficción de Carpentier es fundamentalmente política, ya que

[30] Ver: Bertolt Brecht, *Brecht on Theatre*. Para una introducción crítica a las teorías brechtianas, es útil consultar Ronald Speirs, *Bertolt Brecht* 35-69. Carlos Rincón publicó un excelente ensayo en castellano —"El SeudoBrecht"— en el número monográfico que la revista Eco le dedicó al dramaturgo alemán.

la cuestión del poder le sirve de horizonte y eje; por último, en ambos casos la fantasía mimética se ve socavada —aunque en grados y formas distintos— a través de recursos que ponen en relieve la fábrica misma de la representación.

Trazar coincidencias entre Brecht y Carpentier no supone postular el influjo —improbable, por lo demás— de uno sobre el otro. De hecho, sus acuerdos en el plano de la poética suelen conducir a distintas soluciones formales. Por ejemplo, el frecuente uso de narradores en las obras de Brecht —que es una de las claves del "teatro épico"— sirve para ofrecer datos y comentarios relativos a las acciones dramáticas, pero también para interrumpir la ilusión de realidad[31]; en *El siglo de las luces* ocurre, más bien, que el mecanismo inverso —es decir, la inscripción del motivo teatral en la materia narrativa— mina el efecto verista. A la larga, de lo que se trata es de entablar un pacto con el receptor que no se funde en la momentánea renuncia de éste a la incredulidad, como sostiene la famosa fórmula de Coleridge, sino en la promesa de reflexionar seriamente sobre los problemas planteados por la obra. Es cierto que el ánimo didáctico y militante de Brecht lo conduce a reducir el rango de las respuestas a las cuestiones formuladas —es el caso, sobre todo, de sus parábolas irónicas, a la manera de *El alma buena de Szechuan* o *La excepción y la regla*. El Carpentier de *El siglo de las luces* resulta, por el contrario, mucho menos categórico: la novela demarca un ámbito de discusión, pero se abstiene de ofrecer moralejas o extraer conclusiones inequívocas.

Si *El siglo de las luces* no soluciona los dilemas que considera, postula en cambio una vía para pensarlos, pues las problemáticas del cambio social y de la representación artística se iluminan a través de la lógica del *distanciamiento*, que se aplica tanto al mundo representado como a la propia escritura. Así, las complejidades del compromiso político y la lucha revolucionaria se desplazan de la escena contemporánea a otro momento histórico, el paso del siglo XVIII al XIX, cuando en América Latina se anuncia la quiebra del régimen colonial y el tránsito a un nuevo orden, basado —al menos jurídicamente— en la soberanía popular. De modo complementario, la novela misma

---

[31] Afirma Speirs: "Epic theatre was defined by the introduction (or re-introduction) into the theatre of a narrator or narrative voice whose function was to intervene between the events imitated in the action and the audience" (44).

define sus atributos y su funcionamiento a través de los vehículos de la teatralidad y la pintura, que se erigen en cifras y metáforas del texto. En suma, para interpelar al presente, el relato de Carpentier se vuelca a inquirir en el pasado; esta indagación, a su vez, le exige que interrogue su propio quehacer. Del carácter doblemente reflexivo de este gesto se nutre *El siglo de las luces*.

YO EL SUPREMO:
LA PRIMERA PERSONA DE LA NACIÓN

EN LA NOTICIA PRELIMINAR DE *EL FISCAL* (1993), Augusto Roa Bastos advierte al lector que esa novela compone, junto a *Hijo de hombre* (1960) y *Yo el Supremo* (1974), una "trilogía sobre el *monoteísmo* del poder, uno de los ejes temáticos de mi obra narrativa" (9). Ese tríptico apasionadamente político, en el cual se iluminan y discuten periodos decisivos de la historia paraguaya, tiene como pieza central a *Yo el Supremo*. A su vez, el primer plano de este texto lo ocupa la figura de Gaspar Rodríguez de Francia, el complejo dictador que Carlyle admiró desde Inglaterra y Neruda repudió con virulencia en su *Canto general*[1]; en el escenario de la nación, por otro lado, al doctor Francia le tocó encarnar solitariamente el papel protagónico desde 1814 hasta 1840, el año de su muerte. Pese a esa simetría, el dominio de la ficción no está construido a imagen y semejanza del registro historiográfico[2]. Así, por ejemplo, el Supremo que habita en el relato no es tanto la réplica verosímil de su modelo como su doble fantasmagórico: el personaje novelesco interpreta, en una

---

[1] El trabajo de Carlyle se encuentra en el cuarto tomo de sus *Critical and Miscellaneous Essays*. Sobre Carlyle y la novela de Roa Bastos, ver: Balderston, "The Making of a Precursor: Carlyle in *Yo el Supremo*". En *Canto general*, Neruda encabeza su galería de dictadores latinoamericanos con un poema sobre el doctor Francia, al que presenta como una figura aterradora, monstruosa: "Cuando en las calles su silueta/pasa, los indios se colocan/con la mirada hacia los muros:/su sombra resbala dejando/ dos paredes de escalofríos" (211).

[2] Roa Bastos ha indicado que, en *Yo el Supremo*, se propuso escribir "una contrahistoria" ("Algunos núcleos generadores..." 78). Esto, obviamente, no significa que el novelista haya descuidado la bibliografía sobre su personaje. El monólogo del Dictador y las profusas notas del Compilador delatan un vasto trabajo previo de investigación. Así, en el cuerpo de la novela se citan con frecuencia textos de contemporáneos del Supremo (entre ellos, los de los hermanos británicos John y William Robertson y los suizos Johann Rengger y Marceline Longchamp). La principal fuente de Roa Bastos es, sin duda, *El Supremo Dictador*, del historiador paraguayo Julio César Chaves. Sobre el uso del libro de Chaves en *Yo el Supremo*, ver: Balderston, "Roa's Julio César: Commentaries and Reflections"; Weldt-Basson, *Augusto Roa Bastos's I the Supreme* 141-2.

clave no realista, a la persona histórica[3]. De hecho, todo en el libro de Roa Bastos sirve para interpelar a fondo las categorías que fundamentan la autoridad de los discursos sobre el pasado nacional. A lo largo de *Yo el Supremo,* el escrutinio de quien se concibe como representante por antonomasia del pueblo va acompañado, apropiadamente, de una crítica radical de la representación misma: en el bastidor del texto, la praxis política y el quehacer retórico se entretejen tan minuciosamente que acaban por ser inseparables. Examinar los modos en que se trama esta urdimbre es el propósito del presente capítulo.

Desde las primeras páginas de *Yo el Supremo* se hace evidente que la comunicación es un campo de batalla, un territorio en litigio. Así, la oralidad y la escritura no aparecen como formas complementarias, sino antagónicas: en una novela llena de enemistades y disputas, la querella entre la voz y la grafía no es de las menos violentas. En la controversia, el Dictador Supremo deja bien en claro sus antipatías y sus preferencias. Por lo pronto, quienes redacten textos sobre él le merecen la peor de las opiniones: "Escribas de profesión. Embusteros fariseos. Imbéciles compiladores de escritos no menos imbéciles" (35). En contraste con estos dicterios, el personaje proclama: "Lo hablado vive sostenido por el tono, los gestos, los movimientos del rostro, las miradas, el acento, el aliento del que habla. En todas las lenguas las exclamaciones más vivas son inarticuladas. Los animales no hablan porque no articulan, pero se entienden mucho mejor y más rápidamente que nosotros" (64-5). Esta apología de la oralidad (y, en particular, de lo fónico) no es una excentricidad populista y anti-intelectual del doc-

[3] El Supremo pronuncia buena parte de sus parlamentos después de muerto. Me limito a citar un fragmento bastante explícito: "Por la voz de Andreu-Legard veo en el compadre Rousseau a un niño anciano, a un hombre mujer. ¿No es él mismo quien hablaba de un enano de dos voces?; la una, artificial, de bajo-viejo; la otra, aflautada, aparvulada; por lo que el enano recibía siempre en la cama para que no le descubrieran su doble dolo, *que es lo que yo hago bajo tierra* " (81). Weldt-Basson señala que, en los pocos pasajes en los que el Dictador no parece hablar desde la ultratumba, le falta el conocimiento de todo lo que se ha escrito sobre él (20). Josefina Pla observa que el hablar después de la muerte es un rasgo que la novela de Roa Bastos comparte con *Pedro Páramo,* de Juan Rulfo ("*Yo el Supremo* desde el pasquín pórtico" 250). Balderston, por su lado, examina el tópico de la des-composición — física y textual— en dos artículos, "Eater-Reception and Decomposition: Worms in *Yo el Supremo*" y "Cuerpo presente: restos corpóreos en *Yo el Supremo*". Martin Lienhard, que recalca la importancia de la cultura popular en el tejido de la novela, anota: "En *Yo el Supremo,* el discurso "afrancesado" del personaje histórico se presenta en una puesta en escena guaraní, precisamente como discurso de los "huesos habladores" de un *karaí* —y nótese que *karaí guasú* (*karaí* grande) fue el título más popular de Francia"("Roa Bastos y la literatura del área tupí-guaraní" (334).

tor Francia; por el contrario, en su entusiasmo lo acompañan Aristóteles y Rousseau, para citar apenas dos nombres ilustres. En efecto, la alabanza de la voz —y su contraparte, el menosprecio de la escritura— no se funda en un prejuicio iletrado, sino en la tradición logocéntrica que, según Jacques Derrida, marca al pensamiento occidental: de acuerdo a ella, la presencia plena de la palabra hablada precede en importancia y valor a su representación en los signos escritos[4]. En *De la grammatologie* se lee que este privilegio de la voz lleva a considerar la sustancia fónica como una suerte de significante primario y prístino, próximo por su naturaleza misma a las fuentes, a la verdad; en contraste, la escritura —derivativa, secundaria— se aleja del lugar originario y, por eso mismo, es más susceptible de caer en el error y la mentira, esas dos formas de la inautenticidad. "L'époque du logos abaisse donc l'écriture pensée comme médiation de médiation et chute dans l'extériorité du sens" (24), señala Derrida, explicando por qué la metafísica de la presencia desconfía de las transcripciones. Escuchemos ahora, nuevamente, al Dictador: "Al principio no escribía; únicamente dictaba. Después olvidaba lo que había dictado. Ahora debo dictar/ escribir; anotarlo en alguna parte. Es el único modo que tengo de comprobar que existo aún. Aunque estar enterrado en las letras ¿no es acaso la más completa manera de morir? (...) Se escribe cuando ya no se puede obrar" (53). Como puede verse, la reflexión del protagonista no intenta elucidar los modos en que la ley de los letrados sirve para sojuzgar a pueblos ágrafos ni, tampoco, pretende esclarecer el funcionamiento de la diglosia, esa relación entre una lengua dominante y una subalterna[5]. A pesar de la innegable importancia de estos problemas —que, por ejemplo, ayudan a entender cómo se inserta la novela de Roa Bastos en el medio paraguayo—, el conflicto oralidad/

---

[4] Ver: Gustavo Verdesio, "Verba quoque manent: *Yo el Supremo* como desconstrucción de la ciudad letrada". Aunque Verdesio insiste sobre todo en "la reivindicación de la cultura popular"(43) que se produciría en la novela, expone también con perspicacia la influencia del logocentrismo en el protagonista de ésta.

[5] Roa Bastos describe así el panorama lingüístico y cultural de su país: " Esta interpenetración del castellano y el guaraní paraguayos no supone, sin embargo, una alteración del carácter dialectal sino una adaptación de de sus roles de comunicación y expresión en una situación socio-lingüística de diglosia: (...) en el caso de la sociedad paraguaya bilingüe, el dominio social, cultural, formal del castellano (la llamada 'variedad alta') sobre el guaraní (la llamada 'variedad baja'), pese al predominio cuantitativo de los guaraní-hablantes"("La narrativa paraguaya..."125). Ver: Rubén Bareiro Saguer, "Estratos de la lengua guaraní en la escritura de Augusto Roa Bastos".

escritura discurre en el relato por márgenes diferentes. Es obvio que
las declaraciones del Supremo no aluden a abusos de poder ni
contraponen el castellano al guaraní. Su propósito es, a las claras,
exaltar un tipo de comunicación en el cual el polo de la presencia
desplace a su contrario, el de la representación. Desde la perspectiva
del personaje, si el habla tiene a su favor el medio sonoro, sufre sin
embargo la desventaja de recurrir al artificio de los signos; de ahí que
el doctor Francia ponga como ejemplo y modelo de transparencia no a
las palabras humanas —que, al fin y al cabo, son convencionales y
arbitrarias— sino a los sonidos de los animales: antes del lenguaje, en
la inmediatez del grito, se realizaría la promesa de un discurso sin
ambigüedad ni confusión. Como puede notarse, la oposición
técnica/naturaleza es aquí el criterio de deslinde. Dicho sea de paso,
en lo que a la comunicación oral concierne, el Supremo considera que
los equívocos propiciados por los signos verbales no son inevitables,
pues los puede contrarrestar el idioma supuestamente *natural* del
cuerpo: "Ahí, eso, un gesto, el movimiento de un ojo, una escupida
entre las manos antes de volver a empuñar la azuela ¡eso significa algo
muy concreto, muy real! " (219).

Para la conciencia desconfiada y suspicaz del Supremo, la tradición
oral merece mayor confianza que la escrita porque aquélla "no se
puede saquear, robar, repetir, plagiar, copiar" (64). Los verbos que
acumula el Dictador corresponden al campo del delito y, más
concretamente, al de los crímenes contra la propiedad ajena: el habla
sería, en principio, inmune a la apropiación ilícita y a la falsificación.
De este corolario se desprende la certidumbre de que la escritura
—doble perverso de la voz— lleva las marcas de un pecado original
que no le permite ofrecer garantías de autenticidad: los trazos de la
letra en el papel se prestan a la impostura y son, por su propia índole,
sospechosos. No es extraño que el curso de este razonamiento
desemboque, inexorablemente, en la justificación teórica de la censura
por parte del doctor Francia. Puesto que el Dictador-Filósofo une el
ejercicio especulativo a la actuación política, las ideas que profesa se
traducen en decretos perentorios. Por esto, es altamente significativo
que la línea argumental más nítida de *Yo el Supremo* se desarrolle a
partir de un edicto apócrifo[6]. Con ese breve texto, que la novela repro-

---

[6] Ver: Jean Franco, "El pasquín y los diálogos de los muertos"; Francisco Tovar Blanco, "El
pasquín ológrafo en *Yo el Supremo*".

duce hasta en su cuidadosa caligrafía, comienza espectacularmente el relato: "Yo el Supremo Dictador de la República, ordeno que al acaecer mi muerte mi cadáver sea decapitado; la cabeza puesta en una pica por tres días en la Plaza de la República donde se convocará al pueblo al son de las campanas echadas a vuelo" (7). El falso manuscrito prosigue mandando que, cumplido este ritual denigratorio, se extermine a todos los oficiales y funcionarios del país. El remate es, como el resto del edicto, draconiano: "Al término de dicho plazo, mando que mis restos sean quemados y las cenizas arrojadas al río" (7). La parodia que ejecutan los enemigos del Dictador expresa, con irónica ferocidad, el deseo de abolir la obra y el recuerdo del gobernante: el bando no pide nada menos que suprimir al Supremo de la historia paraguaya. Como un anticipo de esa eliminación, el discurso opositor usurpa retóricamente la identidad y la autoría de su enemigo. Este, por supuesto, no se queda con los brazos cruzados y ordena la búsqueda de los sediciosos: "Allanar las casas de los antipatriotas. Los calabozos, ahí en los calabozos, vichea en los calabozos" (7-8). La cacería del responsable del pasquín se prolonga durante casi todo el relato; la obstinada insistencia de la pesquisa crea la expectativa de que, a la larga, se descubra quién es el autor de ese texto mínimo, disidente, incrustado en el cuerpo de la novela. La expectativa no se cumple, sin embargo, y el enigma queda abierto para siempre. Aunque el Supremo no está acostumbrado a la derrota, finalmente se resigna a no poder capturar al incógnito fantasma que ha tomado su nombre y su firma para desafiarlo: "¿Qué pasa con la investigación del pasquín catedralicio? ¿Has encontrado la Letra? No, Excelencia, hasta ahora hemos tenido demasiada poca suerte. Ni la punta de un pelo en toda la papelada del Archivo, y eso que se ha revisado hasta el último pelo de foja y folio. No busques más. Ya no tiene importancia" (425). Quienes participan en el diálogo anterior son el protagonista y su secretario, Policarpo Patiño, que combina sus tareas de amanuense con las de detective.

Antes de examinar con detenimiento la problemática simbiosis del Dictador y el Copista —también regida, como puede verse, por el contraste entre la palabra hablada y la escrita—, vale la pena hacer aún algunas observaciones sobre el caso del edicto espurio. Llama la atención, entre otras cosas, que los misterios del texto no parezcan limitarse a la identidad de su autor, sino que se extiendan hasta su

mismo soporte físico: "Me intriga este papelucho —dice el Supremo—
Te habrás dado cuenta por lo menos de que este papel del anónimo ya
no se usa desde hace años" (51). La anotación precisa del indicio, que
no sería indigna de Sherlock Holmes, muestra la extraordinaria
perspicacia del Doctor Francia. La pista, por lo demás, le sirve al Dictador
para argumentar verosímilmente la hipótesis de su propia culpabilidad[7]:
"De lo imposible sale lo posible. Fíjate ahí, bajo la marca de agua, el
florón de las iniciales ¿no son las mías? Son suyas, Señor; tiene razón.
El papel, las iniciales verjuradas también ¿Ves? Alguien entonces mete
la mano en las propias arcas del Tesoro donde tengo guardado el taco
exfoliador. Papel reservado a las comunicaciones privadas con
personalidades extranjeras, que no uso desde hace más de veinte años.
Acordes. Pero la letra ¿Qué me dices de la letra? Parece la suya,
Excelencia, pero no es la suya propiamente" (72). Ante los obsequiosos
argumentos del secretario, el Supremo declara quedar "convencido
sólo a medias" (72). Por supuesto, toda la conjetura puede ser sólo una
broma maligna del Dictador, una manera retorcida de jugar con su
subordinado y acusarlo oblicuamente de haber robado las hojas
especiales e imitado su caligrafía. No sería, como veremos pronto, el
único ejemplo del humor negro del Supremo. Las sospechas pueden
también tomar un giro insólito, pirandelliano, que compromete la misma
producción de la novela: "Lo malo, lo muy malo, lo muy grave, es que
alguien viole las Arcas, robe las resmillas de filigrana. Más imperdonable
aún es que ese *alguien* cometa la temeraria fechoría de manosear mi
Cuaderno Privado" (73). El escurridizo infiltrado —especula Francia—
no se contentaría sólo con la lectura; querría, además, comentar y
modificar el texto del Supremo: "Escribir en los folios. Corregir mis

---

[7] Carlos Pacheco, en "Yo/El: Primeras claves para una lectura de la polifonía en *Yo el Supremo*", afirma que el pasquín es obra del doctor Francia: "....el autor del pasquín catedralicio, cuya identificación con El Supremo es puesta al alcance del lector atento" (168). Julio Calviño, en "El discurso de la esfinge...", cree encontrar la prueba de que el Dictador fraguó el escrito (285); en un pasaje de la novela, el protagonista habla sobre su propio funeral con el sacerdote Céspedes, a quien le ordena lo siguiente: "Lleve el pasquín funerario y péguelo con cuatro chinches en el pórtico de la catedral" (*Yo el Supremo* 366). Lo que Calviño no advierte es que el Dictador alude al manuscrito que Céspedes le ha llevado: "... Me he permitido traer la Oración Fúnebre que el Padre Manuel Antonio Pérez, nuestro más brillante Orador Sagrado, ha de pronunciar en las exequias de su Señoría" (366). Hubiera bastado consultar el libro de Julio César Chaves para enterarse de que, el 20 de octubre de 1840, Pérez pronunció la oración fúnebre en los funerales del Supremo. El texto de Roa Bastos no aclara quién es el autor del pasquín, pero insinúa varios candidatos.

apuntes. Anotar al margen juicios desjuiciados" (73). La enumeración coincide, punto a punto, con las prácticas del relato. De ahí que uno pueda notar un guiño irónico en el enunciado: el personaje busca al autor —o, si se quiere, al compilador—, pero no puede encontrarlo[8]. Así, la condición furtiva y fantasmal del *pasquinista* se explicaría porque éste es otra de las máscaras del novelista en la ficción.

Un porcentaje considerable de *Yo el Supremo* lo ocupa el diálogo desigual que sostienen el doctor Francia y Patiño. Al vínculo entre el jefe y el servidor —ácida revisión de los lazos entre Quijote y Sancho[9]— lo envuelve una atmósfera de crueldad y delirio que en algo recuerda al Beckett de *Fin de partida*. La intimidad sadomasoquista que une a los dos individuos se construye, como ya se ha indicado antes, sobre el terreno de la palabra: la voz del amo domina el pulso del amanuense. El Dictador no oculta el desprecio que le inspira el escriba, al que cubre de insultos y amenazas a lo largo de la novela: el "fide-indigno secretario" (64) acabará poniendo por escrito su propia condena a muerte, en la que se le califica de "infame traidor a la patria" (436). A los vejámenes y abusos del Supremo, Patiño corresponde —al menos, en la presencia del líder— con incondicional servilismo: "Razón que le sobra a Usía. Frente a lo que Vuecencia dice, hasta la verdad parece mentira" (9), declara al comienzo del relato, en la primera de una larga letanía de halagos que el Supremo invariablemente desdeña. Acaso la más abyecta de esas constantes protestas de sujeción sea la siguiente: "Vuecencia ha de oírme moverme así bajo la papelada. Me manda. Me dirige. Me ha enseñado a escribir. Gobierna mi mano" (319-20).

Vertical y extrema, la relación entre el Dictador y el Secretario puede dar además la impresión de ser unívoca, fija en sus significados. No es así, sin embargo, sobre todo porque entre la voz y la letra hay nexos fluidos, ambiguos: "Mientras yo dicto tú escribes. Mientras yo leo lo que te dicto para luego leer otra vez lo que escribes.

[8] Carlos Pacheco expone de la siguiente manera el rol particular del Compilador: " Rival, retador del primero (el Dictador) y distanciador del segundo (el autor real), el compilador se propone como un doble dialógico de ambos, capaz de neutralizar sus intentos de dictadura monológica" ("La intertextualidad y el Compilador..."66). Es preciso, sin embargo, notar que las discrepancias entre el Dictador y el Compilador son tan importantes como sus coincidencias; además, no es casual que Roa Bastos haya deslizado datos autobiográficos en este personaje. Aun así, es cierto que su status es distinto al del Dictador y el autor.

[9] Sobre las alusiones al *Quijote* en *Yo el Supremo*, ver: Weldt-Basson 172-80

Desaparecemos los dos finalmente en lo leído/escrito" (19) afirma, entrecortado y categórico, el Supremo. Líneas antes, le ha dicho a Patiño que en privado no debe dirigirse a él usando títulos demasiado ceremoniosos y formales; no se trata de una invitación a la familiaridad, por supuesto, pero es interesante advertir cómo y por qué la brecha entre el Dictador y el Copista se angosta: "Cuando estamos trabajando, también te lo he ordenado infinidad de veces, no uses tanto Usía, Vuecencia, Vuesa Merced, Su Excelencia, todas esas paparruchas que ya no se estilan en un Estado moderno. Menos aún en este crónico estado de incomunicación que nos separa al tiempo que nos junta sin jerarquía visible" (19). Según el fragmento citado, la práctica textual abre un paréntesis en las relaciones entre el superior y el subordinado: los límites entre los dos se desdibujan pues los roles de lector y escribiente se tornan, en gran medida, intercambiables; además, las marcas protocolares del poder le parecen anacrónicas al doctor Francia, que es un dictador ilustrado y moderno. A pesar de las órdenes expresas del mandatario, Patiño persiste en el uso de fórmulas arcaicas, coloniales, para dirigirse a su jefe: ¿se trata de un gesto de irónica resistencia al poder absoluto o, simplemente, de un reflejo servil? Imposible decidirlo, porque los motivos e intenciones del amanuense son, en Yo el Supremo, impenetrables. En todo caso, la revancha del secretario, su manera tácita de contestar la autoridad a la que sirve, consiste en el acto mismo de escribir: "Cuando te dicto, las palabras tienen un sentido; otro, cuando las escribes. De modo que hablamos dos lenguas diferentes" (65). El Dictador deplora la distorsión de su voz, el extrañamiento de ésta en el territorio de la página: la escritura y su oficiante se distinguen, literalmente, por la infidelidad [10].

---

[10] En lo que concierne a la supremacía de la voz, el Compilador de la novela no refleja la postura del protagonista. Más bien, es un sujeto al que define la práctica de escribir (lo cual lo liga a Patiño, de quien por otro lado lo aleja la independencia ante el Dictador). González Echevarría subraya, con razón, la especificidad del trabajo del Compilador, que dramatiza la textualidad en el cuerpo mismo de la novela: "Layers upon layers of texts are compiled, gathered together, edited, arranged, to preserve texts at the expense of coherence or the elimination of contradiction. Yo el Supremo is the final victory of the text"(The Voice of the Masters 80). Editor sui-generis, el Compilador presenta versiones distintas —complementarias o contradictorias— de los mismos sucesos: el producto de su labor no tiene ni pretende tener un cariz oral. La lectura de González Echevarría, sin embargo, sugiere que el libro de Roa Bastos es un mosaico verbal cuya misma complejidad lo hace política e intelectualmente ambiguo. Gerald Martin critica frontalmente esta conclusión, que tampoco comparto, en "On Dictatorship and Rhetoric in Latin American Writing", 221.

Por otro lado, el dúo que forman el doctor Francia y su secretario es del todo disparejo: mientras el Dictador es una presencia lúgubre y ominosa, su secretario resulta cómicamente vulgar. "Mi Sancho Panza" (441) lo llama el Supremo, que evoca con grueso humor las excentricidades de Patiño: "El mismo se trajo la palangana de agua fría. Durante más de un cuarto de siglo tuvo los pies metidos en esa agua negra que se volvió más espesa que la tinta" (441). Esta hiperbólica falta de higiene no es la única característica que hace singular al secretario; también lo definen una locuacidad rústica y la tendencia a contar historias desaforadas. Por este último rasgo, el doctor Francia lo compara sardónicamente con Scherezade; primero lo califica de "amanuense medio miliunanochero" (22) y, ya hacia el final de la novela, hace aún más clara la analogía, pues acusa a Patiño de querer aplazar su muerte contando ficciones, a la manera de la narradora del libro árabe: "¿Qué, bribón, vas a empezar de nuevo con uno de tus cuentos cherezados para hacerme perder tiempo y demorar tu condena?" (425).

Es sintomático que el secretario aparezca en *Yo el Supremo* como una criatura vulnerable y ridícula: la imagen irrisoria del personaje es casi una exigencia del oficio que ejerce. Roa Bastos sigue aquí un motivo que puede rastrearse hasta *Bouvard y Pécuchet*, de Flaubert; "El capote", de Gogol; y "Bartleby", de Melville. Con esos relatos, el Copista entra —y, ciertamente, no por la puerta de servicio— a la literatura moderna. Esta comprobación no explica por sí sola el interés en un tipo literario que podría parecer, en principio, menor y hasta insignificante. Los dos amigos íntimos que, en la única novela cómica de Flaubert, se proponen la insensata tarea de almacenar los saberes de su tiempo en sus cabezas no son idénticos, por supuesto, al paupérrimo funcionario ruso que en el cuento tragicómico de Gogol pierde la vida por culpa de un abrigo invernal; tampoco el escribiente desolado y mansamente loco de Melville es un gemelo de sus colegas europeos. Sin embargo, a pesar de sus peculiaridades, todos tienen en común el estigma del fracaso y la marca de la intrascendencia: banales o patéticos, son siempre personajes anti-heroicos y faltos de grandeza. En la escala humana ocupan los peldaños más bajos porque en la cadena de la escritura representan los eslabones más débiles.

A diferencia de su secretario, el doctor Francia no tiene nada de risible. Por lo demás, las bromas que se permite —y cuyo blanco suele ser el pobre Patiño— son siempre más crueles que jocosas: las inspira un humor negro, macabro. Como ya se ha visto antes, el maltrato al copista tiene su razón de ser en la disputa entre la voz y la letra que atraviesa *Yo el Supremo*. De todas maneras, los recelos y el desprecio que la escritura despierta en el Dictador no lo vuelven ágrafo: por la novela se diseminan fragmentos de un "cuaderno privado" en el que el protagonista registra fantasías, ideas, comentarios y confidencias.El compilador, con un guiño borgeano, asegura que se limita a citar trozos de un manuscrito de puño y letra del doctor Francia: supuestamente, hacia el final de su vida, el Supremo habría usado un libro de contabilidad como una suerte de diario secreto, del cual quedarían apenas los restos salvados de un incendio (23). En esas notas apócrifas y febriles, el hecho mismo de redactar se convierte en un tema obsesivo, en un acto que (¿por vergonzoso?) exige explicaciones: "Se escribe cuando ya no se puede obrar. Escribir fementiras verdades. Renunciar al beneficio del olvido. Cavar el pozo que uno mismo es. Arrancar del fondo lo que a fuerza de tanto tiempo allí está sepultado. Sí, ¿pero estoy seguro de arrancar lo que es o lo que no es? No sé, no sé" (53). Es obvio que el Supremo piensa aquí en la literatura confesional, introspectiva; algunas de sus reflexiones, sin embargo, pueden extenderse también a los textos históricos. Vale la pena notar, además, que la cita comienza con un tono lapidario y categórico, pero termina con una dicción titubeante: reveladoramente, el sujeto flaquea ante la ambigüedad fundamental de su empresa. Las inquietudes que lo hacen zozobrar tienen que ver con los tópicos de la memoria, el conocimiento y la identidad: ¿Será posible que el mundo interior y la profundidad del yo sean apenas un espejismo retórico? ¿Cómo garantizar la autenticidad del discurso? ¿Es acaso viable la recuperación del pasado en la escritura? Aunque el Supremo reconoce no saber las respuestas a estas preguntas, su admisión no lo reduce al silencio. Su ánimo activista y voluntarioso se impone sobre su perplejidad: "Hacer titánicamente lo insignificante es también una manera de obrar. Aunque sea al revés. De lo único que estoy seguro es que estos Apuntes no tienen destinatario. Nada de historias fingidas para diversión de lectores que se lanzan sobre ellas como mangas de acridios. Ni Confesiones (como la del compadre Juan Jacobo), ni Pensamientos (como los del compadre Blas), ni Memorias Intimas (como las rameras ilustres o los letrados sodomitas). Esto es un

Balance de Cuentas" (53). Los propósitos del doctor Francia no bastan, sin embargo, para que su "cuaderno privado" se convierta en un documento impersonal, libre de reminiscencias sentimentales o meditaciones filosóficas. Como Rousseau, el diarista retorna a sus afectos ("desde muy niño amé a una deidad a quien llamé la Estrella-del-Norte", 55); como Pascal, se esfuerza en conjugar la reflexión analítica con la imagen poética ("Yo diría más bien que un Pentágono de fuerzas gobierna mi cuerpo y el Estado que tiene en mí su cuerpo material: Cabeza. Corazón. Vientre. Voluntad. Memoria", 128)[11]. El "cuaderno privado" no se desluce por estas contradicciones: la brecha entre la intención autorial y el texto legible —es decir, el vacío entre lo que el Dictador quiere escribir y aquello que en efecto escribe— muestra el carácter insumiso, rebelde, de la escritura. El Dictador, pese a sus deseos, no puede dictar el sentido de los signos que su mano traza y, de esa manera, ve su autoridad puesta en tela de juicio.

En *Yo el Supremo*, delimitar los campos de la acción política y el discurso histórico es inútil: todo discurre en la arena del poder. A modo de ejemplo, puede citarse lo que el protagonista afirma, en dos tramos de la novela, sobre el conocimiento del pasado colectivo. En el primer pasaje, extraído de la "circular perpetua", dice: "Puedo permitirme el lujo de mezclar los hechos sin confundirlos. Ahorro tiempo, papel, tinta, fastidio de andar consultando almanaques, calendarios, polvorientos anaquelarios. Yo no escribo la historia. La hago. Puedo rehacerla según mi voluntad, ajustando, reforzando, enriqueciendo su sentido y verdad" (210-11). La novela no permite tomar al pie de la letra la bravata del Supremo (sobre todo cuando éste, como se acaba de ver, está lejos de ser omnipotente). Además, una versión oficial del pasado que se basa apenas en el arbitrio de un gobernante goza, por lo general, de muy poco crédito. Poco después, el mismo doctor Francia se encargará de rectificar —o, mejor dicho, contradecir abiertamente— su primera afirmación: "Los papeles pueden ser rotos. Leídos con segundas, hasta con terceras y cuartas intenciones. Millones de sentidos. Pueden ser olvidados. Falsificados. Robados. Pisoteados. Los hechos no. Están ahí. Son más fuertes que la palabra. Tienen vida propia.

---

[11] Acerca de las referencias a los *Pensamientos* de Pascal en la novela de Roa Bastos, ver: Turton, "*Yo el Supremo*: Una verdadera revolución novelesca" 45-57; Weldt-Basson 185-91.

Atengámonos a los hechos" (228). Una vez más, el personaje polemiza consigo mismo: si primero declara la primacía de su deseo sobre la realidad empírica, luego sostiene exactamente la tesis inversa. Al margen de los dilemas del Dictador, sin embargo, queda intacta la convicción de que los problemas del Estado y los del discurso histórico se inscriben en el mismo plano. Unos y otros obedecen a un juego de fuerzas en conflicto, a un dinamismo engendrado por la lucha entre contrarios.

A la luz de lo anterior, se entiende mejor que *Yo el Supremo* se detenga en las complejidades de la representación. ¿Cómo podría esquivarlas una novela que reflexiona obstinadamente sobre las formas de gobierno y las propiedades del lenguaje? De hecho, el Dictador delata su vocación autoritaria tanto en la repugnancia que le inspiran los intermediarios políticos como en su desconfianza ante los signos de la escritura: los objetos de su rechazo contrarían, cada cual a su manera, la fantasía de un vínculo absoluto y sin mediaciones entre el Supremo y el mundo. Las resonancias religiosas de esta quimera no son casuales: el protagonista envidia las facultades de Dios (¿no estamos, finalmente, ante un texto que sondea, en la frase de Roa Bastos, "el monoteísmo del poder"?). El horizonte último del doctor Francia es la omnipotencia, condición inalcanzable por medio de los recursos puramente humanos de la lengua y la política (que, claro está, son los únicos al alcance del Dictador). El predicamento trágico y la profunda modernidad del personaje se cifran, a la larga, en la contradicción insoluble entre la desmesura de su deseo y los límites de su realidad: el doctor Francia —soberbio, insaciable— es, sobre todo, un ser fáustico. Como el héroe de Goethe, el protagonista de *Yo el Supremo* no se resigna a no obtener todo lo que quiere ni a someterse a la autoridad de la tradición. Él, que aplasta sin piedad a sus opositores, ilustra sin embargo una forma ambiguamente extrema, entre nihilista y prometeica, de rebeldía[12].

Como ya se ha indicado, el protagonista de la novela repudia con vehemencia (pero sin éxito) todo filtro que se interponga entre él y el mundo. "Aquí puedo afirmar yo sí con entera razón: El Estado-soy-Yo, puesto que el pueblo me ha hecho su potestatario supremo.

---

[12] A propósito de Fausto como emblema moderno, ver: Berman, *All that is Solid Melts into Air*.

Identificado con él, qué miedo podemos sentir, quién puede hacernos
perder el juicio ni el seso con estas bufo-nadas" (180) se jacta el Dictador,
en un alarde de megalomanía, poco después de que la clandestina
oposición coloque ante las ventanas de la Casa de Gobierno una efigie
en cera que remeda al cuerpo decapitado del Dictador. Esa broma
macabra es, precisamente, la "bufonada" a la que se refiere en la cita.
Cuando los enemigos del Supremo lo representan a través de un maniquí
grotesco, él responde a la provocación afirmando ser la imagen viviente
de la voluntad popular. Así, a la parodia que lo denigra le opone una
figura que lo exalta. Más aún, el doctor Francia quiere hacer literal el
tropo, tomar al pie de la letra la metáfora que lo liga al Estado y al
Pueblo: en su mente, los términos son intercambiables y, en esencia,
idénticos.

Comunión íntima entre dirigente y dirigidos, transubstanciación
del gobernante en el Estado: de nuevo, el lenguaje teológico es el que
mejor expresa las pretensiones del Supremo. Esto se debe a que el
totalitarismo del protagonista (o, quizás, el totalitarismo a secas) consiste
en querer traducir a la esfera secular, histórica, los atributos de la
divinidad: la omnisciencia, la inmortalidad y la ubicuidad son, por lo
pronto, rasgos que el Dictador codicia y simula. El anhelo de un vínculo
inmediato y perfecto con los objetos amados corresponde también, de
manera notoria, a este modelo divino. Consideremos, en esa clave,
cómo imagina el doctor Francia su enlace ideal con el Paraguay:
"Ninguna necesidad de un contrapoder intermedio entre Nación y Jefe
Supremo. Nada de competidores. Celosos de mi autoridad, sólo se
empeñan en minarla en beneficio de la suya. Cuanto más divida mi
poder, más lo debilitaré, y como sólo quiero hacer el bien, no deseo
que nada me lo impida" (367-8). Podría creerse que el Dictador habla
aquí de los miembros de la oposición, pero en verdad se ocupa de los
funcionarios gubernamentales, que "han convertido cada departamento
del país en una satrapía donde obran y mandan como verdaderos
déspotas" (367). Caricaturas del Supremo, émulos malintencionados de
su jefe, los delegados del Poder central traicionan la voluntad de éste y
se interponen entre el líder y el pueblo. Insidiosamente, los burócratas
imitan y tergiversan al gobernante: así, al *representarlo* le restan fuerza.
Por eso, se entiende que el Dictador anhele alcanzar una relación

directa, literal, con el Pueblo: esa boda mística, sin embargo, sólo puede celebrarse en su mente afiebrada. El propio doctor Francia admite, en otro pasaje, que el ejercicio del gobierno exige una red de mediaciones, una cadena de representantes: "Del mismo modo el Poder Absoluto está hecho de pequeños poderes. Puedo hacer por medio de otros lo que esos otros no pueden hacer por sí mismos. Puedo decir a otros lo que no puedo decirme a mí. Los demás son lentes a través de los cuales leemos en nuestras mentes" (69). Las enérgicas contradicciones del personaje no son caprichosas: revelan, más bien, el carácter espinoso y ambivalente de los problemas que confronta; explican también, en gran medida, por qué el Supremo se nos ofrece como un ser radicalmente escindido, desgarrado hasta la esquizofrenia (la cual, dicho sea de paso, empalma con su paranoia galopante).

Entre las muchas paradojas que enriquecen la novela, la menor no es que un protagonista íntimamente dividido pretenda erigirse en la figura que unifica a la nación: "YO soy ese PERSONAJE y ese NOMBRE. Suprema encarnación de la raza. Me habéis elegido y me habéis entregado de por vida el gobierno y el destino de vuestras vidas. YO soy el SUPREMO PERSONAJE que vela y protege vuestro sueño dormido, vuestro sueño despierto (no hay diferencia entre ambos); que busca el paso del Mar Rojo en medio de la persecución y acorralamiento de nuestros enemigos...¿Qué tal suena? ¡Como el mismísimo carajo!" (346). La interpelación a los paraguayos es puramente retórica, pues el Dictador escribe las líneas anteriores en su "cuaderno privado". De todas formas, vale la pena notar que Francia comienza apostrofando con solemnidad a un destinatario colectivo —el pueblo elegido, cuyo Moisés es él—, pero al final dialoga campechanamente consigo mismo: más aún que los puntos suspensivos, es el cambio de tono lo que marca este tránsito. El contraste entre el registro elevado y el llano resulta tan notorio que el lector corre el riesgo de no reparar en otro detalle crucial: al final de la cita, el sujeto se desdobla en los roles de hablante y oyente. Y, siguiendo con las observaciones lingüísticas, es importante recordar que en los discursos en primera persona coinciden el sujeto de la enunciación con el del enunciado; viene al caso considerar además que el signo *yo* —frente a, digamos, un nombre propio— deriva completamente su referencia y su sentido de la instancia que lo emplea: en principio, es la identidad del emisor la que llena de contenido al pronombre[13]. ¿Qué pasa, sin embargo, cuando la noción misma de identidad se somete a examen, cuando se abandona la fe en un ego sólido y seguro? Inexorablemente, la percepción del sujeto se vuelve problemática e incierta: "Yo, aquí, hecho un espectro. Entre lo negro y lo blanco. Entre el gris y la nada, viéndome doble en el embudo del espejo. Los que se ocuparon del aspecto exterior de mi persona para denigrarme o ensalzarme, no han logrado coincidir en la descripción de mi vestimenta. Menos aún en la de mis rasgos físicos ¡Qué mucho, si yo mismo no me reconozco en el fantasma mulato que me mira!" (102). Mirarse ante el espejo no sólo no arroja ninguna revelación positiva para el personaje, sino que ni siquiera le ofrece el consuelo de la identificación y el reconocimiento[14]. El saber que adquiere el protagonista no lo esclarece ni ilumina. Al contrario: la escena le descubre la insustancialidad de su ser. El Dictador es ya apenas una sombra, una quimera. Como Rimbaud en la carta a Izambard, también él puede decir: "Yo es otro".

La extrañeza del protagonista ante su propio reflejo es una prueba precisa del desdoblamiento del sujeto, de la alteridad que lo define y desgarra. Precisa, pero no única. Así, por ejemplo, la persona pública del Supremo parece divorciarse de su realidad física y sicológica hasta el extremo de alcanzar una existencia autonóma, espectral: "Erguido en la puerta, lleno de ojos, ÉL me está observando. Su mirada se proyecta en todas direcciones. Da una palmada. Una de las esclavas acude al punto. Trae algo de beber, oigo que ÉL ordena. Ana me mira con ojos de ciega. YO no he hablado. Oigo que ÉL dice: trae al Doctor una limonada bien fresca" (103). En el delirio, la identidad se descompone

---

[13] Sobre el carácter de los pronombres personales, ver: Benveniste, *Problèmes de linguistique générale* 251-57. Acerca de la primera persona, señala Benveniste: "Mais les instances d'emploi de *je* ne constituent pas une classe de référence, puisqu'il n'y a pas d' 'objet' définissable comme *je* auquel puissent renvoyer identiquement ces instances. Chaque *je* a sa référence propre, et corresponde chaque fois à être unique, posé comme tel (....) *Je* signifie 'la personne qui énonce la présente instance de discours contenant *je* '" (252).

[14] Lacan, en "Le stade de miroir comme formateur de la fonction du Je", conecta el estadio del espejo con el registro de lo imaginario y la problemática de la identificación. El Yo, en vez de ser pensado como el lugar donde se administran y resuelven los conflictos, aparece más bien como una construcción especular: "Il y suffit de comprendre le stade du miroir *comme une identification* au sens plein que l'analyse donne à ce terme: à savoir la transformation produite chez le sujet quand il assume une image, —dont la prédestination à cet effet de phase est suffisamment indiquée pat l'usage, du terme antique d'*imago* "(*Ecrits I* 90). El Supremo, al desconocerse en su imagen, ilustra la pérdida de esa consoladora ilusión de unidad que el Yo promueve.

en dos presencias: una, activa e imperiosa; la otra, pasiva y perpleja. La esquizofrenia del personaje es, como su paranoia, menos una enfermedad mental que una dolencia política: en el universo de la novela, la dimensión patológica es indesligable del ejercicio del poder. De hecho, apenas a unas cuantas páginas de la cita previa aparece la siguiente reflexión del Dictador, en la que éste intenta aclarar el misterio de su doble personalidad: "...atacaban a El Supremo como a una sola persona sin tomarse el trabajo de distinguir entre Persona-corpórea/ Figura-impersonal. La una puede envejecer, finar. La otra es incesante, sin término. Emanación, imanación de la soberanía del pueblo, maestro de cien edades..." (112). Conviene notar que las dos identidades del Dictador se fundan en una traducción al plano secular e histórico de la dualidad cristiana —o, más bien, paulina— entre el cuerpo y el alma. En efecto, se nos presentan las mismas dicotomías (materia/espíritu, finitud/inmortalidad), pero con un sentido radicalmente distinto, pues el Dictador considera que la única vida más allá de la muerte la ofrece la posteridad: se salva quien es recordado, se condena todo aquél que caiga en el olvido.

El menosprecio del cuerpo y la exaltación de la imagen ideal forman un contraste que, salvadas las distancias, resulta análogo a la oposición entre la perversidad de la escritura y las bondades de la voz: un ethos dogmáticamente austero gobierna la conciencia del Supremo, que divide el mundo entre fenómenos corruptibles —la carne y la letra, por ejemplo— y entes inmunes a la contaminación. Sintomáticamente, el protagonista —a diferencia de su secretario— vive obsesionado por lograr una higiene perfecta, una pureza absoluta: "Digan, que de Dios dijeron. Apología/Calumnia nada significan. Resbalan sobre los hechos. No manchan lo blanco. Blancas son las túnicas de los redimidos. Veinticuatro ancianos están vestidos de blanco ante el gran trono blanco. El ÚNICO que allí se sienta, blanco como la lana: El más blanco de todos en el tenebroso Apocalipsis. También aquí en el luminoso Paraguay lo blanco es el atributo de la redención. Sobre ese fondo de blancura cegadora, lo negro de que han revestido mi figura infunde mayor temor aún a nuestros enemigos (...) Cegados por lo blanco, temen más, muchísimo más, lo negro en lo cual huelen el ala del Arcángel Exterminador" (49). La fantasía totalitaria imagina un paisaje homogéneo, sin variedad ni discordias: el país inmaculado del doctor Francia es un paraíso de la monotonía. Obviamente, la uniformidad y la ausencia de contradicción no suceden históricamente, como parte de la experiencia social; son tan sólo ilusiones del Supremo, proyecciones de su deseo. En la práctica, el doctor Francia combate a sus adversarios y se debate en una agónica contienda consigo mismo: la unidad —de la patria, del yo— es una meta utópica que, sin embargo, el Dictador quiere a veces presentar como una realidad concreta. De todas maneras, incluso en estas visiones apoteósicas y triunfalistas se insinúa el lenguaje de la crisis. Así, el Supremo comienza equiparándose a Dios Padre, pero de inmediato se corrige para afirmar su semejanza a un Arcángel Exterminador: obviamente, esa figura beligerante sólo tiene sentido en un mundo aún definido por las pugnas entre fuerzas contrarias (el protagonista, además, no deja de mencionar a "nuestros enemigos" en el pasaje).

Sin asombro, se comprueba más adelante que el programa de gobierno del Supremo se funda también en su pasión higiénica, purificadora: "Demarqué, desinfecté el país, mientras cortaba de un solo tajo las siete cabezas de los Lernos que aquí no pudieron rebrotar dobles" (57). Esa operación de limpieza política puede verse también como una campaña de esterilización ideológica: el régimen del doctor Francia se ocupa de que sus opositores no se puedan reproducir. La reproducción, en todas las acepciones del término, le repugna al Dictador; éste, como el heresiarca de Uqbar en el cuento de Borges, considera que los espejos y la cópula son abominables[15]. La antipatía del protagonista hacia los primeros ya se ha registrado; la revulsión que el sexo le provoca merece también consignarse: "La náusea me paraliza al borde de la arcada. Estoy a punto de vomitar. Me contengo en un esfuerzo supremo. No es que huela solamente ese olor a hembra; que lo haya recordado de pronto. Lo veo. Más feroz que un fantasma que nos ataca a plena luz saltando hacia atrás, hacia adelante, hasta el final de esos días primeros, quemados, olvidados en los prostíbulos del Bajo" (58). La cita es tan explícita que parece volver superfluo cualquier comentario, pero acaso no esté demás subrayar que el cuerpo

---

[15] En la primera página de "Tlön Uqbar, Orbis Tertius", el narrador escribe: "Entonces Bioy Casares recordó que uno de los heresiarcas de Uqbar había declarado que los espejos y la cópula son abominables, porque multiplican el número de los hombres"(*Prosa completa II* 109).

femenino —o, más bien, su simulacro— debilita y reduce a la impotencia
al doctor Francia, cuyos sentidos satura con una violencia feral, bárbara.
La misoginia del Dictador aparece así como un mecanismo de defensa
contra los embates de una fuerza que, literalmente, provoca la pérdida
del control. Sin duda, para el Supremo no hay sexo débil.

La intensidad de esta fobia no se expresa tan sólo en la castidad
inquebrantable del personaje. Aparte de negarse a dejar descendientes,
el doctor Francia se rebela contra su ascendencia: quiere, en suma,
desligarse de la cadena de las generaciones. Significativamente, también
al investigar su nacimiento experimenta un asco extremo, avasallador:
"Una vez más, la rancia fetidez me atacó en el Archivo de Genealogías
de la Provincia cuando buscaba los datos de mi origen. Por supuesto
no los encontré allí. No se hallaban en ninguna parte. Salvo ese hedor
a bastarda prosapia. Me presenté a la justicia recabando información
sumaria y plena de sangre y buena conducta. ¿Mi origen? Lo conocerás
como una fetidez, murmuró alguien a mi oído" (294). En un gesto de
rebelión radical, el sujeto se declara en contra (y al margen) del orden
familiar: el mandamiento bíblico de honrar padre y madre no tiene
valor para él. Edward Said ha notado que en la literatura moderna
proliferan tipos humanos que encuentran tortuosos —si no, de plano,
inviables— los vínculos paternales o filiales: "Childless couples, or-
phaned children, aborted childbirths, unregenerately celibate men and
women populate the world of high modernism with remarkable insis-
tence, all of them suggesting the difficulties of filiation" (*The world, the
text...* 17). El Supremo es uno de esos célibes empedernidos a los que
alude Said, pero —como se ha comenzado a ver ya— su resistencia al
régimen de la filiación va aún más lejos. En una de las notas a pie de
página que la novela prodiga, un contemporáneo del doctor Francia se
escandaliza de que éste no se mostrase acongojado "ante la triste noticia
de la muerte de su madre" (160). La actitud impasible del protagonista
y el horror de su crítico hacen recordar las primeras páginas de *El
extranjero,* de Camus: como Meursault, Francia es culpable de frigidez
emocional. Por otra parte, reniega sin ningún remordimiento de su
padre: "Ya le he dicho que no me liga a ese hombre vivo o muerto
ningún parentesco" (309-10), le dice a un emisario de José Engracia
García Rodríguez, quien a la hora de la agonía quiere amistarse con su
hijo. Son varias las versiones de la escena en la que el futuro Dictador

se niega a visitar al moribundo (307-314): a pesar de las discrepancias
entre las fuentes, el hecho mismo y su trasfondo revelan el ánimo
parricida del protagonista. Hasta los historiadores que simpatizan con
el doctor Francia, observa el compilador, dan por cierto el incidente:
"Ante la súplica de reconciliación del anciano, que no se se resigna a
morir sin ver a su hijo y otorgarle mutuo perdón por temor de no
poder entrar en el cielo si esto no ocurre, Carlyle hace decir a el Supremo
simplemente: 'Díganle que mis muchas ocupaciones no me permiten
ir y, sobre todo, no tiene objeto'" (310).

La pérdida de los padres no provoca, entonces, ni la descarga
patética del duelo ni el dolor punitivo de la culpa. Esa indiferencia se
explica porque en el fuero interior del sujeto no se ha roto ningún
vínculo importante: el Supremo afirma la fantasía de no provenir de
nadie, de haberse creado a sí mismo (y, por lo tanto, de ser un verdadero
self-made man). "Yo he nacido de mí y Yo solo me he hecho Doble" (144) proclama enigmáticamente el doctor Francia. Desde su puber-
tad, el personaje tiene claro lo que quiere: "No quiero ser engendrado
en vientre de mujer. Quiero nacer en pensamiento de hombre" (165).
Más que su extravagancia, me parece indispensable subrayar la radical
modernidad de este propósito, en el cual se condensa nada menos
que un mito de creación individual. *Yo el Supremo* no es, por cierto, la
única novela del siglo XX que conecta el cuestionamiento de la
paternidad con el motivo de la auto-fecundación. En el *Ulises* (1922),
durante una tertulia llena de *boutades* y especulaciones ingeniosas
sobre Shakespeare, Stephen Dedalus dice, entre doctoral y burlo-
namente: "Fatherhood, in the sense of conscious begetting, is unknown
to man. It is amystical estate, an apostolic succession, from only beget-
ter to only begotten" (207). Stephen razona que el privilegio de engendrar
conscientemente a un hijo le está reservado a Dios y que, por lo tanto,
para los hombres la paternidad tal vez no pase de ser una ficción legal.
Del mero juego lógico —o teológico—, el que fuera artista adolescente
pasa luego a la confidencia íntima, sin que sus interlocutores noten el
salto: "Who is the father of any son that any son should love him or he
any son?" (207), es la pregunta retórica que propone Stephen. Si el
padre no ha deseado crear al hijo, ¿en qué puede fundarse el amor
entre ambos? Es verdad que el personaje de Joyce tiene la costumbre
de presentar sus propios conflictos como si fueran crisis universales,

pero en esta ocasión su egocentrismo parece justificado: ¿la ética de la vanguardia no se construye a partir de la querella entre lo nuevo y lo viejo, de la lucha entre generaciones? En todo caso, el deslizamiento del tópico de la paternidad al de la autoría literaria ocurre en el *Ulises* sin tropiezos ni incoherencia. Uno de los conversadores recuerda a un oscuro hereje africano, Sabelio, quien sostuvo que el Padre era su propio Hijo. Buck Mulligan aprovecha el dato para exhibir, como en las primeras páginas de la novela, su humor grueso y paródico: "Himself his own father, Sonmulligan told himself. Wait. I am big with child. I have an unborn child in my brain. Pallas Athena! A play! The play is the thing! Let me parturiate!" (208). La broma de Mulligan es de mal gusto, pero no arbitraria: se trata de una versión grotesca del proceso creativo, en el cual el autor da a luz —contra natura y solitariamente— una criatura que, a su vez, lo ilumina.

Paradiso (1966) discurre por los mismos tópicos (y, además, de manera muy parecida). Al promediar el décimo capítulo, José Cemí —el alter-ego juvenil de Lezama Lima— discute largamente con Fronesis los méritos y las limitaciones de Nietzsche. En el fragor del diálogo, Cemí declara: "Los griegos llegaron a la pareja de todas las cosas, pero el cristiano puede decir, desde la flor hasta el falo, éste es el dedo de Dios. *Repertum*, en latín encontrado, es sinónimo de *reperiendi*, engendrado, parido. Todo lo que uno encuentra, todo con lo que uno se empareja, ha sido parido por uno mismo. La pareja ha sido, paradojalmente, la comprobación de la autogenia" (468). El propio Lezama solía decir que Cemí era un Wilhelm Meister habanero, pero el personaje es también un Stephen Dedalus cubano. Con su mellizo dublinés comparte la vocación literaria, el tono entre profesoral y provocador, el estilo polémico y, sobre todo, el trasfondo teológico del argumento moderno sobre la autonomía radical del sujeto creador. Para Stephen y Cemí, el sujeto creador por excelencia es el Poeta, demiurgo de la palabra; el Supremo, en cambio, le otorga esa dignidad al Hombre de Estado, artífice de la Nación. La discrepancia no elimina un acuerdo de fondo: en los tres casos, el arquetipo primordial es el mismo. Se trata de una figura radicalmente solitaria, a la vez heroica e irónica, que se origina en ella misma y, por lo tanto, habita una esfera superior a la natural (lo último explica que desmienta las leyes de la biología, pero confirme las de la metafísica). En suma, los personajes de Joyce, Lezama Lima y Roa Bastos desean e imaginan el status privilegiado del Ser Soberano. El modelo que conciben es, claramente, análogo a Dios, pero no idéntico a él: la diferencia radica en que la realidad divina está más allá del tiempo. Ahora bien, si no se fundamenta ni en la naturaleza ni en la eternidad, ¿dónde se afinca entonces el sujeto ideal? En el plano secular, específicamente humano, donde obran la cultura y la historia: por eso, el Arte y la Política son los dominios en los cuales se manifiesta. Se ve de esta manera hasta qué extremos la imaginación y la conciencia de José Cemí, Stephen Dedalus y el Supremo se alimentan de los mitos —y, advierto, no uso la palabra despectivamente— de la modernidad.

Por cierto, aunque se puede discutir el grado de separación entre Joyce y Stephen Dedalus, al menos en estas cuestiones no difieren radicalmente. Cemí, por su parte, no es un doble autobiográfico de Lezama Lima, pero sí su trasunto literario. Pese a sus distintas —y distantes— fechas de publicación, *Ulises* y *Paradiso* son edificios verbales modernos, mientras que *Yo el Supremo* se construye bajo otros términos. Notemos que el Supremo, en contraste con los otros dos personajes, defiende y representa posiciones con las que el novelista ostensiblemente discrepa; de hecho, el alter-ego de éste no es el protagonista de la ficción, sino el Compilador. Las divergencias entre estas dos instancias son numerosas, comenzando por las de orden político y moral, pero me interesa subrayar que el Compilador pone en suspenso y enmarca —es decir, critica— los paradigmas de individualidad y autoridad que el Supremo respalda. En esa controversia implícita sobre los problemas de la subjetividad y la praxis se define, creo, el sesgo post-moderno de la novela de Roa Bastos.

Consecuencia lógica (aunque inaudita) de la negación de los padres, el mito de la autogenia propone la paradoja de un sujeto que es partero de sí mismo. La fantasía puede parecer extravagante, pero no tiene nada de caprichosa: en ella se cristaliza el deseo de hallar un punto de partida radical, una raíz absoluta. Justamente, la preocupación por el origen se difunde a lo largo de la novela y penetra todos sus niveles: el discurso histórico —como el mítico— suele ocuparse de inicios y fundaciones. En *Yo el Supremo*, el doctor Francia mitifica el comienzo de su vida y el carácter de su vínculo con la Nación; el texto que lo alberga —erizado de anacronismos, ironías, ambigüedades,

paradojas, inscripciones apócrifas y citas de documentos históricos—
rectifica esa mitificación, desmantelándola y descomponiéndola.

El trayecto imaginario hacia el origen tiene, en la conciencia del
protagonista, dos dimensiones: es tanto un ejercicio de arqueología
existencial como un peregrinaje a la fuente del sentido. La indagación
del principio se conjuga con la búsqueda de los principios. Más allá
del afán de fechar acontecimientos y situarlos en la cadena de la
cronología, el Supremo insiste en su nacimiento y en los albores de su
gobierno pues, según él, éstos contienen la clave de su biografía y la
cifra de su proyecto político. Por ejemplo, el personaje se remite a la
fantasía de su alumbramiento para explicar la tenaz independencia y el
autoritario voluntarismo que lo caracterizan: "A ti te encomiendo mi
fin entre tu llama y la piedra, del mismo modo que YO formé mi
principio entre el agua y el fuego. No surgí del frote de dos pedazos de
madera, ni de un hombre y una mujer que refregaron alegremente sus
mantecas haciendo la bestia de dos espaldas, según decía mi exégeta
Cantero" (444). Que el hablante no apostrofe aquí a un ser humano,
sino al Fuego, acusa aún más la textura mítica del pasaje; el Compilador,
contrapesándolo, cita una carta de la época para detallar las
circunstancias históricas que rodean la fabulación del personaje: "El 24
de agosto de 1840, día de San Bartolomé, a influjo de su doméstico
infernal, el Dictador prendió fuego antes de morir a todos los
documentos importantes de sus comunicaciones y condena, sin precaver
que la voracidad del elemento podía ser tanta, que llegase a abrasarle
la cama" (448). Hecha esta aclaración, consideremos ahora cómo el
Supremo ata la legitimidad de su mandato a la coyuntura en la que
accedió al poder absoluto: "Todas mis condiciones fueron aceptadas y
establecidas en acta sujeta a estricto cumplimiento: Autonomía, soberanía
absoluta de mis decisiones. Formación, bajo mi jefatura, de las fuerzas
necesarias para hacerlas cumplir. Exigí que se pusiera a mis órdenes la
mitad del armamento y de las municiones existentes en los parques.
De la gente-muchedumbre saqué los hombres que formaron el primer
plantel del ejército del pueblo. Apoyo aún más incontrastable que el
de los cañones y los fusiles en la defensa de la República y la Revolución"
(179). Así, la génesis del régimen se manifiesta como una alianza solemne
entre el Dictador y el Pueblo: el contrato fundador garantiza y rubrica
tanto la autoridad como la representatividad del Supremo.

La novela de Roa Bastos no se adhiere sin reservas a las palabras de su figura principal. Para comenzar, las citas y apostillas historiográficas del Compilador atemperan la visión heroica, apoteósica, que el protagonista propone. Pero no es únicamente en el plano de la crónica, del registro de los acontecimientos, que las discrepancias emergen. De hecho, las más importantes tienen que ver con los criterios de interpretación del pasado. Hemos visto que el doctor Francia se remite a los orígenes para entender y explicar la historia (de su vida, de su gobierno); ese hábito retrospectivo no hay que atribuirlo a la idiosincrasia del personaje, sino a la ideología que profesa. Hablando con desprecio de sus enemigos, el Supremo menciona las lecturas que lo han formado: "En cuanto a los oligarcones, ninguno de ellos ha leído una sola línea de Solón, Rousseau, Raynal, Montesquieu, Rollin, Voltaire, Condorcet, Diderot" (45). La Ilustración parte aquí las aguas: de un lado el oscurantismo y la ignorancia; del otro, la lucidez y la razón. No está demás recordar que el pensamiento ilustrado es uno de los capítulos decisivos del logocentrismo occidental, cuyo sello está impreso en la mente del Supremo. La postura logocéntrica —fundamento de la celebración de la voz y del recelo ante la escritura— es también la base de la exaltación del origen. Cuando se asume la prioridad de la *presencia* —es decir, de un lugar pleno y primordial en el que habita el sentido—, todo lo que está fuera de su estricto dominio resulta sospechoso, incierto. Derrida, a propósito de Rousseau, expone la lógica y los corolarios de esta posición: "*Ce qui s'ajoute n'est rien puisqu'il s'ajoute à une présence pleine à laquelle il est extérieur. La parole vient s'ajouter à la présence intuitive (de l'étant, de l'essence, de l'eidos, de l'ousia, etc.); l'écriture vient s'ajouter à la parole vive et présente à soi; la masturbation vient s'ajouter à l'expérience sexuelle dite normale; la culture vient s'ajouter à la nature, le mal à l'innocence, l'histoire à l'origine, etc.*" (*De la grammatologie* 238). Bajo el régimen que Derrida describe, el suplemento (que se manifiesta, por ejemplo, en la escritura, las prácticas eróticas no convencionales, la cultura, el mal y la historia) se añade superflua, perversamente, a la realidad fundamental de la presencia (encarnada en la voz, la sexualidad socialmente aceptada, la naturaleza, la inocencia y el origen). La búsqueda de la verdad, que es el proyecto de toda metafísica, reclamaría entonces la crítica y el exorcismo del suplemento; de ahí que el discurso logocéntrico suela presentarse bajo la forma de la ascesis, de una rigurosa purificación. Volvemos por esta vía a encontrarnos con el culto del Supremo a la pulcritud y la simplicidad: la pasión higiénica del Dictador es una peculiaridad sicológica, pero también una marca de su visión del mundo. Hasta las manías del protagonista, a primera vista erráticas, responden a un método y una coherencia.

Ese método y esa coherencia impiden que el Supremo sea un pariente latinoamericano de Ubu, el déspota elemental de Jarry: a pesar de sus exabruptos, el doctor Francia es más amigo de Platón que de la patafísica. Por lo demás, como se ha indicado ya, tampoco la poética de la novela —articulada, sobre todo, por el Compilador— se confunde con las actitudes y los dogmas del protagonista. En lo que a la valoración del pasado concierne, resulta emblemático el maravilloso "portapluma-recuerdo" que el Compilador afirma poseer. Se trata, dice, de un objeto fabuloso "que fabricaban los presos a perpetuidad para el pago de su comida" (214) y cuyo diseño se atribuye al ingenio del Supremo[16]. La pluma en cuestión es, en el relato, mucho más que un simple útil de escritorio: "Engastado en el hueco del tubocilíndrico, apenas más extenso que un punto brillante, está el lente-recuerdo que lo convierte en un insólito utensilio con dos diferentes aunque coordinadas funciones: Escribir al mismo tiempo que visualizar las formas de otro lenguaje compuesto exclusivamente con imágenes, por decirlo así, de *metáforas ópticas*" (214). Como si ésto fuera poco, el Compilador especula sobre una tercera función: "Reproducir el espacio fónico de la escritura, el texto sonoro de las imágenes visuales; lo que podría haber sido el *tiempo hablado* de esas palabras sin formas, de esas formas sin palabras, que permitió a El Supremo conjugar los tres textos en una cuarta dimensión intemporal girando en torno al eje de un punto indiferenciado entre el origen y la abolición de la escritura; esa delgada sombra entre el mañana y la muerte" (214-5). Como en el caso del Aleph de Borges —o del cinema virtual de *La invención de Morel*, de Bioy Casares—, el deseo de alcanzar una representación imposible se plasma y se realiza a través de un artefacto quimérico. Gracias al portapluma-recuerdo, un complemento plástico y sonoro enriquece los trazos de la caligrafía: la

---

[16] El "portapluma-recuerdo" tiene su modelo en un poema de Raymond Roussel, "La vue"; la descripción del objeto en *Yo el Supremo* le debe también a la exégesis que Foucault ofrece del poema en su libro sobre Roussel. Ver: Weldt-Basson, 191-203.

página se transforma en la pantalla donde el espectáculo del discurso se despliega. El melancólico erotismo de los relatos de Borges y Bioy Casares puede parecer ajeno al pathos crítico del texto de Roa Bastos. No es así, sin embargo. El Aleph, el proyector de simulacros y el portapluma-recuerdo tienen, aparte de su índole cinematográfica y su naturaleza maravillosa, otro rasgo en común: los tres surgen de la experiencia de la pérdida y son, en buena cuenta, artificios de la memoria y el duelo. ¿No permiten, cada cual a su modo, recobrar espectralmente las imágenes del pasado y la ausencia?

Ahora bien, la pluma que llega a manos del Compilador —y que éste señala haber recibido de un paupérrimo heredero del escribiente Patiño— no posee ya sus atributos originales: "Por desgracia, parcialmente descompuesto en su sensible mecanismo, el portapluma-recuerdo hoy sólo escribe con trazos muy gruesos que rasgan el papel borrando las palabras al tiempo de escribirlas, proyectando sin cesar las mismas imágenes mudas, despojadas de su espacio sonoro" (215). Obviamente, la simple referencia a este instrumento improbable en *Yo el Supremo* constituye una suerte de provocación lúdica, vanguardista, contra el tipo de verosimilitud que se impone en las ficciones históricas clásicas. A la vez, es preciso notar que la pluma —o, para ser más exacto, el relato de lo que le ocurre a ésta con el paso de los años— da pie a un apólogo de la historiografía y, en general, de toda práctica que aspira a la representación del pasado: los artefactos que permiten referir la historia tienen también su propia historia. Se desprende de lo anterior, finalmente, un postulado que contraría las creencias explícitas del Supremo: si todo está sujeto al trabajo indeleble del tiempo, el retorno a un estado original resulta ser una ficción impracticable, una quimera.

Hay otros elementos que revelan la actitud del autor implícito ante la escritura histórica y que, en consecuencia, atañen al carácter mismo de la novela. Entre ellos, destacan espectacularmente los calculados anacronismos que salpican el relato. Como en *El siglo de las luces,* sirven para provocar extrañeza y suspender la ilusión de realidad, de manera que la atención del lector se desplaza del plano de lo narrado al plano de la enunciación, del tiempo de los hechos referidos al tiempo en el cual se pronuncia el discurso. Un ejemplo notable se halla al comienzo de *Yo el Supremo*, cuando el Dictador repasa el periodo colonial del Paraguay: "En el califato fundado por Irala, cuatrocientos sobrevivientes de los que habían venido en busca de El Dorado, en lugar de la Ciudad-resplandeciente encontraron el sitio de los sitios. Aquí. Y levantaron un nuevo Paraíso de Mahoma en el maizal neolítico. Tacha esta palabra que todavía no se usa" (39). Desde mediados del siglo XVI, cuando Domingo Martínez de Irala y sus colonos llegaron a territorio guaraní, la cita se desliza irónicamente a la primera mitad del siglo XIX, en la que el doctor Francia emplea un término que sólo se acuñará más tarde. Vale la pena considerar también el siguiente anacronismo: "Acaso le faltó al Redentor pagar la última gota de sangre del rescate que le será reclamado a la especie humana, supuestamente redimida, en la gran pira de la destrucción universal bajo la terrible nube en forma de hongo del Apocalipsis. Mas no nos perdamos en hipótesis ateológicas" (445). Que el Supremo esté al tanto del estallido de la bomba atómica en Hiroshima es asombroso, pero no gratuito. El atentado contra el orden de la cronología fomenta aquí un efecto de sorpresa y perplejidad, pues el doctor Francia de la ficción viola sin miramientos los protocolos historiográficos y las normas de la verosimilitud. En efecto, la palabra del sujeto novelesco no se acomoda a la dicción de la figura histórica y, además, el contenido del discurso es llamativamente improbable: en esta doble disonancia se perciben tanto la infiltración deliberada del presente en el pasado como el cruce de la conciencia del novelista con la del personaje. Por supuesto, uno puede preguntarse si, al emplear este modo de caracterización, Roa Bastos no fabrica un callejón sin salida (que, como se sabe, es el más banal de los laberintos): ¿Acaso el anacronismo y la cita apócrifa no son anatemas para el conocimiento del pasado histórico? ¿No se fundan, respectivamente, en la transgresión del orden temporal y la violación de la autenticidad del discurso? ¿No se desautoriza un texto que los usa sin disimulo? A pesar de su filo cuestionador, estos reparos no mellan a *Yo el Supremo*, porque la novela se apropia *retóricamente* de los dos procedimientos en cuestión: es decir, pone en relieve sus mecanismos y sus formas de operar sin que, por otro lado, los datos específicos puedan pasar por documentalmente ciertos. De hecho, es imposible —a menos que uno sea del todo incapaz de reconocer una ironía—

tomar al pie de la letra la afirmación final del compilador: "En lugar de decir y escribir cosa nueva, no ha hecho más que copiar fielmente lo ya dicho y compuesto por otros" (467).

Así, y a pesar del bagaje de lecturas que sostiene a *Yo el Supremo*, no tendría mucho sentido buscar en los archivos el manuscrito que contiene la siguiente declaración del Dictador: "No te estoy dictando un cuenticulario de nimiedades. Historias de entretén-y-miento. No estoy dictándote uno de esos novelones en que el escritor presume el carácter sagrado de la literatura" (65). Aparte del juego de espejos entre la novela y las palabras del protagonista, se nota con claridad que el diseño del personaje no aspira a proponer un simulacro fidedigno del individuo histórico; por el contrario, en la novela de Roa Bastos la caracterización del doctor Francia es abiertamente hipotética, especulativa y modernizadora. De ahí que, aunque el protagonista pertenece al siglo XIX, puede intervenir en los debates, problemas y conflictos del siglo siguiente (lo cual, sin duda, le ganaría al novelista la desaprobación de Lukács). De una manera sesgada, paradójica, el Dictador de la ficción es un contemporáneo fantasmal del Compilador. No me refiero apenas a los giros vanguardistas que rozan a veces la voz del sujeto ("El azar está ahí desovando en el fuego", 344, podría ser un verso de Breton); tampoco me limito a evocar ciertas meditaciones sobre los nexos entre el lenguaje y la identidad que, sin mucho esfuerzo de la imaginación, hacen pensar en Benveniste o Lacan. Es evidente que Roa Bastos no se esmera en construir a su anti-héroe como réplica de un modelo original y auténtico; le interesa, más bien, elaborar un sujeto polémico en el que se cifran los dilemas de la democracia, el nacionalismo y la revolución en América Latina. En gran medida, las premisas que orientan el trazo del personaje coinciden con las tesis de Nietzsche acerca del método histórico. A lo largo de la célebre sección duodécima del segundo ensayo de *Sobre la genealogía de la moral*, Nietzsche rechaza la casi rutinaria confusión del origen de un fenómeno con el sentido actual de éste; en vez de remontarse al punto de partida para comprender el fin del trayecto, el filósofo entiende el proceso de la historia como una cadena de interpretaciones conflictivas, de relecturas que pugnan entre sí por la hegemonía: el objeto de conocimiento no se refleja en una conciencia serena y neutral, sino que se somete a las operaciones de la voluntad de poder[17]. Así, en *Yo el Supremo*, la figura del doctor Francia cifra y encausa una vasta reflexión que, desde la izquierda, examina las limitaciones de las élites revolucionarias y los entrampamientos de los proyectos de liberación nacional[18].

El Supremo no es un predecesor decimonónico del general Alfredo Stroessner, dictador ultra-derechista que, luego de subir al poder en 1954, adquirió la costumbre de hacerse reelegir en farsas quinquenales hasta bien entrada la década de 1980. Al igual que el nicaragüense Anastasio Somoza, el haitiano François Duvalier y el dominicano Rafael Leonidas Trujillo, el paraguayo Stroessner no pasó de ser un déspota anti-comunista que combinó sus ambiciones dinásticas con una implacable vocación represiva. El autoritarismo del doctor José Gaspar Rodríguez de Francia es de otra ley y linaje. En el Paraguay, los sucesores genuinos del Supremo fueron Carlos Antonio López y Francisco Solano López. No es fortuito que, en un pasaje deliberadamente premonitorio de la novela, se aluda a estos futuros líderes de la nación: "Alumno Francisco Solano López, 13 años: 'Pido al Supremo Gobierno el espadín del Dictador Perpetuo, para tenerlo en custodia y usarlo en defensa de la Patria'. Este niño tiene alma bravía. Envíale el espadín. Señor, con su licencia le recuerdo que es hijo de don Carlos Antonio López, el que..." (434). Unas líneas más abajo, el Dictador profetiza con total certidumbre que López será el próximo presidente del país: a él le tocará continuar la obra iniciada en 1814. Aunque el doctor Francia falleció en 1840, su línea política sólo habría de quebrarse irrevocablemente en 1870, cuando

---

[17] Ver: Nietzsche, *On the Genealogy of Morality*, 54-6. En la concepción de Nietzsche, los principios no explican los fines: "On the contrary, there is no more important proposition for all kinds of historical research than that which we arrive at only with great effort but which we really *should* reach, —namely, that the origin of the emergence of a thing and its ultimate usefulness, its practical application and incorporation into a system of ends, are *toto coelo* separate" (55).

[18] Gerald Martin apunta similitudes entre el Paraguay del doctor Francia y la Cuba de Fidel Castro; considera, además, que los destinatarios privilegiados de la novela son los revolucionarios cubanos: "It is difficult to escape the conclusion that the novel was addressed above all to Roa's friends in Cuba, who were similarly trying to force the hand of history in the face of an imperialist blockade, while the relation of an austere individualist leader to a revolutionary collectivity was similarly being worked out"(*Journeys through the Labyrinth* 289). Desde un ángulo distinto al de Martin, también Angel Rama notó la importancia del proceso cubano en el proyecto narrativo de Roa Bastos: "Lo que por los años 20 hicieron los indigenistas peruanos que acababan de aprender el marxismo, respecto al antiguo incario, es parcialmente lo que ha hecho Roa Bastos con el gobierno del doctor Francia. El aporte del pensamiento y la praxis revolucionaria moderna han concurrido en el libro para desentrañar lo que ya Carlyle designaba como 'una charada que todavía se está por descifrar'" (320).

las fuerzas de la Triple Alianza formada por Argentina, Brasil y Uruguay acabaron de aplastar la resistencia paraguaya. Con las muertes de Solano López y casi todos los hombres en edad de combatir, sucumbió también el proyecto nacional que el doctor Francia había formulado.

La naturaleza y el signo de ese proyecto no se escamotean en *Yo el Supremo*. El Dictador, increpando a la élite liberal, afirma el carácter radicalmente nacionalista de su régimen: "¿De qué me acusan esos anónimos papelarios? ¿De haber dado a este pueblo una Patria libre, independiente, soberana? Lo que es más importante ¿de haberle dado el sentimiento de Patria? ¿De haberla defendido desde su nacimiento contra los embates de sus enemigos de dentro y de fuera? ¿De esto me acusan?" (37). El bloqueo argentino del tráfico fluvial, los apetitos expansionistas de Brasil y la hostilidad británica estimularon la respuesta autárquica y espartana del Paraguay. Contra el cerco de los adversarios, la respuesta del doctor Francia es agresiva y militante: el país entero deber ser una trinchera, hay que cerrar filas para defender la autonomía siempre amenazada. Dada esa actitud, no sorprende que la principal consigna del Supremo sea la misma que la Revolución cubana extendió en los años 60 por toda América Latina: "Patria o muerte", se llama la escuela donde estudia el todavía púber Francisco Solano López (434). Alucinado y febril, el protagonista escuchará la frase a su doble en un momento de síntesis y clímax que, por eso mismo, resulta decisivo: "Oigo que da el santo y seña al jefe de la guardia: ¡PATRIA O MUERTE! Su voz llena toda la noche. La última consigna que he de oir. Queda cosida al forro del destino de los conciudadanos. Trepida la tierra bajo la vibración de ese clamor. Se propaga de un centinela a otro por todos los confines de la noche. YO es Él, definitivamente. YO-ÉL-SUPREMO" (450). Se diría que para el Dictador la única terapia válida contra la fragmentación existencial, el único antídoto eficaz contra la crisis de la subjetividad, consiste en el compromiso sin reservas con la comunidad nacional y en la entrega casi mística a la defensa del territorio: la comunión con el pueblo y la fe telúrica son la sustancia de un nacionalismo que aparece casi como una religión de Estado. Por cierto, viene al caso notar que entre las muchas innovaciones de la Dictadura Perpetua se encuentra el Catecismo Patrio Reformado, ese intento de lograr que "el culto se sometiera a los intereses de la Nación" (356); más aún, según el mandatario las esferas de lo secular y lo sagrado están condenadas a colisionar porque, finalmente, ambas giran en la órbita del poder: "El Dictador de una Nación, si es Supremo, no necesita la ayuda de ningún Ser Supremo. Él mismo lo es" (356).

Como puede verse, la posición del protagonista no se confunde con la del anti-clericalismo liberal. El Estado revolucionario compite, en un sentido profundo, con la Iglesia: al igual que ésta, le da forma institucional a una comunidad de creyentes. Casi previsiblemente, el fervor cívico se pone los hábitos de la fe. Sería erróneo ver aquí un caso virulento de separación jurídica entre el poder temporal y el espiritual; la tentativa del Supremo es más extrema: su propósito no es otro que el de nacionalizar la religión y convertir al nacionalismo en un credo. La expropiación en Paraguay de los bienes eclesiásticos, dicho sea de paso, no puede equipararse a —ofrezco sólo un ejemplo célebre— las leyes Juárez y Lerdo, que en el México de mediados del siglo XIX tornaron ilegal la tenencia de la tierra tanto para la Iglesia como para las comunidades indígenas. Ciertamente, no fue en nombre de la propiedad individual y privada que el doctor Francia afectó el patrimonio del clero: "Por otra parte, a usted también le consta, yo no confisqué los bienes, los conventos, las innumerables propiedades de la iglesia con el fin de heretizar el país. Lo hice para cortar las alas a los relajados servidores de Dios que en realidad se sirvieron de él en la crapulosa vida que llevaban a costa del pueblo ignorante" (358). La praxis del Supremo, a la que guía un paternalismo ilustrado y un afán violentamente moralizador, no está lejos del modelo jacobino (el cual, vale la pena recordarlo, inaugura la vertiente principal de la izquierda, aquélla en la cual se han inscrito desde el leninismo hasta los varios populismos radicales del Tercer Mundo).

Roa Bastos ha escrito que, a mediados del siglo XIX, el Paraguay poseía "los niveles más altos de progreso material y cultural sobre la base de una efectiva independencia y de su autonomía económica y política"("La narrativa paraguaya..." 126). Al arrasar al país, la Triple Alianza dejó una herencia de atraso, pobreza y subordinación de la que el Paraguay no ha podido sacudirse hasta la actualidad. Luego de calificarla de "confabulación neo-colonial", Roa señala que la guerra "fue tramada y financiada por la política de dominación del imperio británico en connivencia con las oligarquías de Buenos Aires y los centros financieros del imperio del Brasil" (126). Ciertamente, *Yo el*

Supremo no retrata al Paraguay del doctor Francia como una Arcadia
sudamericana, pero es también obvio que la crítica al régimen dictatorial y estatista no viene de las canteras ideológicas del libre cambio y el
pluripartidismo. De hecho, no escasean los pasajes en los que resulta
fácil advertir la aprobación del Compilador a las palabras del
protagonista: "Para establecer leyes justas suspendí leyes injustas. Para
crear el Derecho suspendí los derechos que en tres siglos han funcionado
invariablemente torcidos en estas colonias. Liquidé la impropiedad de
la propiedad individual tornándola en propiedad colectiva, que es lo
propio. Acabé con la injusta dominación y explotación de los criollos
sobre los naturales, cosa la más natural del mundo puesto que ellos
como tales tenían derecho de primogenitura sobre los orgullosos y
mesclatizos mancebos de la tierra. Celebré tratados con los pueblos
indígenas" (46). Es cierto que el Dictador no está por encima de hacer
ocasionales comentarios racistas, pero eso no cambia la médula
radicalmente igualitaria y anti-oligárquica de su programa: la mano
dura del gobierno se propone aplastar los privilegios étnicos y de
clase.

Al igual que Robespierre, el doctor Francia podía aspirar al título
de Incorruptible[19]. Ya antes hemos considerado la fobia a la impureza
y el rechazo al parentesco que marcan la sensibilidad del líder paraguayo.
La dimensión ideológica y política de esos rasgos se percibe claramente
en la siguiente cita: "Los libelistas me echan en cara que uso de más
rigor con mis parientes, con mis viejos amigos. Rigurosamente cierto.
Investido del Poder Absoluto, el Supremo Dictador no tiene viejos
amigos. Sólo tiene nuevos enemigos. Su sangre no es agua de ciénaga
ni reconoce descendencia dinástica. Ésta no existe sino como voluntad
soberana del pueblo, fuente del Poder Absoluto, del absolutamente
poder" (47). Frente a la corrupción y el nepotismo endémicos de los
caudillos liberales y conservadores, el doctor Francia rechaza el uso
del Estado como botín del gobernante. El personalismo del Dictador
no es una coartada para disponer ilícitamente del patrimonio público.
De otro lado, las prácticas represivas del gobernante, aunque
implacables, no pueden explicarse simplemente como manifestaciones

---

[19] Ver: Georges Fournial. "José Gaspar de Francia, el Robespierre de la Independencia
americana".

de una voluntad arbitraria y despótica: bajo el gobierno del Supremo, la violencia es un recurso político, un procedimiento estratégico. Dicho de otra manera, la coerción sobre los adversarios del régimen está siempre al servicio de un programa a largo plazo. "El 17 de julio de 1821 fueron ejecutados los sesenta y ocho reos acusados de alta traición en la conjura, tras la cual el *Supremo Dictador* condujo hasta su muerte la nave del Estado sin ulteriores complicaciones" (386), señala el Compilador al reseñar el episodio más sangriento del régimen de Francia. Descabezada la oposición liberal, que se asentaba en una frágil capa de comerciantes y terratenientes criollos, el Dictador pudo aplicar sin restricciones ni componendas su modelo de sociedad, que fundía los aportes del republicanismo con la tradición vertical y colectivista de las misiones jesuíticas. En el Paraguay del doctor Francia, el Estado debía ordenar y controlar la vida económica, política y cultural de la nación. El protagonista, no exento de euforia propagandística, resume así su gestión: "Lo bueno, lo cierto a pesar de todo, es que aquí la Revolución no se ha perdido. El país ha salido ganando. La gente-muchedumbre ha subido a ocupar su sitio en derecho de sí. Los utensilios animados de antes son los campesinos libres de hoy. Poseen sus predios y medios; remedios para todos sus males que se han vuelto bienes. Ya no tienen que ajornalarse sino al Estado, su único patrón, que vela por ellos con leyes justas, iguales para todos. La tierra es de quien la trabaja, y cada uno recibe lo que necesita. No más, pero tampoco no menos" (315).

La vocación igualitaria y el ejercicio del autoritarismo forman la cara y el sello de esta moneda paradójica. El ímpetu revolucionario destruye al viejo bloque hegemónico —la Iglesia y la oligarquía nativa pierden, junto a su influencia política, su base material—, pero los mecanismos de decisión no se transfieren a la mayoría popular. Así, tan innegable como la profundidad de los cambios sociales resulta el recorte de los derechos políticos: la Revolución reconoce a la colectividad y, al mismo tiempo, ignora a los individuos. En la medida que el Estado asume que sólo su voluntad y su discurso son legítimos, niega por principio la posibilidad misma de tener interlocutores válidos: esta postura no sólo justifica el silenciamiento de la oposición contrarrevolucionaria, sino que supone el silencio del pueblo. A la larga, la única individualidad aceptable resulta ser la del líder máximo, la primera persona de la nación. Aquí, precisamente, está el talón de

Aquiles de un modelo que entiende la liberación como antónimo de la libertad. Emplazar al protagonista significa, entonces, cuestionar la lógica que subyace a su praxis. Ya en las postrimerías de la novela, se halla un fragmento en el que un emisor no identificado apostrofa y juzga al Supremo: "Te convertiste para la gente-muchedumbre en una Gran Obscuridad; en el gran Don-Amo que exige la docilidad a cambio del estómago lleno y la cabeza vacía. Ignorancia de un tiempo de encrucijada (...) Te quedaste a mitad de camino y no formaste verdaderos dirigentes revolucionarios sino una plaga de secuaces atraíllados a tu sombra. Leíste mal la voluntad del Común y en consecuencia obraste mal, mientras tus chocheras de geróntropo giraban en el vacío de tu omnímoda voluntad. No, pequeña momia; la verdadera Revolución no devora a sus hijos. Unicamente a sus bastardos; a los que no son capaces de llevarla hasta sus últimas consecuencias" (454-55). El redactor (que, en este pasaje, funciona como portavoz del novelista) no juega la carta de la moderación. Todo lo contrario. El veredicto no es radical sólo por el tono vehemente que lo impregna: los reproches al Dictador no tienen que ver con los excesos de éste, sino con sus carencias e indecisiones. Desde la perspectiva que *Yo el Supremo* adopta, la degeneración burocrática, el culto a la personalidad, el oportunismo de los falsos ortodoxos y el desencuentro entre el Estado y la sociedad civil son los signos de una revolución en peligro de truncarse y, peor aún, de sucumbir. Ostensiblemente, el examen crítico del pasado adquiere sentido desde los debates y problemas de la actualidad. El texto, con sus dicciones múltiples y su repertorio numeroso, no apunta a la reconstrucción de época. Más bien, en la novela de Roa Bastos, el saber histórico consiste en una relación activa, dinámica, entre el tiempo de los contemporáneos y el de los antepasados.

En suma, a *Yo el Supremo*, pródiga en paradojas y encrucijadas, la distinguen tanto la complejidad de su representación como el filo polémico de sus juicios. Por eso, es significativo que en el perfil de la Dictadura Perpetua se destaquen la justicia social y el miedo a la represión, la satisfacción de las necesidades básicas y la crisis de la subjetividad: la mímesis de ese mundo en claroscuro no sigue el método del realismo clásico, que exige trazar las fronteras entre lo objetivo y lo subjetivo, sino que opta por fusionar el repertorio histórico con una imaginería que evoca los dominios del mito y el sueño. Igualmente ilustrativo es el tratamiento del protagonista: cadáver que habla y ser viviente, apologista de la voz y censor de la escritura, producto de la Ilustración y exponente de la imaginación mítica, autócrata y defensor de la soberanía nacional, el doctor Francia es en *Yo el Supremo* una presencia problemática, irreductible a una fórmula elemental. Por último, la arquitectura de la novela —monumental y fragmentaria a la vez— busca captar en toda su intensidad los conflictos inherentes a la construcción de un proyecto nacional y, simultáneamente, se propone destacar las contradicciones sobre las cuales se levanta el conocimiento histórico.

LA GUERRA DEL FIN DEL MUNDO:
LAS INSCRIPCIONES DE LA VIOLENCIA

A KARL VON CLAUSEWITZ, el estratega prusiano, se debe el axioma según el cual la guerra consiste en la continuación de la política por otros medios[1]. El escueto rigor de la fórmula cautivó a Marx, que solía citarla, y le ha garantizado su buena fortuna, al punto que ha terminado por convertirse casi en un lugar común. Sin duda, difícilmente el parentesco cercano entre la lucha armada y la contienda ideológica puede expresarse de manera más tersa y precisa. Por su lado, el primer párrafo de *Los nueve libros de la historia* asegura que el trabajo de Herodoto se propone no sólo impedir que se desvanezcan con el tiempo los hechos de los hombres, sino también declarar "la causa por la que se hicieron guerra" (5) los griegos y los bárbaros. Para el historiador clásico, los sucesos dignos de reflexión y memoria son, principalmente, los que se relacionan con los campos de batalla.

La guerra del fin del mundo (1981), de Mario Vargas Llosa, pone en relieve y problematiza como pocas ficciones latinoamericanas los vínculos entre la política, la violencia y la escritura de la historia. De ahí que el aforismo de von Clausewitz y la propuesta de Herodoto vengan a cuento: el problema del poder —en sus dimensiones morales, pragmáticas y simbólicas— afecta tanto la representación como la poética de *La guerra del fin del mundo*. De otro lado, el referente principal de la novela —es decir, las cuatro campañas que la flamante República brasileña lanzó, desde noviembre de 1896 hasta octubre de 1897, contra los seguidores de Antonio Vicente Mendes Maciel, llamado el Consejero— no sólo permite reflexionar sobre las vicisitudes de la construcción del Estado nacional en América Latina; es, además, la materia de un libro clave en el canon literario brasileño, *Os sertões* (1902), de Euclides da Cunha[2]. Los riesgos que el proyecto de Vargas Llosa entrañaba no eran desdeñables: narrar episodios traumáticos del

---

[1] Contra la tendencia a ver las acciones militares como antítesis de las maniobras políticas, Clausewitz reconoció la unidad esencial entre ambas formas de lucha. Ver: *On War* 87.

[2] Un examen minucioso de las relaciones entre *La guerra del fin del mundo* y la bibliografía previa sobre Canudos se halla en *Historia de un malentendido*, de Leopoldo Bernucci.

pasado de un país extranjero puede invitar acusaciones de intrusión; acudir al repertorio de un texto prestigioso abre la posibilidad de censuras por supuestos plagios y repeticiones[3]. Aunque la recepción de la novela no ha confirmado esas reservas, es preciso admitir que no hubieran sido incomprensibles, pues en efecto *La guerra del fin del mundo* involucra explícitamente tanto los inicios de la República en el Brasil como la tradición literaria moderna de ese país. Así, dos rasgos centrales de la novela —su carácter histórico y su abierta intertextualidad— parecen interpelar el sentido y la validez de la empresa: ¿cómo puede apropiarse un escritor no brasileño del drama de Canudos?, ¿la sola existencia de *Os sertões* —para no mencionar el resto de la bibliografía sobre el tema— no condenaría a la redundancia a *La guerra del fin del mundo*?[4] En rigor, estas preguntas no sólo preceden a la escritura, sino que subyacen a ella y la inducen a ofrecer respuestas. El texto de Vargas Llosa, a la vez que reivindica la ejemplaridad de la historia que narra y su relevancia para la América Latina contemporánea, resalta en su propia fábula el conflictivo proceso que llevó a la constitución del *corpus* de Canudos: por un lado, la novela postula que, casi un siglo después de concluida, la rebelión de los yagunzos posee un valor ilustrativo, paradigmático, que hace legítimo evocarla; por el otro, el relato subraya cómo el juego de las percepciones y el ejercicio de la interpretación intervienen activamente en la fábrica de la experiencia social, de tal manera que la misma práctica de representar se convierte en materia de la mímesis. Por eso, la conciencia del pasado exige considerar los medios a través de los cuales se forma esa conciencia.

Significativamente, *La guerra del fin del mundo* se abre con una semblanza de Antonio Consejero que oculta tanto como revela de su modelo. De hecho, el anonimato del líder de los yagunzos sólo se levanta al término del segmento, cuya oración inicial le otorga un tratamiento a la vez hiperbólico y enigmático al sujeto: "El hombre era

---

[3] En *Palimpsestes*, Gérard Genette propone la noción de hipertextualidad para examinar los vínculos entre un texto y sus fuentes (11-13). La utilidad de la categoría consiste en su carácter puramente descriptivo.

[4] Vale la pena mencionar algunos de los libros que, desde la ficción o la historiografía, encaran la guerra de Canudos: *Os jagunços* (1898), de Afonso Arinos; *Ultima expedição a Canudos* (1898), de Dantas Barreto; *O rei dos jagunços* (1899), de Manuel Benício; *A guerra de Canudos* (1902), de Henrique Duque-Estrada de Macedo Soares; *A Brazilian Mystic* (1920), de R.B. Cunninghame Graham y *No calor da hora* (1974), de Walnice Galvão. Ver: Bernucci, 8-17.

alto y tan flaco que parecía siempre de perfil" (15). El enunciado subraya la singular fisonomía del individuo, su insólita apariencia; para hacerlo, señala que el cuerpo del personaje suscita una ilusión óptica, un error de la percepción: el Consejero es un ícono que, por una peculiar ironía, se resiste a ser capturado cabalmente por los sentidos. Por añadidura, su biografía no es menos esquiva que su estampa, según indica sin rodeos el narrador: "Era imposible saber su edad, su procedencia, su historia, pero algo había algo en esa facha tranquila, en sus costumbres frugales, en su imperturbable seriedad que, aun antes de que diera consejos, atraía a las gentes" (15). En el principio del texto —y del conflicto que narra— se halla una figura a la vez pública y secreta, una cifra a la que prestigia y da poder su misterio. El futuro detonante de la guerra está lejos de tener los gestos y la apariencia de un incendiario. Al revés: se trata de un asceta, de un santo. La descripción inicial vela deliberadamente la realidad física y sicológica del Consejero para acrecentar su leyenda: al envolver la consistencia humana del personaje en la penumbra, la nitidez de su aura se torna más intensa.

En el retrato del líder de los yagunzos, el narrador básico se empeña en recalcar el *efecto* que el predicador produce en quienes lo ven y lo escuchan: es su capacidad de llamar la atención, de "atraer a las gentes", lo que en definitiva justifica colocarlo en primer plano y reconocer su singularidad. No es irrelevante que sea justamente a la luz de la recepción que le acuerda su público como se represente a Antonio Consejero, pues uno de los temas que *La guerra del fin del mundo* explora con más persistencia es el del poder transformador y creativo del discurso. No en balde, el sobrenombre con que los sertaneros rebautizan al místico alude a su actividad de comunicador: "A todos parecían buenos consejos y por eso, al principio en uno y luego en otro y al final en todos los pueblos del Norte, al hombre que los daba, aunque su nombre era Antonio Vicente y su apellido Mendes Maciel, comenzaron a llamarlo el Consejero" (17-8). La envergadura legendaria y sagrada que cobra el personaje procede, en gran medida, de sus poderes de persuasión, de su autoridad retórica. Más aún, para sus seguidores, el jefe espiritual de los yagunzos no solamente se distingue por transmitir mensajes verdaderos, irrefutables; la naturaleza misma de su cuerpo es críptica, de modo que hasta las excreciones del santo tienen sentido. En efecto, cuando agoniza Antonio Consejero, arrasado por la disentería, sus discípulos comulgan con su excremento, en un ritual doblemente escatológico que propone el Beatito, improvisado teólogo de Canudos: "Con dichosa inspiración se adelantó, estiró la mano entre las beatas, mojó sus dedos en la aguadija y se los llevó a la boca, salmodiando: '¿Es así como quieres que comulgue tu siervo, Padre? ¿No es esto para mí rocío?'. Todas las beatas comulgaron también, como él" (479). Así, el misterio de la transubstanciación permite pasar del orden fisiológico al de los símbolos: los creyentes entienden que, en el profeta, nada es desecho y todo es mensaje, sustancia comunicable.

El narrador de *La guerra del fin del mundo* convoca la perspectiva de los devotos de Antonio Consejero para presentarlo, sin que esa decisión se confunda con un respaldo a las creencias de los yagunzos; más bien, esto le permite dramatizar el carisma del personaje —que, aunque es su principal atributo, sólo puede ser advertido por quienes lo idealizan. Por cierto, en la cuarta sección de la novela, se refiere cómo el periodista miope —esa suerte de doble esperpéntico de Euclides da Cunha— se mantiene inmune al poder magnético del Consejero, pero al mismo tiempo percibe con intensidad la reacción que el líder despierta en su auditorio: "Antes que por las palabras y el tono majestuoso del hombre, el periodista se sintió golpeado, aturdido, anegado, por esa quietud y ese silencio con que lo escuchaban" (352). La experiencia catártica del sujeto se debe, inusualmente, no al influjo del orador, sino al de sus receptores: el pathos que éstos infunden y transmiten es, para quienes no participan de su comunidad, la prueba del vigor retórico del Consejero, la evidencia de su talento para seducir muchedumbres.

Otro es el modo en que *Os sertões* traza la semblanza del Conse-jero; muy distinta es también la manera en que plasma los nexos entre el profeta nordestino y su grey. Si en *La guerra del fin del mundo* la figura del líder religioso abre el relato, en su predecesor sólo surge después de haber sido prolijamente situada en su ámbito geográfico y antropológico. Luego de "A terra" y los tres capítulos iniciales de "O homem", Euclides da Cunha encara finalmente a Antonio Mendes Maciel; al hacerlo, no le interesa destacar su singularidad —es decir, lo que hay de excepcional y único en él—, sino que elige verlo como producto y representante del medio. Con ese gesto, el escritor ratifica su lealtad al modelo empirista y racionalista de Taine; en parte, esa filiación explica por qué el Consejero es desacralizado con tanto ímpetu en *Os sertões*, que le concede la calidad de espécimen instructivo, de síntoma revelador:

> Da mesma forma que o geólogo interpretando a inclinação e a orientação dos estratos truncados de antigas formações esboça o perfil de una montanha extinta, o historiador só pode avaliar a altitude de aquele homem, que por si nada valeu, considerando a psicologia da sociedade que o criou. Isolado, ele se perde na turba dos nevróticos vulgares. Pode ser incluido numa modalidade qualquer de psicose progressiva. Mas posto em função do meio, assombra. E uma diátese, e uma síntese (102).

Proponer a las ciencias naturales como modelo de las humanas no pasa de ser un lugar común positivista. Hay, sin embargo, una peculiar relación entre los términos que la analogía conecta: al Consejero corresponde la imagen monumental de la "montaña extinta", mientras que su entorno aparece bajo la forma menos espectacular de "los estratos truncos de antiguas formaciones". Más aún, llama la atención que, en virtud de su contexto, el Consejero pase de la condición de simple enfermo mental a la de figura capaz de provocar asombro (que, conviene recordarlo, es un sentimiento cercano a la admiración). Así, el deseo de clasificar y definir inequívocamente al jefe espiritual de los yagunzos zozobra en el mismo discurso. Ese titubeo se resuelve —pero sólo a medias— cuando el ensayista opta por un diagnóstico radicalmente ambiguo de su objeto: "Parou aí indefinidamente, nas fronteiras oscilantes da loucura, nessa zona mental onde se confundem facínoras e heróis, reformadores brilhantes e aleijões tacanhos, e se acotovelam gênios e degenerados. Não a transpôs" (104). Ni cuerdo ni loco, ni santo ni criminal, Antonio Consejero atrae en su persona los extremos: oxímoron humano, su naturaleza es al mismo tiempo ambivalente y contradictoria[5]. En otro pasaje, sin embargo, Euclides da Cunha sugiere que por medio

---

[5] Castro-Klaren, sin embargo, opina que Euclides da Cunha neutraliza la dimensión contestataria del Consejero al reducirlo a la condición de demente; Vargas Llosa, por su parte, llegaría al mismo resultado, pero por la vía de mostrar al personaje como un ser mudo, carente de palabra. En "Locura y dolor...", Castro-Klaren concluye que "el Conselheiro, loco en *Os sertões* y silente en *La guerra del fin del mundo* se presenta y se perfila como un significante vacío" (230). Un artículo posterior, "Santo and Cangaceiros...", reafirma estos juicios: "For Vargas Llosa, the same Conselheiro is not mad, but he is silent, though at the center of a whirlwind of action of killing" (381). Me parece, más bien, que tanto en *Os sertões* como en *La guerra del fin del mundo* el Consejero es una presencia paradójica, irreductible a fórmulas simples.

de ese individuo enigmático, oscuro, podría hacerse inteligible la compleja realidad del sertón: "E difícil traçar no fenômeno a linha divisória entre as tendências pessoais e as tendências coletivas: a vida resumida do homem é um capítulo instantâneo da vida de sua sociedade. Acompanhar a primeira é seguir paralelamente e com mais rapidez a segunda; acompanhá-las juntas é observar a mais completa mutualidade de influxos" (102). El tono categórico de da Cunha, la didáctica seguridad de su dicción, le presta autoridad científica a un razonamiento cuya validez es, en rigor, poética: si por un lado el Consejero es una antítesis de carne y hueso, por el otro se convierte en la parte que representa a la totalidad social —es decir, en una sinécdoque humana.

No acaban ahí, sin duda, las divergencias entre las formas de representar a Antonio Consejero en *La guerra del fin del mundo* y *Os sertões*, pero no me propongo censarlas todas. Baste añadir que Euclides da Cunha atribuye la metamorfosis espiritual del santo a la infidelidad de su esposa (con malignidad, agrega que "graças a este incidente, algo ridículo, ficara nas paragens natais breve resquício de sua lembrança", 109), mientras que en la novela de Vargas Llosa no se menciona este rumor ni ninguna de las historias sobre la familia del profeta nordestino. Pese a los tratamientos distintos que los dos textos otorgan al personaje, tienen una importante zona de encuentro: la dimensión íntima y subjetiva del hombre apenas puede ser sospechada, intuida. El procedimiento analítico y la actitud escéptica de la voz autorial en *Os sertões* no impiden que Antonio Consejero adquiera la cualidad esquiva y móvil de un tropo literario; en *La guerra del fin del mundo*, por otro lado, el narrador impersonal se despoja del privilegio de la omnisciencia cuando surge el líder de los yagunzos y recurre, más bien, a enfocarlo sobre todo a través de la mirada de sus seguidores.

Justamente, el motivo de la mirada recorre *La guerra del fin del mundo*[6]. Su constancia no es gratuita y con frecuencia sus manifestaciones resultan enfáticamente notorias, particularmente en el caso del

[6] Seymour Menton piensa que el motivo de la mirada sirve, en la novela de Vargas Llosa, como soporte de una visión del mundo que no admite verdades absolutas ni interpretaciones privilegiadas de la realidad. A continuación, identifica esta postura con Borges, García Márquez, el post-modernismo y Mikhail Bakhtin: "(...) the leitmotif of sight also reflects the Weltanschauung projected throughout the novel: that there is no one absolute truth, no single true interpretation of history and reality—a Weltanschauung in keeping with the magic realism of Borges and García Márquez, in keeping with the tenets of postmodernism, and in keeping with Mikhail Bakhtin's concepts of the dialogic and the polyphonic" (*Latin America's New Historical Novel*,40). Como se ve, las ideas y valores en cuestión son tan amplios como la heterogénea nómina que Menton invoca.

periodista miope, que rompe sus gafas al entrar a Canudos luego del descalabro de la tercera expedición. La ostensible ironía que envuelve a un testigo incapaz de ver la realidad circundante no sólo es trazada en la narración; el propio periodista se encarga —casi superfluamente, a decir verdad— de comentar su predicamento al inicio de su largo diálogo con el barón de Cañabrava, el refinado y pragmático jefe de los hacendados monárquicos de Bahía: "Todos se ríen cuando les digo que no vi lo que pasó en Canudos porque se me rompieron los anteojos. No hay duda que es cómico" (340). Dicho sea de paso, vale la pena notar que el anonimato del personaje hace que su profesión y la debilidad de su vista lo identifiquen en la novela. Más adelante abordaré el tópico de los oficiantes de la escritura en *La guerra del fin del mundo*; por ahora, conviene concentrarse en el motivo de la percepción visual, que es indesligable de los problemas del conocimiento y la mímesis. Importa, ciertamente, notar que los lentes del periodista lo singularizan tanto como su pluma de ganso y su tintero: forman la parafernalia de su oficio, en el que el registro y la inscripción de los sucesos se necesitan y complementan. La insistencia del narrador en los anteojos —en la importancia de su función y la precariedad de sus materiales— sirve para dramatizar la naturaleza fabricada, cultural, de los medios a través de los cuales el mundo es aprehendido y captado: "Limpia de prisa el cristal empañado de sus gafas con una punta de la camiseta y observa lo que tiene a sus pies" (299), señala la voz narrativa sobre el hombre de prensa que, desde una eminencia, se apresta a mirar la ofensiva central de la tercera campaña contra Canudos. Casi de inmediato, el jefe del ejército republicano, el coronel jacobino Moreira César, define con lacónica frase la situación del redactor: "Es testigo de un espectáculo que lo hará famoso" (300). El curso de los acontecimientos no ha de ser, sin embargo, el previsto por el militar, que morirá ese mismo día en la lucha contra los yagunzos. El cronista, en vez de observar desde fuera del teatro de operaciones el triunfo del Estado, se encontrará —desamparado, vulnerable— en medio del campo de batalla. Es ahí, en el llano, donde habrá de percibir su última imagen nítida de la guerra: "Pero un momento después se para en seco y, con la serenidad que ha alcanzado, se pone a escudriñar una de las cabezas aureoladas por enjambres de moscas. No hay duda alguna: es la cabeza de Moreira

César" (327). La visión truculenta, macabra, contradice las expectativas épicas del difunto: al tratamiento elevado y heroico se opone una mirada que el shock hace impasible, impávida. De pronto, un detalle cómicamente vulgar resuelve la escena: a causa de una racha repentina de estornudos, los anteojos del periodista caen al suelo y se hacen pedazos. Así, el pasaje entero se convierte en un apólogo sobre la experiencia de la observación, en un examen de los múltiples riesgos y determinaciones que afectan el acto de percibir.

Contra las ilusiones de un realismo ingenuo, *La guerra del fin del mundo* interroga la objetividad de los datos que suministran los sentidos; en último análisis, la realidad de los sujetos de la ficción está constituida por imágenes falibles, por representaciones que distan de ser incuestionables[7]. De ahí que la percepción visual no aparezca en la novela de Vargas Llosa como garantía de lo verdadero, en las acepciones empírica y moral del término. Es útil recordar que, en la oración final de *La guerra del fin del mundo*, una anciana devota del Consejero asegura que João Abade, el responsable militar de Canudos, eludió milagrosamente el cerco armado de la República: "Lo subieron al cielo unos arcángeles—dice, chasqueando la lengua—. Yo los vi" (531). El sello del realismo mágico y, en particular, de célebres pasajes de *El reino de este mundo* y *Cien años de soledad* se advierte en la coda del relato, pero la frase de la decrépita mujer tiene un efecto más irónico que maravilloso; de hecho, el narrador no deja de mencionar que la viejecita "mira a través de sus legañas" y, además, la revelación llega al cabo de un segmento centrado en los esfuerzos de un oficial de policía por hallar el cadáver del ex-bandolero: en ese contexto, que la anciana afirme ser testigo ocular de un suceso sobrenatural remite sobre todo a la credibilidad de la mujer —en quien la cosmovisión mágica nutre, al parecer, una mente ya senil— y al escepticismo de su interlocutor[8].

Si por un lado la fe popular fabrica visiones, por el otro la mala fe de ciertos republicanos sectarios intenta producir simulacros. Para

---

[7] Al enfatizar estas insuficiencias y distorsiones, el relato las exorciza y conjura: la novela aspira a ser más confiable que la gran mayoría de las perspectivas que acoge, pues se halla en un plano jerárquico superior. Para una discusión de las relaciones entre la representación, la realidad empírica y la esfera estética, ver: Gebauer y Wulf. *Mimesis. Culture, Art, Society*, 315-20.

[8] A pesar de sus evidentes puntos de contacto con el realismo mágico, la novela de Vargas Llosa no se inscribe en esa corriente. Ver: Roger Kaplan, "Beyond Magic Realism".

hacer verosímil la tesis de la supuesta ingerencia británica y monárquica en la rebelión de Canudos, Epaminondas Gonçalves —dirigente máximo del Partido Republicano Progresista en Bahía— fragua una elaborada puesta en escena que, de tener éxito, aportaría pruebas tan visibles como falsas de la conjura internacional contra la joven República brasileña. El hecho de que Gonçalves sea director de un órgano periodístico, el *Jornal de notícias*, pone en relieve una vez más la idea de que las prácticas comunicativas no se limitan a reproducir la realidad, sino que de diversas maneras —éticamente válidas o no— contribuyen a construirla. En líneas generales, el plan del político y periodista consiste en enrolar al anarquista escocés Galileo Gall para que les entregue fusiles a los yagunzos; antes que arribe a su destino, los agentes de Gonçalves se encargarán de darle muerte: el cadáver del extranjero —convertido póstumamente en "espía inglés"— y el cargamento de armas deben bastar para persuadir a la opinión pública. El ardid se frustra, pero no porque le falte coherencia: su lógica es, en principio, impecable. Si llega a oídos del barón de Cañabrava es por una cadena de acontecimientos que se origina en un acto irracional, no premeditado: la violación de Jurema, la esposa del pistero Rufino, por parte de Gall. Como en otros episodios de la novela, el azar interviene para arruinar los cálculos y los propósitos de los actores. Aparte de iluminar ejemplarmente la manera en que se trenzan lo aleatorio y lo premeditado en el curso de la historia, la línea argumental que acaba en el duelo a muerte entre el forastero y el poblador del sertón ofrece un contrapunto doméstico, privado, al drama colectivo que se plasma en la pugna entre el Estado y los yagunzos: no en balde la contienda final entre Gall y Rufino ocurre al mismo tiempo que la batalla decisiva de la tercera campaña.

En todo caso, al inescrupuloso Epaminondas Gonçalves no lo arredra el fracaso de su plan maestro y recurre, al igual que sus colegas y compañeros de Río de Janeiro, a publicar datos y sucesos imaginarios como si en efecto hubieran acaecido. No es necesario que el autor tome la palabra para denunciar el uso con fines políticos de informaciones falsas, pues su condena se desprende de la narración misma; el rechazo moral no llega a cancelar el interés en la mentira como fenómeno creativo, como invención de la realidad. Este aspecto se enfatiza en los comentarios del periodista miope sobre el papel y el comportamiento de los corresponsales en Canudos: "Podían ver pero sin embargo no veían. Sólo vieron lo que fueron a ver. Aunque no estuviese allí. No eran uno, dos. Todos encontraron pruebas flagrantes de la conspiración monárquico-británica. ¿Cuál es la explicación?" (394). Son sus propios colegas y no los dueños de los diarios quienes causan la perplejidad del personaje —que, apropiadamente, tiene como interlocutor al propietario de un periódico, el barón de Cañabrava. Sin duda, la extrañeza del periodista puede resultar inverosímilmente candorosa, más aún si se considera que él mismo ha sido en el pasado un reportero oportunista y venal. El previsible reparo del lector lo pronuncia el barón: "¿Era de veras tan ingenuo para creer que lo que se escribe en los periódicos es cierto?" (395). En lugar de contestarle, el periodista sigue glosando las nuevas irreales que su reemplazante en el "Jornal de notícias" despachó desde el frente: en su primera crónica, éste sostuvo que los subalternos del general Artur Oscar sorprendieron en las alturas de Canudos a cuatro observadores rubios, mientras que en la segunda refirió que entre los yagunzos muertos se halló "a un sujeto blanco, rubio, con correaje de oficial y un gorro de crochet tejido a mano" (395); en la tercera aludía a una carta supuestamente redactada por el barón de Cañabrava y en la última —relacionada también con discursos culpables, sediciosos— describió las supuestas señales luminosas de los rebeldes, transmisoras de "claves tan sutiles que los técnicos del Ejército no consiguieron descifrar nunca los mensajes" (395). Según el periodista miope, la patente falsedad de estos informes no se debería a la falta de ética de su autor, al que califica de "buen hombre" (394). Considera, más bien, que los textos del corresponsal reemplazaron los datos de la experiencia con los de la imaginación y la ideología: "He conversado con mi sustituto, toda una tarde. No mintió nunca, no se dio cuenta que mentía. Simplemente, no escribió lo que veía sino lo que creía y sentía, lo que creían y sentían quienes lo rodeaban" (395).

Es cierto que el periodista miope no pone de manifiesto las similitudes entre el discurso de sus colegas y el de la ficción literaria, pero los puntos de contacto son bastante obvios. Mario Vargas Llosa ha insistido obstinadamente en definir las ficciones narrativas como "mentiras verdaderas"; esa paradoja de raíz camusiana afirma la autoridad moral del arte literario almismo tiempo que rescata su autonomía en relación a la realidad empírica[9]. Sin duda, las crónicas fantasiosas del corresponsal del *Jornal de notícias* pretendían ser leídas como testimonios fidedignos, como representaciones de hechos ocurridos fuera del ámbito del texto; así, su modo de referencia se muestra radicalmente distinto al de la ficción, cuyas proposiciones no pueden ser verificadas ni desmentidas. Esa salvedad no niega, sin embargo, una observación capital sobre los relatos periodísticos en cuestión: sus enunciados no son ni fácticos ni ficcionales, sino facticios. Es, justamente, su carácter de fabricaciones, de productos elaborados a partir de ideas e imágenes, lo que turba e interesa al periodista miope: una realidad espectral, puramente síquica e ideológica, se impone sobre el mundo y lo sustituye. El personaje —y la novela que lo alberga— asumen que el lenguaje es capaz de dar cuenta cabalmente de los hechos concretos, tangibles; esa premisa se funda en el sentido común y es, en gran medida, irrefutable (de lo contrario, habría que limitarse a decir, por ejemplo, que sobre la existencia de cadáveres de espías extranjeros en Canudos hay dos posiciones opuestas pero igualmente legítimas; en definitiva, ¿por qué una versión debería ser más fiable que la otra?). Vale la pena notar que en el pasaje de *La guerra del fin del mundo* no se postula una contienda maniquea entre los dominios de la realidad —supuestamente sólida, inequívoca— y los de la representación —que, por el contrario, sería siempre esquiva y engañosa. Más bien, en el episodio se confrontan dos tipos de enunciados determinativos: en un caso, los juicios de valor y los intereses de grupo se traducen en supuestos hechos confirmatorios, se ratifican a través de pruebas quiméricas; en el otro, la palabra se consagra exclusivamente al registro de los datos empíricos. Al interior del mundo representado, el periodista miope aboga por un ideal de objetividad que no sólo involucra la transmisión de las noticias, sino la conciencia misma de quien las transmite. Sin embargo, esta postura no se libra de que la surque una doble ironía: el apologista de la mirada imparcial no es capaz de ver bien y, además, el espacio en el que se vindica el saber fáctico es el de la ficción. Así, cuando el texto parece más categórico, la paradoja y la

---

[9] En el primer ensayo de *La verdad de las mentiras*, Vargas Llosa afirma: "En efecto, las novelas mienten —no pueden hacer otra cosa— pero ésa es sólo una parte de la historia. La otra es que, mintiendo, expresan una curiosa verdad, que sólo puede expresarse disimulada y encubierta, disfrazada de lo que no es" (6)

ambigüedad acuden a minarlo subrepticiamente, a tornar problemáticas sus certidumbres.

La guerra del fin del mundo admite ser leída como un vasto drama de la percepción y la interpretación; por eso, las determinaciones y contingencias que afectan el conocimiento —en especial el histórico— cobran tanta importancia en el relato. No sólo los yerros de los sentidos —espejismos, ilusiones ópticas, simulacros— ocupan a la novela; también los extravíos de la explicación la solicitan. En el ámbito de *La guerra del fin del mundo*, lo que se cree entender puede ser tan engañoso como lo que se cree ver. A propósito de este tópico invoco dos ejemplos, uno por cada bando antagónico, de deducciones dictadas por la pasión política o el fervor religioso. Comencemos con los republicanos, ansiosos por acumular pruebas de la infiltración extranjera en la revuelta de Antonio Consejero. Luego de la primera escaramuza de la guerra, en Uauá, un médico militar le muestra a un público conformado por funcionarios, oficiales y periodistas la herida de bala que lacera a uno de los soldados:

> ¡Una bala explosiva! —exclama el médico, con entusiasmo, espolvoreando la piel tumefacta con un polvillo blanco—. Al penetrar en el cuerpo estalla como el *shrapnel*, destruye los tejidos y provoca este orificio. Sólo lo había visto en los manuales del Ejército inglés. ¿Cómo es posible que estos pobres diablos dispongan de armas tan modernas? Ni el Ejército brasileño las tiene (34).

A diferencia de lo que sucedía en casos previamente citados, aquí el hecho que se discute no es inventado. Como si no quisiera dejar lugar a dudas sobre la dolorosa realidad de la herida, el narrador la describe con gráfica truculencia : "...junto a la ingle, hay una boca purulenta del tamaño de un puño, con sangre coagulada en los bordes y carne que late" (34). Si el fenómeno es indiscutible, no se puede decir lo mismo del lazo causal que anuda el doctor; su argumentación apela al lenguaje de la pericia técnica y a los giros de la oratoria forense para hacerse persuasiva, contundente, pero es del todo infundada, pues —como explicará más adelante el Barón— "las balas explosivas son proyectiles de limonita, o hematita parda si prefiere el nombre técnico, un mineral que abunda en la sierra de Bendengó y que los sertaneros usan para sus escopetas desde siempre" (212). Quien oye esta refutación, sin aceptar su valor, es el coronel Moreira César. Por cierto, en ese trecho de la novela no se aclara del todo si el militar está íntimamente convencido del origen británico de las municiones, ya que el narrador sólo utiliza la focalización externa o el punto de vista de otros personajes para mostrar al líder jacobino. No es azaroso que —como se ha visto antes— a través del mismo procedimiento se represente en *La guerra del fin del mundo* a Antonio Consejero, pues de ese modo se insinúa la secreta semejanza entre el nacionalista radical y el predicador mesiánico.

De la seducción que la elocuencia piadosa de Antonio Consejero ejerce sobre las huestes de los yagunzos depende, espectacularmente, el segundo ejemplo que me propongo considerar. Casi en el fragor de la batalla, cuando es ya obvia la inminencia de la ofensiva ordenada por Moreira César, el profeta sertanero se dirige a sus seguidores. En vez de arengarlos, como sería de esperar, pronuncia un sermón sobre un episodio de las biografías de Jesucristo y la Virgen María: la historia sagrada desplaza, sin miramientos ni excusas, a la actualidad. La multitud escucha, arrebatada, la descripción del sufrimiento que padeció la madre del Niño Jesús al escuchar el llanto de su hijo recién nacido. María Quadrado —a quien los fieles llaman, con reverencia, Madre de los Hombres— es, en virtud de su empeñosa emulación del arquetipo mariano, la oyente que el discurso resalta, pero la comunidad entera coincide con las emociones y el razonamiento de la mujer:

> Describía el Consejero, con un acento que llegaba al alma de María Quadrado —y podía ver que todos estaban igual de conmovidos—, cómo el Niño Jesús, recién circuncidado, extendía hacia la Santísima sus brazos, reclamando consuelo, y cómo sus balidos de corderito penetraban en el alma de la Señora y la supliciaban, cuando rompió a llover. El murmullo, la gente que cayó de hinojos ante la prueba de que los elementos también se enternecían con lo que evocaba el Consejero, dijeron a María Quadrado que los hermanos y hermanas comprendían que acababa de ocurrir un milagro (286).

Los creyentes no participan aquí de una alucinación colectiva, de un espejismo. Los datos de los sentidos no son alterados por la alquimia de la voluntad y el interés. Como la herida del soldado que yace en el hospital de campaña, el aguacero en Canudos es un fenómeno innegable, inequívoco en su materialidad; su origen y su sentido, sin embargo, están sujetos a las operaciones de la ideología —que, en este contexto, es una forma de falsa conciencia, para seguir la definición clásica de Marx y Engels[10]. Es útil, por eso, detenerse un momento en la estructura misma del evento, en la lógica de su secuencia. El discurso del Consejero no sólo emociona al pueblo congregado, sino a la naturaleza misma: el llanto y la lluvia —a los que une la semejanza de la forma y la sustancia— son las señas visibles de un poder mágico que trasciende distinciones entre lo humano y lo no humano, entre lo animado y lo inanimado[11]. Así, el conjuro del verbo cambia el mundo, lo transfigura. En otro pasaje de la novela, referido a los vecinos del pueblo de Natuba, se dice que para éstos "lo sobrenatural era más creíble que lo natural" (104). La observación puede extenderse al conjunto de los pobladores del sertón y, en particular, a los de Canudos. Lo que una mentalidad racionalista y moderna juzgaría puramente casual, se torna en evidencia de una causalidad sagrada para la conciencia mítica de los yagunzos, cuyo régimen hace que la coincidencia aparezca bajo la forma de la necesidad y la similitud se convierta en igualdad. No es necesario que un exégeta popular les diga a los fieles si han asistido a un milagro: todos lo saben —lo creen saber— porque todos razonan de acuerdo a los mismos presupuestos.

A pesar de las diferencias que los distinguen y enfrentan, el médico militar y los yagunzos asumen que el trabajo de la interpretación sólo puede confirmar sus creencias previas. La posibilidad misma de la zozobra y la duda están descartadas, pues la verdad se conoce de antemano: la inteligencia está llamada, en todo caso, a confirmarla. Esa convicción le sirve de fundamento a la intolerancia con la que actúan los seguidores de los dos bandos en litigio. En efecto, el fanatismo —tema que *La guerra del fin del mundo* explora con tenacidad, como ha señalado profusamente la crítica— no penetra solamente la

---

[10] Ver: *La ideología alemana*, de Marx y Engels. No es irrelevante que, para Marx y Engels, el pseudo-saber se exprese a través de una metáfora óptica —la de la cámara oscura, que capta a la inversa las imágenes de la realidad. Así, el motivo de la visión está ligado directamente a los problemas del conocimiento.

[11] La identidad —o, al menos, la trabazón necesaria— entre la naturaleza y el ser humano es, según observa V.N. Toporov, un rasgo central del pensamiento mítico: "La conception mythopoétique du monde à l'époque cosmologique postule l'identité (our tout au moins une liaison étroite) du macro- et du microcosme, de la nature et de l'homme" ("Les sources cosmologiques..." 94)

perspectiva pre-moderna, sino que también invade y moldea la conciencia de quienes creen en el progreso y las instituciones democráticas[12]. El médico emplea los recursos de la razón instrumental para detectar la supuesta causa de la herida de bala; si bien no es tan perspicaz como Sherlock Holmes o Auguste Dupin, esos paradigmas del relato policial clásico, no deja por ello de seguir sus procedimientos: a la manera de ellos, discurre deductivamente y, para sustentar sus conclusiones, invoca un saber que es al mismo tiempo ecléctico y especializado. Por el contrario, María Quadrado y sus correligionarios son exponentes del pensamiento que Levi-Strauss llama "salvaje"; en sus mentes, las relaciones analógicas dominan a las analíticas y lo sobrenatural no sólo es posible,sino que constituye la forma más plena de lo real. Como se puede notar, este contraste arroja diferencias sustantivas de método y doctrina. El texto de Vargas Llosa no pretende diluirlas, pero localiza la clave del fanatismo en el terreno de la ética del conocimiento, de la actitud del sujeto hacia la cuestión de la verdad.

La mayoría de actores de *La guerra del fin del mundo* incurre en interpretaciones sesgadas, profundamente ideologizadas, de las circunstancias y los signos que se le presentan; esas lecturas de la realidad suelen partir de la desconfianza sistemática en el discurso del otro y concluyen, invariablemente, en desenlaces letales, mortíferos. Un buen ejemplo es el de la oposición intransigente de Antonio Consejero a las innovaciones técnicas que quiere imponer el Estado republicano. El narrador impersonal utiliza el estilo indirecto para glosar los argumentos del predicador sin verse obligado a reproducir su dicción: "Exaltándose, los urgió a no rendirse a los enemigos de la religión, que querían mandar de nuevo a los esclavos a los cepos, esquilmar a los moradores con impuestos, impedirles que se casaran y se enterraran por la Iglesia, y confundirlos con trampas como el sistema métrico, el mapa estadístico y el censo, cuyo verdadero designio era engañarlos y hacerlos pecar" (94-5). Como se ve, las malas intenciones del adversario están fuera de discusión; es más, sólo si se las toma en cuenta resulta factible discernir el verdadero significado de novedades a primera vista

---

[12] Para Seymour Menton, la denuncia del fanatismo es "el tema principal de la novela" (*Latin America's New Historical Novel* 40). Raymond Souza considera también que este aspecto es el más importante del libro. Ver: Souza, *La historia en la novela hispanoamericana moderna* 69-88.

inocuas. Así, la perversidad del rival es el atributo que lo define: se trata, literalmente, del Enemigo, del "Ejército del Can".

Si bien la satanización del contrincante tiene un sentido literal para los yagunzos, las fuerzas republicanas no dejan de ofrecer una variante profana del mismo fenómeno. De modo característico, el Coronel Moreira César desecha los argumentos de un puñado de rebeldes antes de ordenar su ejecución pública: al rechazo de la palabra ajena le sigue la destrucción del cuerpo vencido. Ante la pregunta de un periodista, el militar "hace un gesto escéptico" y resume lo que han declarado los prisioneros durante el interrogatorio: "La coartada de Dios, del Anticristo, del fin del mundo. Sobre eso lo dicen todo" (216). Para el coronel, el discurso del enemigo no puede sino ocultar la verdad, escamotear la información relevante: el propósito de los cautivos no sería la comunicación, sino el encubrimiento. En suma, la posibilidad del diálogo, del intercambio entre iguales, fracasa de antemano porque ambos bandos asumen que el interlocutor carece de validez. El corolario de esa actitud es el enfrentamiento armado, la lucha sin cuartel. La guerra, sin embargo, no significa que el trato entre los contrincantes excluye todo comercio verbal: lo que ocurre, más bien, es que se dirigen la palabra mutuamente para reafirmar sus diferencias y expresar su voluntad de exterminarse. De ahí que una cacofonía de consignas antagónicas ocupe el lugar de la polémica y el disenso, como grafica bien el siguiente pasaje: "La cicatriz se hace presente y oye, muy cerca, muy nítidos, gritos de '¡Viva la república!', '¡Viva el mariscal Floriano!' '¡Muera Inglaterra!'. Los yagunzos responden: 'Muera el Anticristo' '¡Viva el Consejero!' 'Viva Belo Monte'" (376).

En *La guerra del fin del mundo*, la carnicería de Canudos está trabada estrechamente con las fallas y los accidentes de la comunicación. A su vez, las patologías del discurso —que se pueden manifestar tanto en la producción de enunciados como en su recepción— derivan de las operaciones de la ideología. Bajo esta perspectiva, el fanatismo se convierte en una enfermedad cultural, en una suerte de afasia colectiva. Al interior del relato, los encargados de evaluar y discutir el conflicto —en suma, de criticarlo— son el periodista miope y el Barón de Cañabrava. No por azar, se trata de dos personajes a los que no aqueja la intolerancia y que descreen de verdades absolutas; tampoco es fortuito que ambos, en el momento de su encuentro, carezcan de influencia y poder. El diálogo entre el intelectual y el aristócrata abre cada uno de los seis capítulos de la cuarta y última parte de la novela; ese lugar estratégico recalca la importancia de la conversación que sostienen: su cometido no es sólo narrar, sino también —y, podría decirse, principalmente— interpretar la hecatombe, ofrecer un balance y un diagnóstico del fenómeno[13]. Significativamente, la idea de que la guerra de Canudos se cifra en un fracaso del lenguaje es defendida en la novela por el periodista miope, mientras que el barón tiende a considerar que la clave del episodio radica en el poder perturbador de la demencia[14]. Si la primera hipótesis es de cuño filológico, la segunda tiene un cierto trasfondo siquiátrico. En todo caso, las trampas de la palabra y los transtornos de la razón se ofrecen como posibles explicaciones de la violencia:

> —Historia de locos —dijo, entre dientes el barón—. El Consejero, Moreira César, Gall. Canudos enloqueció a medio mundo. A usted también, por supuesto.
>
> Pero un pensamiento le tapó la boca: "No, ellos estaban locos desde antes. Canudos hizo perder la razón sólo a Estela". Tuvo que hacer un esfuerzo para evitar las lágrimas. No recordaba haber llorado de niño, de joven. Pero, desde lo ocurrido a la Baronesa, lo había hecho muchas veces, en su despacho, en las noches de desvelo.
>
> —Más que de locos es una historia de malentendidos —volvió a corregirlo el periodista miope (434).

Vargas Llosa no ha escatimado declaraciones en las que suscribe la posición del periodista sobre la guerra de Canudos. De hecho, tan persuasiva le debió parecer esa hipótesis que incluso la empleó para explicar el asesinato, en enero de 1983, de ocho hombres de prensa peruanos en la localidad ayacuchana de Uchuraccay[15]. Al interior del

---

[13] Para una crítica de la filosofía de la historia que subyace a la novela, ver: Antonio Cornejo Polar, "*La guerra del fin del mundo*: Sentido (y sinsentido) de la historia"; Jorge Ruffinelli, "Vargas Llosa: Dios y el Diablo en la Tierra del Sol".

[14] Tal vez no sea forzado ver en el príncipe Fabrizio, protagonista de *El Gatopardo*, a un ancestro literario del barón de Cañabrava. Como el personaje de Lampedusa, el barón suscribe un escepticismo culto y crepuscular. A propósito de *El Gatopardo*, escribe Vargas Llosa: "Lo que nos muestra la ficción en sus ocho cuadros fulgurantes es la encarnación de aquella teoría que nos proponen, de total acuerdo, el narrador y el príncipe Fabrizio: la Historia no existe. No hay historia porque no hay causalidad ni, por lo tanto, progreso"(*La verdad de las mentiras* 186).

[15] Ver: "Inquest in the Andes".

relato, sin embargo, los argumentos del periodista no parecen aplicarse con igual rotundidad a ambos campos. Por ejemplo, es verosímil que, dado su atavismo y aislamiento de la comunidad nacional, los yagunzos creyesen sinceramente que el censo era un instrumento para convertir otra vez a los negros en esclavos y para exterminar a los creyentes (435). La tesis del malentendido no parece tan plausible, en cambio, cuando se la aplica al bando republicano: ¿no demuestra la confabulación de Epaminondas Gonçalves que, al menos entre algunos defensores de la República, funcionó una racionalidad que supeditaba maquiavélicamente los medios a los fines? Las reservas del barón resultan, en ese marco, sensatas: sostener que la violencia de Canudos fue sólo fruto de la incomprensión mutua deja de lado los intereses políticos en juego y, por añadidura, no alcanza a dar cuenta del vesánico fervor con el que se enfrentaron los enemigos. Para el aristócrata, la guerra fue un "laberinto de equivocaciones, desvaríos y crueldades" (364); esa definición, que evoca al motivo emblemático de Borges y no olvida el papel de las pulsiones irracionales en la praxis humana, concuerda más con los sucesos narrados que la fórmula demasiado sintética y simplificadora del periodista[16].

Por otro lado, para que se produzca un malentendido se requiere el uso de un mismo código. Aunque tanto los seguidores del Consejero como los de la República se expresan en portugués, no ordenan el mundo de acuerdo a las mismas categorías: no sólo divergen drásticamente sus opiniones, sino que las premisas de su pensamiento pertenecen a órdenes y lógicas distintos. Para perfilar mejor esta idea, conviene detenerse por un instante en un ejemplo de otro tipo de relación conflictiva. A pesar de su recíproca antipatía y sus diferencias programáticas, el barón de Cañabrava y Epaminondas Gonçalves pueden conversar acerca de la situación creada por la guerra y celebrar un pacto: la tercera sección de la novela acaba, precisamente, con una escena que presenta el diálogo en el cual los líderes del Partido Autonomista y el Partido Republicano allanan el camino para el consenso y la acción concertada contra los rebeldes de Canudos. Aunque

---

[16] Borges, en "Tres versiones de Judas", indica a pie de página: "Euclides da Cunha, en un libro ignorado por Runeberg, anota que para el heresiarca de Canudos, Antonio Conselheiro, 'la virtud era una casi impiedad'"(*Prosa completa II* 218). No es, por supuesto, sólo a través de esa alusión imprevisible que se reconoce a Borges en la novela de Vargas Llosa.

Epaminondas Gonçalves no da una respuesta definitiva, atiende con interés la oferta del barón, que le cede la palestra a su contrincante con la única —y decisiva— exigencia de que éste se comprometa a defender los bienes de latifundistas y comerciantes: "Que no se toquen las propiedades agrarias ni los comercios urbanos —repuso el Barón de Cañabrava, en el acto—. Ustedes y nosotros lucharemos contra cualquier intento de confiscar, expropiar, intervenir o gravar inmoderadamente las tierras o los comercios. Es la única condición" (330). La escena del encuentro entre los dos dirigentes habría satisfecho a Lukács y, en su estricto realismo, recuerda páginas de Balzac: los individuos no pierden su idiosincrasia ni se diluyen los gestos que los distinguen, pero a la vez las figuras del pequeño burgués ambicioso y el aristócrata desalentado expresan también la realidad histórica de sus respectivas clases. Para efectos de esta discusión, sin embargo, lo más destacable es el hecho mismo de que los interlocutores encuentren un terreno común en el cual debatir y pactar: el rumbo del Estado y el régimen de propiedad —es decir, las esferas seculares de la política y la economía— orientan y enmarcan el diálogo.

En contraste, sería impensable que Antonio Consejero se sentase a la mesa de negociaciones con un plenipotenciario de la República. En toda la novela, sólo hay un episodio en el cual un miembro de la jerarquía de Canudos pretende conciliar con el enemigo. En los días finales de la cuarta campaña, cuando ya la suerte de los yagunzos está echada, el Beatito se dirige al campo republicano para solicitar que se les permita salir ilesos de la ciudad cercada a los niños, los viejos y las mujeres embarazadas. Los oficiales al mando de Artur Oscar proponen entonces la rendición de los rebeldes. João Grande trata de disuadir al Beatito, preguntándole si acaso quiere que también él, ex-bandolero y alzado en armas, renuncie a la brega. La respuesta merece citarse: "Tú no —dijo la voz que parecía siempre rezando—. Los inocentes. Los párvulos, las que van a parir, los ancianos. Que tengan la vida salva, no puedes decidir por ellos. Si no los dejas salvarse, es como si los mataras. Vas a cargar con esa culpa, vas a echar sangre inocente sobre tu cabeza, João Grande. Es un crimen contra el cielo permitir que los inocentes mueran.Ellos no pueden defenderse, João Grande" (518). El razonamiento del Beatito delata algo más que una preocupación humanitaria. Su objetivo no es sólo evitar la muerte de los más frágiles, sino impedir que los combatientes cometan un pecado mortal que condenaría sus almas para toda la eternidad. Así, el interés que anima al personaje está, literalmente, *más allá* del ámbito en el que opera la conciencia de sus adversarios. No insinúo que éstos sean agnósticos o ateos (Artur Oscar, comandante en jefe de las tropas republicanas, es un católico devoto y practicante); aludo, en cambio, a que los militares conciben la guerra como un hecho social y político, no como expresión de un drama metafísico: para ellos, la meta de batallar es el control del reino de este mundo, mientras que para sus rivales se trata de conseguir la salvación en el próximo. Me parece revelador que el relato se limite a registrar oblicuamente, a través de la narración perpleja de un yagunzo, la conferencia entre el Beatito y los militares. Representada de manera escénica, hubiera sido preciso dar extensa cuenta en ella del abismo que separa las cosmovisiones de ambos bandos y les impide entenderse; el novelista prefiere no poner el acento en el curso mismo de la conversación, sino en su dantesco desenlace: los que intentan rendirse son acribillados por los guerrilleros, que de esa manera creen ahorrarles el inaceptable destino de morir degollados (pues, de acuerdo a una superstición de los yagunzos, al reino de los cielos no habrían de entrar quienes hubiesen sido pasados por cuchillo). Paradójicamente, un propósito piadoso inspira una masacre de seres indefensos: de nuevo, la novela ilustra los efectos letales de las buenas intenciones, el poder destructor de las ideologías que se arrogan el patrimonio de la verdad. Aunque el primer plano lo termina ocupando el contraste entre el altruismo de la doctrina y la barbarie de la práctica, vale la pena notar también que la conducta del Beatito les parece insensata y delirante a sus compañeros; incluso Antonio el Fogueteiro —a pesar de que, luego de participar en el exterminio, siente flaquear su fe— glosa las palabras del Beatito "con el tono que se emplea para contar la más descabellada fantasía o el desatino de un borracho" (518). La impresión resulta comprensible: a la luz de la economía simbólica de los yagunzos, lo que pretende el Beatito es, literalmente, impensable. Se trata, en suma, de una aberración y un sinsentido: ¿acaso alguien en su sano juicio ignoraría que no es posible transar con el Mal sin condenarse?

Sin duda, el fanatismo es un rasgo compartido por los dos bandos en conflicto (y por ciertas figuras marginales o excéntricas, como el anarquista Galileo Gall)[17]. *La guerra del fin del mundo* insiste, a través de los modos de la narración y el comentario, en el carácter pernicioso de ese fenómeno. Junto al alegato contra el sectarismo, la novela celebra ciertos valores y actitudes: la tolerancia ideológica, la duda sistemática, el rechazo escéptico a las utopías totalizadoras, la entrega a la pasión amorosa y el culto hedonista a los placeres eróticos. En distintas proporciones, estos elementos se hallan distribuidos entre el periodista miope y el Barón de Cañabrava. Como se notará, la propuesta ética del autor implícito le atribuye dos signos opuestos al pathos, esa emoción vehemente que habita en el centro de la tragedia: en las esferas del pensamiento y la acción pública tiene un papel destructor; en los predios del cuerpo y los sentimientos, por el contrario, deviene fuerza creadora, constructiva[18].

Si *La guerra del fin del mundo* se consagrase tan sólo a la denuncia de los fanáticos y la apología de una postura entre liberal y escéptica, no pasaría de ser una obra con fines más o menos propagandísticos. La novela es persuasiva como obra de arte porque en los distintos planos y aspectos que la constituyen —el orden del relato, las formas de referir el discurso, el estilo del narrador, la caracterización de los personajes, el diálogo con la tradición literaria e historiográfica— se revela la voluntad de no subordinar la materia narrativa a la mera ilustración de ciertas tesis. En *La guerra del fin del mundo*, los personajes son más que las encarnaciones alegóricas de sus ideologías y creencias; en vez de proponer sólo un conflicto de ideas, el texto representa una vasta gama de respuestas vitales ante la encrucijada de Canudos, convertida en prueba de fuego para la República y el proyecto nacional brasileños. En la novela, la crisis armada hace saltar a la vista las contradicciones, discontinuidades y brechas que marcan al cuerpo so-

---

[17] John Walker conjetura que Galileo Gall tiene por modelo a Cunninghame Graham, otro antecesor de Vargas Llosa en la empresa de escribir sobre Canudos: "If one accepts the myopic, asthmatic newspaper reporter as representing Euclides da Cunha, then there is no doubt that the Galileo Gall figure, the Scottish anarchist 'head-reader' owes his literary origins to Cunninghame Graham"(310). El autor de *A Brazilian Mystic* —escocés y radical para más señas— le parece también una inspiración probable de Gall a Alfred Mc Adam ("Meditaciones intertextuales" 163-4).

[18] Rama, que no vaciló en calificar de obra maestra a la novela de Vargas Llosa, no se mostró persuadido por este aspecto de *La guerra del fin del mundo*: "Da Cunha se había limitado a la denuncia del crimen y la locura; Vargas Llosa procura dar soluciones, proponiendo lo que sería una especie de moral natural que justificaría los impulsos a la afectividad y al placer que vienen en la piel de los seres humanos: 'il faut cultiver son jardin'"(*La crítica...*362).

cial de un país aún en proceso de formarse. Precisamente, uno de los méritos principales de *La guerra del fin del mundo* consiste en no desvirtuar el drama a través de una simple oposición maniquea entre la ceguera autoritaria y la lucidez pluralista. El panorama es mucho más inquietante y complejo, pues abarca numerosas tensiones que, con frecuencia, chocan o se entrelazan en la arena social o la práctica de los personajes. Al lado del contrapunto entre las posiciones fanática y liberal o la colisión sangrienta entre la autoridad secular del nuevo Estado y la sub-cultura mítica de los sertaneros —esos dos pares que forman los ejes básicos del relato—, hay que considerar otros factores de discordia. Los roles diferenciados de los géneros, la separación entre la normalidad y la patología, las pugnas entre el centro y la periferia del país, los roces entre lo extranjero y lo nacional, las distinciones de clase, además de la querella entre la voz y la escritura, contribuyen también a exacerbar la atmósfera tensa y tormentosa que envuelve a *La guerra del fin del mundo*.

Puede señalarse, entonces, que la lucha entre contrarios rige a la ficción y le da forma a nexos de toda índole: en ese sentido, la guerra es no sólo el acontecimiento central de la novela, sino la cifra y el emblema de los vínculos humanos. Esto es, sin duda, coherente en un relato que se interroga sobre los mecanismos de poder, sobre las maneras en que se definen las relaciones de fuerza tanto en la escala pública como en la privada. Así, por ejemplo, no es fortuito que el duelo entre el guía Rufino y el Galileo Gall —ese combate prolongado, desmedido, que parece la extemporánea caricatura de una justa de caballería[19]— se alterne con la relación de la tercera campaña de Canudos: el enfrentamiento entre individuos duplica de modo oblicuo, trágicamente irónico, la contienda que opone ejércitos. Galileo Gall y las huestes de Moreira César son los invasores, mientras que el pistero Rufino y los yagunzos son los invadidos. Es tan ostensible el paralelismo de las situaciones que el deshonrado esposo de Jurema, a pesar de su inteligencia rudimentaria, no deja de advertirlo: "Yo tengo otra guerra" (184), masculla Rufino cuando su amigo Caifás, esbirro al servicio de Epaminondas Gonçalves, le menciona la expedición

---

[19] La admiración de Vargas Llosa por las novelas de caballería no es, claro está, secreta. Ver: "Carta de batalla por *Tirant lo Blanc*".

republicana hacia Canudos. Una batalla y una riña dan la impresión de distinguirse, a la larga, sólo por sus distintas envergaduras.

Gracias a su don de ubicuidad, la violencia actúa tanto en el escenario amplio de la Historia como en el tinglado menor de la vida doméstica. Esa omnipresencia hace, por ejemplo, que la cópula suela aparecer en *La guerra del fin del mundo* bajo la forma de la violación. Galileo Gall precipita su muerte al forzar a Jurema, en la primera sección de la novela; en la última, el Barón de Cañabrava penetra a la fuerza a Sebastiana, la criada y confidente de su esposa, para conseguir un ambiguo reencuentro con la enloquecida baronesa. El encuentro sexual se torna acto de conquista, apropiación del cuerpo ajeno. El dominador, sin embargo, no es dueño de su propia voluntad y, más bien, obedece a los impulsos oscuros de la libido. Esto es notorio en el caso de Gall, que durante años ha mantenido un estricto voto de castidad, el cual rompe abruptamente luego de salvarse de morir en una emboscada. La conexión entre la muerte y el deseo erótico recuerda la obra de Georges Bataille; la escena puede conectarse también a un pasaje de *La condición humana*, de Malraux, en el que May —entregada por entero, como Gall, a la causa de la Revolución— observa que la proximidad del peligro es un afrodisíaco poderoso[20]. Por su parte, el Barón ignora inicialmente cuáles serán el objeto y el resultado del deseo que lo inquieta: "Se puso de pie: no sabía aún lo que iba a hacer, lo que anhelaba hacer, pero sentía una crepitación en las entrañas, y le parecía hallarse en un instante crucial, en el que debía tomar una decisión de incalculables consecuencias ¿Qué iba a hacer, que quería hacer?" (502). Los hilos de la conducta no los mueven los mismos individuos, sino las pulsiones que los dominan.

Por otro lado, podría uno suponer que los líderes de los dos grandes bloques antagónicos tienen más claros sus propósitos y un control más certero sobre sus actos. Examinemos primero a la autoridad máxima de los yagunzos. A veces, la ficción misma insinúa que la clarividencia del Consejero no existe sólo en la mente crédula de sus

---

[20] En la víspera de la primera insurrección de Shanghai, May le confiesa a Kyo, su compañero, que ha tenido un encuentro sexual con otro hombre: "Il y a des appels, surtout quand on est si près de la mort (c'est de celle d'autres que j'ai l'habitude, Kyo...) qui n'ont rien à voir avec l'amour..."(*La condition humaine* 60). Gall podría también remitirse a esos llamados que, en la cercanía de la muerte, despiertan el deseo de la cópula y son, sin embargo, independientes de los afectos.

seguidores: "Habrá cuatro incendios. Los tres primeros los apagaré yo y el cuarto lo pondré en manos del buen Jesús" (152) vaticina aquél, en estado de trance. La predicción se ve confirmada en la crónica. En otros pasajes, por el contrario, sus visiones son reflejos más bien delirantes del sebastianismo, mito milenarista y mesiánico que, luego de nacer en el Portugal de fines del siglo XVI, emigró con fortuna al Brasil[21]: "Habría un diluvio, luego un terremoto. Un eclipse sumiría al mundo en tinieblas tan absolutas que todo debería hacerse al tacto, como entre ciegos, mientras a lo lejos retumbaba la batalla. Millares morirían de pánico. Pero, al despejarse las brumas, un amanecer diáfano, las mujeres y los hombres verían a su alrededor, en las lomas y montes de Canudos, al Ejército de Don Sebastián. El gran rey habría derrotado a las camadas del Can, limpiado el mundo para el Señor" (58). En esta segunda cita, el narrador filtra a través del discurso indirecto las palabras del personaje; con ese recurso logra distanciarlas, hacer más evidente la extrañeza de su contenido. Lo más saltante en las predicciones del Consejero es su carácter profundamente ahistórico, pre-moderno: los portentos que anuncia —el diluvio, el terremoto y el eclipse— son obra de la naturaleza o de las fuerzas del trasmundo, pues al resucitado Don Sebastián le corresponderá la gloria de vencer a Satanás. Así, la nostalgia monárquica de los rebeldes no tiene como objeto al emperador Pedro II, depuesto en 1889 por un incruento golpe militar, sino a un rey portugués que la leyenda ha metamorfoseado casi en arcángel. Una pregunta se impone: ¿Cuál es, de acuerdo a esta mentalidad, el rol de los fieles? Básicamente, ser testigos del cataclismo y esperar la apoteosis del Bien. Si esto es así, ¿cómo se comprende entonces el alzamiento de los yagunzos y su voluntad de combate? La respuesta se puede deducir conectando las dos visiones del Consejero que se han citado antes: la lucha armada contra la República no aspira al triunfo militar, sino que tiene un carácter estrictamente ritual. Se trata, en verdad, de un sacrificio colectivo, de una inmolación: la violencia adquiere de esta manera un sentido sagrado, trascendente. Eso no es todo, pues bajo las certezas de la fe palpita un impulso thanático —equivalente, en gran medida, a la pulsión erótica que guía a otros personajes—, cuya expresión más nítida es la vocación de martirio. Al ofrendar sus

---

[21] Ver: Pereira de Queiroz, *O messianismo no Brasil e no mundo;* Cohn, *The Pursuit of the Millenium.*

vidas, Antonio Consejero y sus parciales aspiran a la condición de *víctimas*, en el sentido etimológico de la palabra.

También los militares republicanos, a pesar de su credo racionalista e ilustrado, están sometidos al imperio de fuerzas que escapan a su voluntad y el control de su conciencia. Consideremos el caso de Moreira César, que pretende tener un dominio estrictamente cerebral de sus decisiones y sus actos. De hecho, es tan rígido en su denuncia del pasado y tan adverso a todo sentimentalismo que parece un sosías latinoamericano de Bazarov, el personaje de *Padres e hijos* a través del cual Turguenev ofreció su retrato del nihilista, el tipo más extremo del revolucionario moderno. Otro pariente literario del coronel brasileño podría ser el implacable oficial mexicano que en *El poder y la gloria*, de Graham Greene, se empeña en barrer de clérigos las tierras que la Revolución ha confiado a su vigilancia. Si se lo sitúa en la historia política de América Latina, Moreira César suena como un precursor de esa estirpe de militares nacionalistas y populistas que tuvo en el dictador peruano Juan Velasco Alvarado a su exponente más importante. De todas maneras, el compromiso cerrado del coronel con la izquierda de su tiempo (¿cómo olvidar que con los jacobinos franceses nace la noción misma de izquierda?) no explica del todo su comportamiento. La clave de Moreira César radica, más que en una filiación política, en un secreto clínico: El fanático de la Razón —y, sobre todo, de la Razón de Estado— sufre el estigma de la epilepsia, que la tradición popular considera enfermedad de lunáticos y posesos; más aún, la dolencia se figura en la novela como el núcleo irracional del que emanan la intolerancia y la vehemencia del personaje. La escena en la que se manifiesta la patología de Moreira César lo revela, por así decirlo, de cuerpo entero. El militar comienza proponiendo, característicamente, seguir un curso expeditivo y violento contra el adversario: "No en este caso —articula con dificultad el Coronel— Hay que hacer un escarmiento que acabe con las ilusiones monárquicas. Y, también vengar la afrenta hecha al Ejército". La dicción trabada del sujeto es el síntoma que augura la crisis, el momento de las convulsiones y el desenfreno: "Su quepis cae al suelo y el Coronel se levanta de un brinco y comienza a dar traspiés, congestionado, mientras se arranca a manotazos los botones de la camisa, como si se ahogara" (194). Que el atacante en potencia caiga presa de un ataque es otra de las profusas ironías de *La guerra del fin del mundo*. En el relato, a la virulencia del discurso la sigue y complementa la brusca agitación del cuerpo: esa contigüidad permite advertir que la palabra y la carne del Coronel están regidas por una misma energía destructiva, letal.

Así, en el texto la violencia se presenta bajo una doble faz: si, por un lado, se muestra como una práctica social ejercida conscientemente, por el otro resulta ser también —y, se diría, sobre todo— la expresión tangible del sustrato instintivo y pre-lógico que funda la conducta humana, en particular la masculina. Al interior de la ficción, gentes de todas las persuasiones y orígenes tienen en común un sedimento irracional, *natural*. En cierta medida, ese rasgo de la mímesis contradice —o, al menos, califica— la notoria condena al fanatismo que *La guerra del fin del mundo* propone. Angel Rama señaló que en la novela de Vargas Llosa "son valorados positivamente los impulsos irracionales del cuerpo, pero invalidado el irracionalismo cuando procede de la mente" (*La crítica...* 362). Cabría señalar que si bien el periodista miope y el Barón creen, casi de manera programática, en la superioridad del placer erótico frente a la voluntad de poder, en el terreno de lo narrado la distinción entre ésta y aquél se vuelve borrosa, incierta. Ya se ha visto que el Barón viola a una sirvienta y, en otro nivel, el romance entre las ruinas de Canudos que viven el desvalido periodista y la estoica Jurema se alimenta tanto del goce sexual como de la dependencia edípica ("Pese a que ahora lo amaba como una mujer ama a un hombre —explica el narrador—, pese a que había sido suya como una mujer es de su marido o amante, Jurema seguía cuidándolo, mimándolo, jugando mentalmente con él como una madre con su hijo",486). Más allá de estas precisiones, importa sobre todo resaltar que en *La guerra del fin del mundo* las pulsiones inconscientes sostienen, en último análisis, los razonamientos y los principios de los actores.

Lo anterior no implica que en *La guerra del fin del mundo* carezcan de importancia las cosmovisiones y los proyectos de los sujetos. Sugerir que el sedimento común de los seres humanos no radica en la facultad racional, sino en impulsos más elementales y primitivos, está lejos de significar que todas las posturas ideológicas y éticas son esencialmente iguales. Aunque el diseño de la novela abunda en simetrías y paralelismos, éstos no sólo indican similitudes entre personajes y grupos; el cotejo también permite esclarecer diferencias y realizar deslindes. Así, los cangaçeiros que la prédica del Consejero convierte no abandonan por ello el hábito de la violencia y, sin embargo, no es igual el bandolerismo a la resistencia contra el Estado. El periodista miope reconoce explícitamente su parecido con el León de Natuba, pero hay entre ambos una barrera cultural, aparte de que la fealdad y la falta de garbo del escritor no igualan la fisonomía monstruosa del amanuense de Canudos. El soldado Corintio mata al sargento Fructuoso Medrado por el mismo motivo que lleva a Rufino a buscar un duelo con Galileo Gall; el episodio del soldado y el sargento, sin embargo, refracta en clave burlesca a la pugna entre el pistero y el anarquista escocés. Si bien João Abade siente que su circunstancia se parece a las "historias de troveros" (178) —esos romances carolingios que la cultura sertanera conserva—, no se le escapa que sus peripecias heroicas y exóticas lo seducen precisamente porque en su vida faltan "un tropel de espadas y un relumbre de palacios y alcobas lujosísimas" (347). El Enano, rapsoda que se gana la vida relatando romances, tiene algo en común con el novelista, pero responde así las preguntas de un oyente inquisitivo: "No sé, no sé —tembló el Enano—. No está en el cuento. No es mi culpa, no me hagas nada, sólo soy el que cuenta la historia" (522). Pese a que los ejemplos podrían multiplicarse, me limito a consignar uno más: el Consejero y Moreira César son fanáticos, sin duda, aunque no de la misma manera, pues el fatalismo del primero contrasta con el voluntarismo del segundo.

En la misma vena, conviene notar que a pesar de que los partidarios de la República y los fieles de Canudos poseen ciertos rasgos en común —la promesa de una existencia superior, la exaltación del sacrificio, la entrega a la colectividad, la certidumbre de estar al servicio de la Verdad y el Bien—, no por eso sus utopías son intercambiables. Para la visión secular y progresista, el futuro es el territorio de la plenitud; para la sagrada y mítica, la salvación no puede ocurrir sino en el dominio perfecto y ultraterreno de la eternidad. Estas dos maneras de concebir el tiempo —sustancia del cambio y la posibilidad en el primer caso; atributo de una realidad inferior y degradada en el segundo— se figuran de manera lineal y circular, respectivamente. Por otro lado, los términos que le dan forma y sentido a la vida social son también antagónicos: la polis republicana y la comunidad de los creyentes se rigen de acuerdo a criterios inexorablemente opuestos. En efecto, el Estado liberal y laico que los jacobinos promueven no es compatible con el comunismo teocrático que los yagunzos practican en Canudos —a la que el Consejero, con gesto adánico, nombra "Belo Monte" (94) y "Jerusalén" (111), señalando así su índole utópica, ideal.

Así, es preciso reconocer que —más allá de las intrigas y los prejuicios que avivan el encono entre los adversarios— cada uno de los bandos encarna un modelo de sociedad, una alternativa de organización económica y política. Los militares jacobinos —el ala radical de la República— ven en el aplastamiento de Canudos una plataforma que les permitiría recobrar la influencia y el poder perdidos con la muerte del mariscal Floriano Peixoto y el acceso a la presidencia de un civil, Prudente de Morais. El programa por el que abogan Moreira César y sus correligionarios es el de una "República Dictatorial, sin parlamento, sin partidos políticos y en la que el Ejército sería, como la Iglesia en el pasado, el centro nervioso de una sociedad laica volcada furiosamente hacia el progreso científico" (146-7). El carácter autoritario y vertical de la propuesta es del todo flagrante: a confesión de parte, relevo de prueba. Sería cómodo, pero erróneo, atribuirle su vehemencia anti-democrática al peso muerto de una tradición arcaica, pues la autocracia que favorecen los jacobinos tiene, más bien, una raíz ilustrada y racionalista. Después de todo, el totalitarismo es tan moderno como la democracia liberal. El culto a la vanguardia —palabra que, dicho sea de paso, pertenecía inicialmente al vocabulario militar— se sostiene en una convicción específicamente moderna: la de que una élite avanzada, capaz de interpretar el sentido de la Historia, tiene el deber moral y político de conducir a las masas populares en la dirección del progreso. Las fuerzas armadas —cuerpo disciplinado, organismo funcionalmente jerárquico— tendrían la misión de orientar el adelanto técnico y el incremento de la riqueza en el Brasil positivista y anti-clerical de la izquierda republicana.

Por su parte, los yagunzos edifican su ciudad bajo preceptos completamente distintos. Para comenzar, en ella no existe la libertad de cultos ni hay división entre los asuntos del gobierno y los de la fe. La razón es clara: el orden y la verdad tienen un origen divino, único, de modo que separar poderes no puede obedecer sino a un interés diabólico (lo cual confirma, naturalmente, que la República está en efecto al servicio del Can). El Consejero no aspira a ser un jefe de

Estado y, sin embargo, su autoridad garantiza el ambicioso experimento de autogestión que diseña Antonio Vilanova, el ex-comerciante a quien el líder de los yagunzos ungirá en su lecho de muerte como apóstol y emisario de su credo fundamentalista. Si João Abade —el "Comandante de la Calle"— es el cabecilla militar de Canudos, a Antonio Vilanova le corresponden las funciones de primer ministro y estadista. El arquitecto de la comunidad no puede sino sentirse frustrado cuando siente que la guerra está a punto de deshacer su obra: "Había sido preciso tanto trabajo, tanta fe, tanta dedicación de tanta gente para que estos sembríos y corrales fueran lo que eran. Y ahora los cañonazos estaban acabando con ellos e iban a entrar los soldados a acabar con unas gentes que se habían reunido allí para vivir en amor a Dios y ayudarse a sí mismas ya que nunca antes las habían ayudado" (317). En esa sociedad agraria y colectivista, ajena a las relaciones mercantiles (en Canudos, como apunta el periodista miope, "no circulaba el dinero de la República", 401), cada cual debía contribuir según sus capacidades y recibir de acuerdo a sus necesidades. Galileo Gall es un individuo quijotesco y estrafalario, pero el frenólogo escocés —tan propenso por lo general a los despistes y las malas interpretaciones— no está descaminado cuando siente que en el sertón brasileño ha surgido una sociedad afín a la soñada por los comunistas libertarios; el propio Barón de Cañabrava concede, con cierta renuencia, que el anarquista acertó parcialmente en este punto: "O sea que, gracias a su locura, Gall había llegado a presentir algo de la locura que fue Canudos" (401). De todas maneras, la distribución equitativa de la pobreza no tiene en el sertón pre-capitalista de fin de siglo el mismo sentido que poseía en la Comuna parisina de 1871. De hecho, los yagunzos de Canudos están mucho más cerca de los anabaptistas de Thomas Münzer que de los partidarios de Bakunin o Proudhon, pues lo que podríamos denominar su *programa social* nace de una lectura radicalmente literal de la prédica cristiana.

La guerra es, en buena cuenta, el litigio de las utopías: en nombre de sus respectivas versiones del bien común, los bandos adversarios apelan al derramamiento de sangre, al ejercicio minucioso de la destrucción. De ahí que la mímesis de la violencia adquiera un relieve especial en *La guerra del fin del mundo*. El relato se concentra en los efectos tangibles de la devastación, en la magnitud y la intensidad de las pérdidas humanas que causa la actividad de los enemigos. Por eso, las vicisitudes de los cuerpos no están sólo esbozadas o sugeridas, sino que ocupan un lugar prominente en el texto. Por ejemplo, el teniente Pires Ferreira —cuya carrera profesional se descarrila desde la derrota de Uauá, en la primera campaña— queda mutilado de manera tan horrenda que luego ni siquiera puede quitarse la vida, pues la explosión que lo hirió "le arrancó las dos manos que había levantado y lo ha dejado ciego" (427). Como si eso no bastara, el horror de su agonía aumenta con una tortura a la vez física y sicológica; el mismo personaje se la explica al joven médico que, por caridad, le dará muerte: "Eso no es lo peor, Teotónio. Son las moscas. Siempre las odié, siempre sentí mucho asco de ellas. Ahora, estoy a su merced. Se pasean por mi cara, se meten a mi boca, se cuelan por las vendas hasta las llagas" (428). No es éste el único modo en que *La guerra del fin de mundo* vierte los resultados de la violencia. En la novela, el testimonio directo del dolor individual encuentra su complemento en la evocación indirecta, doblemente trasegada, del exterminio masivo. La imagen de los despojos de Canudos se debe al barón de Cañabrava, cuya fuente de información es el coronel Murau, quien a su vez refiere lo que le contó un tercer hacendado que sí estuvo en el lugar de los hechos con un grupo de peones: en este pasaje, el saber del barón es de oídas (y, añado, es también auditivo el primer indicio de lo ocurrido en la ciudadela yagunza, pues los expedicionarios escuchan antes de llegar a ella un "extraño, indefinible, indetectable ruido, tan fuerte que estremecía el aire", 501). Puede parecer insólito que el punto de vista en esta escena no sea el de un testigo presencial; el recurso, sin embargo, libera a la descripción de exigencias veristas y justifica más bien su aura apocalíptica, de pesadilla. El aristócrata mira con los ojos de la mente el "festín de buitres" (502) de Canudos y, al imaginar lo que hallaron los viajeros, concibe una visión que recuerda a las fantasías macabras del Bosco o a las *pinturas negras* de Goya: "Pero sólo al trasmontar la cuesta pedregosa, parduzca, del Poço Trabubú y encontrarse a sus pies con lo que había dejado de ser Canudos y era lo que veían, comprendieron que ese ruido eran los aletazos y los picotazos de millares de urubús, de ese mar interminable, de olas grises, negruzcas, devoradoras, ahítas, que todo lo cubría y que, a la vez que se saciaba, daba cuenta de lo que aún no había podido ser pulverizado ni por la dinamita ni por las balas ni por los incendios" (501). Si las moscas se ceban en la humanidad destrozada del teniente Pires Ferreira, las aves de rapiña se hartan con los cadáveres insepultos de Canudos: ni la gloria ni la trascendencia premian los esfuerzos de los combatientes, que suelen acabar como alimento de insectos y aves de rapiña.

Al igual que las otras ficciones de las cuales me ocupo en este libro, *La guerra del fin del mundo* examina la ideología y la práctica de quienes se propusieron fundar estados nacionales en el siglo XIX latinoamericano. Obviamente, tampoco en esta novela es favorable el veredicto,como lo muestra a las claras que la guerra de Canudos constituya, entre otras cosas, el bautismo de sangre de la República brasileña. Otra semejanza crucial entre los textos discutidos se manifiesta en la voluntad de colocar en primer plano los problemas de la representación. Ya se ha expuesto largamente en este capítulo cómo *La guerra del fin del mundo* somete a escrutinio el trabajo de los sentidos y las exégesis de los actores. Sin embargo, no sólo la mirada y la interpretación les sirven a los sujetos para construir sus versiones de la realidad: en la novela, el conocimiento —exacto o erróneo, ecuánime o sesgado— está directamente ligado al registro escrito y éste, a su vez, remite a los vínculos entre la escritura y el poder.

Vargas Llosa ha incluido con frecuencia en sus relatos a personajes que, con mayor o menor profesionalismo, se dedican a escribir[22]. A propósito del periodista miope, José Miguel Oviedo observa que "el lector no puede dejar de pensar en *Conversación en La Catedral* y en Zavalita condenado a escribir editoriales sobre perros rabiosos en un diario de mala muerte, o en Pedro Camacho, de *La tía Julia y el escribidor*, sepultado en las páginas escandalosas de una hoja amarilla" (XV). Añado que Santiago Zavala reaparece en una pieza teatral, *Kathie y el hipopótamo*, convertido en instructor literario de señoras ricas y Alberto, en *La ciudad y los perros*, vende novelitas pornográficas de su propia invención a otros cadetes del colegio Leoncio Prado. Los ejemplos ratifican el juicio de Oviedo según el cual "escribir aparece siempre en la obra de Vargas Llosa como una actividad *degradada* por las circunstancias, como un pálido remedo de la auténtica literatura" (XV). Ese carácter sórdido o irrisorio se debe, creo, no sólo a la falta de calidad estética y moral de los textos, sino a que los escribientes reciben

---

[22] Ver: Carlos Meneses, "La visión del periodista, tema recurrente en Vargas Llosa".

dinero por sus esfuerzos: son, a fin de cuentas, mercenarios. El desdén por los usos comerciales de la pluma puede atribuirse a una influencia romántica, pero en el caso de Vargas Llosa es más verosímil la lección de escritores modernos como Flaubert o Joyce, que resistieron a través del artesanado del lenguaje la asimilación al gusto filisteo y conservador del público de masas. Aunque a primera vista esta posición parezca apoyar un ataque suicida y algo ingenuo contra el mercado del libro, no tiene que ver tanto con la economía del escritor como con la ética de la escritura: el texto no debe ser un objeto de consumo, una mercancía destinada al simple entretenimiento, sino un complejo artefacto que le imponga exigencias de orden intelectual y estético al lector. Las novelas más significativas de Vargas Llosa —*La ciudad y los perros, La casa verde, Conversación en La Catedral* y *La guerra del fin del mundo*— dan testimonio de esta manera de concebir el trabajo literario, que el escritor parecía haber abandonado en los dos libros anteriores a *La guerra del fin del mundo, Pantaléon y las visitadoras* y *La tía Julia y el escribidor.*

El retrato de los escribientes en *La guerra del fin del mundo* ensaya la síntesis de un tratamiento anti-heroico y crítico, de estirpe existencialista, con un tipo de caracterización que explota la hipérbole grotesca y el trazo grueso: en la bibliografía de Vargas Llosa, el mejor ejemplo de lo primero se halla en el Zavalita de *Conversación en La Catedral*, mientras que el exponente más nítido de lo segundo es el Pedro Camacho de *La tía Julia y el escribidor*. En el periodista miope —ese caricaturesco alter ego del autor de *Os sertões*— confluyen estas dos formas de construir personajes. Por un lado, en la cuarta y última parte de la novela resulta indudable que el periodista encarna, en su figura estrafalaria, las posiciones más íntegras y los valores más nobles: la necesidad de mantener a un amigo enfermo, el Enano, lo lleva a tomar la humillante iniciativa de buscar a su antiguo empleador, el Barón de Cañabrava; más aún, es el único actor que se propone luchar contra la conspiración de silencio que rodea a Canudos —y de la que el mismo Barón es cómplice, aunque por razones sentimentales y no por cálculo oportunista. "No permitiré que se olviden" (341), asegura con fervor quijotesco el periodista, transformado por la experiencia de Canudos y purificado de su cinismo por el amor de Jurema. La metamorfosis, sin embargo, concierne sólo a la moralidad del personaje, pues su fisonomía no deja nunca de ser esperpéntica y ridícula: "Su aspecto es, casi, el de un espantapájaros" (35), informa el narrador en el segundo capítulo de la novela; en la ciudad de los yagunzos, "era tan cómica esa figurilla que iba y venía, levántandose y cayendo y mirando la tierra con su anteojo estrambótico, que las mujeres acabaron por burlarse, señalándolo" (382); finalmente, en su último encuentro, el Barón lo nota envejecido, pero tras los estragos del tiempo reconoce todavía "al espantapájaros que aquella mañana vio partir de Calumbí junto con el coronel Moreira César y su pequeña escolta" (337). La oposición entre la conquistada lucidez y la invariable fealdad del personaje, entre la dignidad de lo que llega a sentir y el desgarbo de su figura, tiene un propósito demasiado evidente: impedir la idealización del periodista, lo que le daría una estatura superior a la de los otros habitantes de la ficción. El problema, sin embargo, es que al caricaturizarlo tan empecinadamente, la novela termina por quitarle verosimilitud como figura de un texto realista: sus estornudos desatinados vienen de la farsa y la carpa circense, mientras que la descripción de su estampa ("al sentarse parecía dividirse en cuatro o seis partes", 337, opina el Barón) recuerda el estilo hiperbólico y desrealizador de Quevedo en *El buscón*.

Más allá del juicio que a uno le merezca el trazo del personaje, es innegable la importancia del periodista en la novela. De acuerdo a la trama de *La guerra del fin del mundo*, Canudos tiene su génesis literario en el hombre de prensa: él será el cronista de una historia —de un "árbol de historias" (433), en sus propias palabras— que corre el riesgo de perderse. Por otro lado, si estuviera ausente, la representación de la escritura se convertiría en un tópico menor[23]. Es cierto que Galileo Gall es un corresponsal prolífico, pero las cartas que escribe para *L'étincelle de la révolte*, cuya clausura desconoce, están totalmente subordinadas a su activismo: son, sobre todo, tareas de militante. Por otro lado, el León de Natuba copia con lealtad las palabras del Consejero

[23] Renata Mautner Wasserman opina que, al introducir la práctica textual en la historia misma que narra, *La guerra del fin del mundo* despoja a aquélla de su aura y su prestigio: "By turning reportage into fiction and making the journalist into one character among many, buffeted by physical and historical forces beyond the power of writing, Vargas Llosa also strips writing of its privileged status"("Mario Vargas Llosa, Euclides da Cunha, and the Strategy of Intertextuality" 462). Me parece, por el contrario, que la precariedad del periodista miope no contagia a la escritura; ésta, ejercida con rigor y sin componendas, aparece más bien como el único antídoto eficaz contra el olvido.

y, en rigor, su labor es la de un amanuense; de hecho, la simetría que lo conecta al periodista miope es lo que permite resaltar en la novela su condición de letrado y escriba.

El periodista miope tiene por complemento al Enano —narrador oral, depositario e intérprete de una tradición popular—, mientras que el León de Natuba lo duplica como un espejo deformante. Se comprende que el primero se convierta en su amigo íntimo y que el otro le resulte perturbadoramente siniestro, pues se trata casi de un doble. El mismo periodista lo reconoce así, en una introspección que se parece a las tiradas autodenigratorias de Zavalita: "¿Por qué lo desazonaba tanto alguien que sólo quería hablar, que desplegaba así sus cualidades, sus virtudes, para ganar su simpatía? 'Porque me parezco a él —pensó— porque estoy en la misma cadena de la que él es el eslabón más degradado'" (457).

El texto refrenda tan plenamente la observación del periodista que éste se parece al "sabio de Canudos" (400) hasta extremos que él mismo no advierte. La analogía más importante entre ambos se funda en el tipo de relación que sostienen con figuras de poder: durante la tercera campaña, el periodista miope se convierte en secretario del jefe de la expedición; por su parte, la tarea del León de Natuba consiste en transcribir las palabras del líder espiritual de los yagunzos. En suma, los dos escribas toman el dictado de las autoridades. Su función es, en buena cuenta, la misma que liga a Patiño con el Doctor Francia en *Yo el Supremo* y marca la distancia entre Esteban y Víctor Hugues en *El siglo de las luces*. En todos estos casos, la voz del mando intenta guiar —con mayor o menor éxito— los trazos de la escritura.

Por la naturaleza de su oficio, el periodista miope y el León de Natuba están siempre cerca al coronel Moreira César y a Antonio Consejero, respectivamente. Aunque esa proximidad física no conduce a un vínculo entre iguales (¿acaso los amanuenses pueden ser los pares de quienes emplean sus servicios?), tampoco el lazo que los une es apenas impersonal y práctico. Conviene citar lo que afirma el narrador sobre el corresponsal del *Jornal de Notícias* y el militar republicano: "Una curiosa relación se ha establecido entre él y el jefe del Séptimo Regimiento, que sería inexacto llamar amistad o aun simpatía. Se trata, más bien, de una curiosidad nacida de la mutua repelencia, de la atracción que ejercen entre sí las antípodas" (193). En el universo de la novela, la semejanza provoca los rechazos más apasionados; paralelamente, la diferencia radical lleva a curiosos acercamientos. Ni Moreira César ni el Consejero son sociables; por su parte, el periodista miope y el León de Natuba suelen inspirar repugnancia. ¿Cómo entender los nexos que conectan a unos con otros? En el plano de las motivaciones sicológicas y prácticas de los personajes, la curiosidad del militar y el espíritu evangélico del predicador explican su interés en los escribientes, mientras que al periodista miope le importa tener acceso directo a una fuente privilegiada y el León de Natuba le debe la vida al Consejero, que lo libró de las llamas en su pueblo natal. Pero hay también otro factor significativo, que de algún modo trasciende la mera caracterización y toca a la temática misma de *La guerra del fin del mundo* : las relaciones entre el poder y la escritura —sus confluencias, pero también sus desencuentros— ocupan un lugar crucial en la novela de Vargas Llosa. Que los especialistas en registrar textos sean seres contrahechos, sin carisma ni capacidad de seducción, es tan relevante como que entre ellos y los conductores de masas —esas presencias magnéticas, atrayentes— ocurra una sutil simbiosis, una recíproca dependencia. ¿No exige Moreira César, herido gravemente y desautorizado por sus subalternos, que el periodista tome nota de su voluntad y levante "acta de esta infamia" (307)? ¿No es el León de Natuba la última persona que nombra y llama el Consejero, quien además —ante la angustia y los celos del Beatito, que focaliza la escena— acaricia la cabeza del evangelista de Canudos "con sus últimas fuerzas" (481)?

Por otro lado, es indudable que el periodista miope experimenta el placer del texto, el disfrute del valor intrínseco de la palabra escrita; al mismo tiempo, no se le escapa la dimensión moral de su actividad. Aunque trabaja para otros, el trabajo mismo de leer y redactar le pertenece: es su dominio, el ámbito de su libertad. En su calidad de antiguo jefe del periodista, el Barón de Cañabrava le advierte al coronel Moreira César que aquél no es de fiar y añade que cuando figuraba en la nómina de su diario "admiraba a Víctor Hugo y quería ser dramaturgo. Hablaba muy mal del periodismo, entonces" (209). El aludido señala que no ha cambiado de opinión. El coronel, por su parte, le da la razón a su enemigo político y asegura que los intelectuales son peligrosos, aunque necesarios: "El país los necesita, pero debe manejarlos como a animales que hacen extraños" (209). Acusado de oportunismo y falta de principios, el redactor no se indigna. Todo lo contrario: "Se echó a reír con tanta felicidad —dice el narrador— que la Baronesa, el Doctor y Olimpio de Castro lo miraron" (209). Que el periodista critique su oficio y se sienta halagado por la desconfianza de quienes usan (o usaron) sus servicios parece probar su desvergüenza y su amoralidad; a la luz de su conducta posterior, sin embargo, me parece legítimo proponer otra lectura: la alabanza de la literatura y el menosprecio del periodismo se fundan en que la primera es una actividad autónoma y personal —al menos desde la perspectiva romántica—, mientras que el segundo tiene un carácter utilitario y subordina la expresión individual a los intereses de una empresa. Prisionero de un empleo alimenticio, el periodista miope salvaguarda de algún modo su independencia al cambiar cada cierto tiempo de patrones y banderas: ni se vende a nadie ni se debe a ningún partido (aunque, por supuesto, alquila su pluma para subsistir). A lo largo de las mudanzas y vaivenes del sujeto, sólo permanece constante su apego a los dos aspectos —el físico y el simbólico— de la práctica textual. El primero aparece con nitidez en la siguiente cita: "Escribir, ese trabajo manual, como poner trapos llenos de éter en la nariz del herido, es bienhechor, lo libra de torturarse preguntándose cómo se explica que el Séptimo Regimiento no tomara Canudos, que deba retirarse" (307). El segundo sentido, que compromete el registro y la interpretación de la realidad histórica, se pone de manifiesto cuando el Barón le pregunta al periodista cómo va a conseguir que el pueblo brasileño no olvide la guerra. La respuesta es categórica: "De la única manera que se conservan las cosas —oyó gruñir al visitante—. Escribiéndolas" (341).

Lejos de discrepar con el personaje, *La guerra del fin del mundo* demuestra a lo largo de sus páginas que comparte su fe en el poder de la escritura. Esa fe, sin embargo, no es ciega, pues el relato insiste minuciosamente en las contingencias, premisas e intereses que afectan toda forma de representación. La conciencia de que las palabras construyen —y, con frecuencia, deforman— la realidad ausente que evocan, no deriva en una actitud resignada o escéptica ante las posibilidades del discurso. Antes que un enigma indescifrable, Canudos —ese "árbol de historias" (433)— es en *La guerra del fin del mundo* tanto un episodio real y ejemplar del pasado latinoamericano como la matriz de una bibliografía a la que se suma la novela misma.

NOTICIAS DEL IMPERIO:
PASIÓN, LOCURA Y MUERTE DE CARLOTA Y MAXIMILIANO

CLAUDE MANET no necesitó pisar suelo mexicano para que de su pulso surgiesen los varios óleos y litografías en los cuales ilustra el fusilamiento de Maximiliano I, efímero emperador de México, ocurrido el 19 de junio de 1867. Poco sorprende entonces que el erudito narrador de *Noticias del Imperio* (1987), la tercera novela de Fernando del Paso, observe puntillosamente que el cuadro de Manet altera los detalles de la ejecución: "No hubo, tras los condenados, una barda por encima de la cual asomaran las cabezas de la gente, ni Maximiliano tenía el sombrero puesto, ni estaba en el centro, ni los soldados eran tan bien plantados y tan uniformes en su estatura como quiso imaginarlos el pintor francés o como lo hubiera deseado el propio Maximiliano: los ocho hombres, incluido el oficial que dio las órdenes, eran de todos los colores, fachas y tamaños" (587). Esa voz autorizada y experta no es la única que se deja oir en *Noticias del Imperio*, pues el relato se levanta sobre el andamiaje de la polifonía, pero se cuenta entre las principales: a ella le corresponde criticar las fuentes, comentar el registro verbal y la iconografía que tienen como asunto la fallida empresa de Maximiliano en México. Curiosamente, omite —a propósito o no— un dato bastante más divulgado que la mayoría de los que el texto prodiga con generosidad: para pintar sus versiones de la muerte del Emperador, Manet estudió la composición del "Tres de mayo", de Goya[1]; según se ha visto en el capítulo dedicado a *El siglo de las luces*, ese cuadro le sirvió a Carpentier para situar las circunstancias del sacrificio de Sofía y Esteban en las jornadas anti-napoleónicas de 1808. Hay más que una casualidad en el hecho de que las artes plásticas proporcionen un vínculo paradójicamente invisible —o, si se prefiere, oculto— entre los relatos de Carpentier y del Paso: en ellos, la imagen pictórica funciona a la vez como complemento y competencia de la palabra escrita.

No se trata, por supuesto, de que la pintura figurativa y la novela histórica diriman superioridades. Lo que sostiene el cotejo entre ellas

---

[1] Ver: Enriqueta Harris, *Goya* 104-5.

es, a fin de cuentas, aquéllo que comparten: la voluntad de representar lo ausente, de aprehender el tiempo ya vivido e instalarlo en la actualidad de la mirada. En el caso de *Noticias del Imperio*, el bagaje documental —que delata una pesquisa ardua y prolongada, al modo de Flaubert— se trama con la reflexión sobre las maneras de rescatar los hechos y los seres del pasado nacional. Así, la mímesis de la historia se exhibe por un lado como espectáculo narrativo, como recuento de peripecias y destinos; por el otro, los artificios y las operaciones que permiten montar ese espectáculo son también objeto de la escritura. Además, si bien al universo representado en *Noticias del Imperio* lo define la lucha entre modos distintos de imaginar la sociedad y el estado mexicanos, el conflicto no sólo domina el ámbito de la trama: el discurso mismo de la novela —versátil y heterogéneo, polémicamente plural— está también gobernado por la ley del contraste, que se manifiesta en la implícita pugna entre registros estilísticos, puntos de vista, dicciones y géneros discursivos. En la medida que el texto se rehúsa a suscribir un tono específico y una manera particular como los indicados para el asunto que narra, la controversia sobre los modos de representación del pasado sigue en pie. De *Noticias del Imperio* se desprende, en vez de una solución inequívoca a los asuntos planteados, un cuestionario: ¿Cómo conviene dar cuenta de las crisis históricas? ¿Bajo qué condiciones la ficción se apropia de individuos cuya existencia real está documentada? ¿Qué licencias y demandas se le presentan a un escritor que se propone tratar el pasado de su propio país? ¿Cuáles son las relaciones entre los tiempos de la escritura y de lo narrado? ¿Qué sitio puede reclamar la novela en la memoria colectiva de la nación? Sin duda, las preguntas son tácitas y, además, la novela bosqueja respuestas a cada una de ellas. Aun así, lo que define a *Noticias del Imperio* es su carácter inquisitivo, problemático.

En *José Trigo* y *Palinuro de México*, dos episodios cruciales de la historia contemporánea mexicana se convierten en telones de fondo de la ficción. La primera novela remite a la lucha de los ferrocarrileros que, en 1958, puso en cuestión al sindicalismo oficialista y el control del PRI sobre la clase obrera, mientras que los personajes de la segunda participan de las multitudinarias movilizaciones estudiantiles de 1968. El movimiento de los ferroviarios fue aplastado por la represión estatal, que deshizo la organización independiente de los trabajadores; la masacre de Tlatelolco, en la que murieron centenares de jóvenes, significó el comienzo del fin para el movimiento contestatario de los estudiantes. También *Noticias del Imperio* alude a la experiencia de la derrota, pero en ella los vencidos son extranjeros, aristócratas y, por añadidura, habitantes del siglo XIX: en otras palabras, sus orígenes nacionales, su condición de clase y la época a la cual pertenecen —es decir, el tiempo anterior a la Revolución, partera del México moderno— los distancian por partida triple de la realidad cultural desde la que se elabora el texto.

Ese distanciamiento no se resuelve en un escapismo pasatista, en la renuncia nostálgica a las urgencias de la actualidad; contra la tentación de replegarse a un pasado puramente exótico, *Noticias del Imperio* resalta la singularidad del mundo representado y, a la vez, muestra sus semejanzas con el presente nacional. Al respecto, nada más ilustrativo que la breve nota preliminar que antecede y sitúa históricamente a la novela: "En 1861, el Presidente Benito Juárez suspendió los pagos de la deuda externa mexicana. Esta suspensión sirvió de pretexto al entonces emperador de los franceses, Napoleón III, para enviar a México un ejército de ocupación, con el fin de crear en ese país una monarquía al frente de la cual estaría un príncipe católico europeo". El preámbulo añade que a mediados de 1864 llegó Maximiliano en compañía de su esposa, Carlota de Bélgica, para tomar las riendas del Estado[2]. "Este libro —concluye el autor— se basa en este hecho histórico y en el destino trágico de los efímeros emperadores de México" (11). Más de un siglo después, a inicios de la década del 80, la posibilidad de que el país interrumpiese los pagos a sus acreedores extranjeros hizo temblar al sistema financiero internacional. Aunque esta vez una aventura militar foránea hubiera sido impensable, incluso en el caso de una moratoria unilateral, el paralelo entre el México de 1861 y el de finales del siglo XX queda planteado *antes* que la maquinaria de la novela se eche a andar. Es a la luz de los debates y los problemas de hoy que se indaga en otros momentos de la vida

---

[2] Carlos Fuentes se ha ocupado repetidas veces de la Emperatriz, como observa Inés Sáenz: "Carlos Fuentes se ha valido de la figura de Carlota en el cuento "Tlactocatzine, del jardín de Flandes", de la colección de cuentos *Los días enmascarados*, en *Aura*, Aura-Consuelo es la evocación de Carlota, y Felipe es atraído por los fantasmas de Maximiliano y Carlota que las memorias del General Llorente mantienen vivos; en su pieza teatral *El tuerto es rey*, Carlota es la ciega Donata" (*Hacia la novela total* 164-65).

nacional: ese compromiso ético con la escena contemporánea va
acompañado por el reconocimiento de lo que podríamos llamar la
idiosincrasia del pasado, irreductible en su singularidad a los patrones
del presente.

Noticias del Imperio se dilata más allá de las 650 páginas, pero su
sola extensión no es una prueba de su ambicioso proyecto. Apenas se
trata de un indicio de éste. La envergadura del libro se revela más
precisamente en su voluntad de integrar actitudes e ideas en apariencia
opuestas. Ya he señalado que la reconstrucción de época y la
intervención crítica en la realidad contemporánea no se repelen ni
litigan en la obra de del Paso. A eso debe añadirse que, en el plano de
la composición, el abigarramiento de las voces narrativas y la variedad
de géneros discursivos se reconcilian con la rigurosa simetría del diseño
novelesco. En efecto, la miríada de fragmentos que alberga el relato
está sometida a un orden geométrico, preciso: los doce capítulos impares
de *Noticias del Imperio* se entregan en exclusividad a los vastos y
delirantes monólogos de Carlota, mientras que cada uno de los once
capítulos pares se descompone en tres partes (relativamente) autónomas
entre sí. El eje que atraviesa toda la novela, librándola de la dispersión,
es la palabra de la emperatriz loca; a esa voz enclaustrada y anacrónica,
divorciada del principio de realidad, la complementa la extensa galería
de narradores que se suceden en los capítulos· intermedios. Así, la
arquitectura del relato juega con el contrapunto entre lo uno y lo vario,
lo singular y lo múltiple: la síntesis de ambos polos es el texto mismo,
que trasciende tanto la monotonía como la proliferación amorfa de sus
materiales.

Podría pensarse que Carlota es la narradora principal de *Noticias
del Imperio*, dados los lugares de preferencia que en la novela ocupan
sus intervenciones[3]. No es así, sin embargo, pues su versión del mundo
representado se distingue por no ser ni autorizada ni fidedigna: como
informante e intérprete, Carlota es al mismo tiempo una figura in-
suficiente y desmedida. Su insuficiencia deriva en parte de la senilidad,
pero sobre todo de la enorme distancia temporal que media entre ella
y los sucesos históricos narrados, pues todos los monólogos de la

---

[3] Ver: Pons, "*Noticias del Imperio:* entre la imaginación delirante y los desvaríos de la historia".

emperatriz están fechados en 1927, sesenta años después de la muerte
de Maximiliano (dicho sea de paso, ¿no es curioso que esas seis décadas
de separación coincidan con el intervalo que Scott prescribía para
garantizar el carácter histórico de una novela?); en segundo lugar, la
credibilidad de la narradora se complica aún más por la desmesura de
sus enunciados, en los cuales la sicosis borra toda diferencia entre los
datos de la memoria y las invenciones de la alucinación. Decrépita y
loca, Carlota es menos un testigo de la Historia que uno de sus despojos
¿Cuál es, entonces, el saber que transmiten sus discursos?, ¿qué dicen
éstos sobre la práctica de representar el pasado? Una clave para
considerar las cuestiones anteriores aparece al final del primer capítulo,
cuando la emperatriz apostrofa e interroga al espectro de Maximiliano:

> ¿Quién, dime, quién que esté vivo lo recuerda, quién sino yo, que
> hace sesenta años te dije adiós a la sombra de los naranjos
> perfumados de Ayotla y te dejé para siempre solo, montado en tu
> caballo Orispelo y vestido de charro y con tu catalejo de almirante
> de la flota austríaca, y quién sino la historia, que te dejó tirado y
> desangrándote en el Cerro de las Campanas con el chaleco en
> llamas y te dejó colgado de los pies de la cúpula de la Capilla de
> San Andrés para que se te salieran los líquidos con los que te
> habían embalsamado y embalsamarte de nuevo a ver si así tu piel,
> Maximiliano, dejaba de ponerse cada vez más negra, como se
> puso, y tu carne de momia hinchada, pobre Max adorado, dejaba
> de ponerse cada vez más hedionda, como se puso? Sólo la historia
> y yo Maximiliano, que estamos vivas y locas. Pero a mí se me está
> acabando la vida (27).

La viuda del emperador y la historia —que, en este párrafo, es
tanto el relato de los sucesos como la fuerza motriz de éstos— tienen
en común la paradójica función de conservar lo ya extinto. Lo que
hacen ambas es mantener un vínculo entre los vivos y los muertos,
aunque el propósito de la evocación quede sin explicar (o, a causa de
la locura que aqueja a las memoriosas, sea literalmente inexplicable).
En la palabra patética de Carlota, la ausencia no afecta sólo al
acontecimiento recordado, sino al mismo acto de recordar: la pérdida
de la memoria ocurre con la muerte, pero la condición misma de la
memoria es la pérdida del otro. Por eso el cadáver de Maximiliano se
convierte en cifra y símbolo del pasado, que es la patria de los difuntos.

La cercanía de esta perspectiva a la que Michel de Certeau expone en
L'écriture de l'histoire resulta notable, aunque más importante aún me
parece que, hacia el final de *Noticias del Imperio*, el propio Benito
Juárez complemente la intuición de la esposa de su enemigo mortal:
"La historia sólo podía importarle a los vivos mientras estuvieran eso:
vivos, se dijo el Licenciado Benito Juárez y recordó que cuando de
joven se iniciaba en las lecturas de los enciclopedistas y los autores del
siglo de las luces, le había llamado la atención una frase de Voltaire: 'La
historia es una broma', decía el francés, 'que los vivos les jugamos a los
muertos...'. Parte de la broma, de la fantástica broma era, desde luego,
que los muertos no se enteraban: no sólo de lo que se decía de ellos,
sino tampoco, claro, de lo que se decía que ellos habían dicho" (623).
A juzgar por el ánimo del personaje —que, en el pasaje, agoniza y
delira— la broma en cuestión es más que pesada: se trata de una
verdadera pesadilla, como considera Stephen Dedalus en *Ulises* (y, por
cierto, el eco de Joyce se oye con claridad en esta impresión de Juárez:
"Y que todo eso era un sueño, un delirio, una pesadilla, no lo dudaba
un instante", 620).

Sobre el silencio de los difuntos se levanta la voz de los vivos: la
historia no es cómica, pero en ella se expresa profundamente la ironía
de la mortalidad. Quienes ya no hablan ni escuchan son la materia de
un discurso que los trata como si tuvieran el don de la palabra. Esto se
manifiesta en *Noticias del Imperio* de dos formas: la primera no es otra
que la misma pertenencia de la novela al género histórico, su inscripción
en un cuerpo de ficciones que se ocupan del pasado colectivo; la
segunda, aún más evidente, sucede al interior del mundo representado
y consiste en los parlamentos de personajes como Juárez o Carlota
que, en el umbral de sus propias muertes, se interrogan sobre los
problemas de la posteridad y la memoria.

Situada en la otra margen de la razón y de la era, Carlota habla
desde una doble excentricidad: la de la locura y la del anacronismo.
Precisamente porque esos dos estigmas perturban su visión del pasado,
la emperatriz aparece como un modelo en negativo del conocimiento
histórico. Aclaro: no un modelo malo, sino invertido. Por otra parte, el
personaje no está exento de profundas ambigüedades, que se derivan
de su particular status en la novela. Dos preguntas se conectan con la
oración anterior y le dan un perfil más claro: ¿Está a veces cuerda

Carlota?, ¿es siempre en la novela una criatura de ficción? Las interrogantes pueden parecer algo candorosas, pero tomemos en cuenta, por ejemplo, la siguiente afirmación de la voz autorial: "Para Carlota, Maximiliano estaba vivo mientras estaba loca, muerto cuando por unos minutos o unas horas la abandonaba la insanía. Maximiliano, así, pasaba, de ser *Señor de la Tierra y Rey del Universo*, como lo llamaba la Emperatriz, a ser sólo el buen pastor que había dado la vida por sus ovejas" (599). Un narrador riguroso y en general ecuánime, que glosa y comenta la bibliografía sobre el Imperio y sus actores, tiene bajo su responsabilidad las líneas citadas: su dicción y sus procedimientos son los de un compilador que critica las fuentes para establecer una versión plausible de los hechos. Bajo la égida de esa voz, Carlota pasa de agente de la narración a objeto de la historiografía. Es interesante notar que, en este pasaje, la demencia de la Emperatriz se reduce a la negación empecinada de la muerte del Emperador. Sin embargo, este criterio no basta cuando uno se enfrenta a los monólogos dramáticos que la viuda de Maximiliano pronuncia a lo largo de la novela. El destinatario de los apóstrofes es siempre el esposo perdido, pero no en todo momento se le asume con vida; por el contrario, en más de una ocasión Carlota reconoce su deceso, sin que por ello sintamos que la narradora ha recobrado temporalmente la razón. ¿Se trata acaso de una inconsistencia del texto, de un desliz del escritor? Me inclino, más bien, a pensar que la emperatriz posee una doble naturaleza en la novela: como emisora, es notoriamente una figura de ficción (de ahí, por ejemplo, que su discurso esté fechado en 1927 pero suceda en un presente crónico, en un *ahora* lírico que trasciende el flujo temporal: "Yo soy María Carlota de Bélgica, Emperatriz de México y América", 13, reza la primera oración de la novela); como objeto de los enunciados del compilador, de otro lado, su naturaleza se transforma, pues se trata de un ser cuya biografía sólo puede aprehenderse a través de los documentos históricos[4]. Así, Carlota posee en *Noticias del Imperio* una calidad anfibia, ambivalente, generada por los modos en que se la representa; en otras palabras, el doble status del personaje no depende de decidir su origen real o imaginario (¿quién negará que, en efecto, la emperatriz de México existió?), sino de advertir qué posiciones textuales ocupa. Casi tan antigua

---

[4] Ver: Kate Hamburger, *The Logic of Literature* 68-70.

como la forma de la novela histórica es la desconfianza que su hibridez inspira. ¿Cómo podrá distinguir el lector los datos inventados por el novelista de los que tienen la sanción profesional del historiador? Esa pregunta, señalaba Amado Alonso, explicaría que el sub-género "esté en crisis casi desde su nacimiento" (*Ensayo sobre la novela histórica* 73). A *Noticias del Imperio* —simultáneamente erudita y proteica— no le hace mella esa reserva, en la medida que desborda la lidia entre los fueros de la invención y los del documento. El caso de Carlota es, en este terreno, particularmente instructivo: la índole de la emperatriz no varía porque la información que se refiere a ella sea verídica o no; sus metamorfosis se deben, más bien, a los distintos modos de valorar los nexos entre la instancia de la enunciación y los enunciados narrativos.

A contrapelo de cualquier efecto verista, los locuaces monólogos que llenan los capítulos impares de la novela exhiben su carácter artificial, elaborado. Los parlamentos de Carlota no aspiran, en absoluto, a provocar la ilusión del testimonio fidedigno: en vez de parecer espontáneos y descoyuntados —se trata, después de todo, de los impromptus de una demente—, se distinguen por su complicada sintaxis, por el alambicamiento de vastos periodos que conjugan la abundancia de cláusulas subordinadas con la proliferación de anáforas y conjunciones copulativas. Los lectores de del Paso conocen ya desde antes de *Noticias del Imperio* ese fraseo amplio, elíptico, en cuyo movimiento a veces se diluye el sujeto de la oración principal, arrastrado por el flujo del discurso: una construcción y un ritmo similares definen a las voces de los narradores de *José Trigo* y *Palinuro de México*. Como sus predecesores, Carlota practica la norma del exceso, el culto de la hipérbole: "Sesenta veces trescientos sesenta y cinco días el espejo y tu retrato me han repetido hasta el infinito que estoy loca, que estoy vieja, que tengo el corazón cubierto de costras y que el cáncer me corroe los pechos" (21). Llevada al paroxismo, la repetición deja de ser monótona y se vuelve vertiginosa; multiplicado por el delirio, el deterioro adquiere una provocadora y sórdida grandeza que recuerda al Rimbaud de *Une saison en enfer*. A propósito, Rimbaud, Apollinaire —sobre todo en el fervor profético y en la imaginería crepuscular de *Alcools*—, Robert Desnos y Henri Michaux vienen a la mente durante la lectura de los soliloquios de Carlota; no es caprichosa esa asociación, pues los monólogos de la emperatriz pertenecen al linaje del vanguardismo en su vertiente iluminada y visionaria.

La locura de Carlota es, como la de Hamlet, metódica. Al margen de la coherencia cartesiana y del sentido común, el discurso de la narradora funda su cohesión en un temple lírico solemne y febril, en una retórica de barroco enciclopedismo y en la recurrencia obsesiva de fantasías sicóticas. Carlota, habladora torrencial, imagina un modo de escribir que contradice los protocolos de la historiografía: "...He comenzado ya a escribir, con tinta de verdad, con la tinta morada de la amapa rosa que me trajo Blasio de México, la historia trivial de mi locura y mi soledad, las memorias vacías de sesenta años de olvido, el oscuro diario de veintidós mil días que se transformaron en veintidós mil noches. Esa es la historia que a nadie le interesa. Por más que en ella me haya esforzado por contar lo más hermoso de mi infancia y de nuestro amor. Por más que me haya esmerado en no dejar de contar, también, lo más trágico de nuestra aventura y tu muerte en México" (492). El manuscrito al que se refiere la Emperatriz es el doble de su soliloquio, la letra que complementa a la voz. ¿Por qué esa crónica personal se percibe superflua, inútil, en relación al conocimiento académico de la historia? Obviamente, se dirá, porque su autora carece de distancia crítica ante su materia y porque la demencia la torna incapaz de ofrecer una relación confiable de los hechos. Hay que añadir que, lejos de defender su credibilidad, la propia interesada califica a su relato de "memorias vacías" y "oscuro diario"; más allá de los adjetivos, es sintomático que invoque en su melancólico juicio a dos géneros de la privacidad: en ambos, el mismo individuo hace las veces de sujeto de la enunciación y del enunciado. De hecho, el carácter lírico del discurso de Carlota no se explica tanto por la imaginería surrealista y el vocabulario suntuoso como, precisamente, por la hegemonía de la primera persona, transformada en fuente y objeto último del verbo. Un hablante lírico y un testigo —no en vano, el primer sentido de este término es legal— se diferencian porque el primero se orienta hacia la esfera de la intimidad y el mundo interior, mientras que el segundo ofrece su palabra como garantía de la realidad empírica. No hay que deliberar mucho para saber a cuál de los dos tendrá en mayor estima un historiador ocupado en referir acciones y datar sucesos.

En vez de colocar el sentido de la existencia individual en el plano mayor de la vida colectiva, Carlota procede en sentido inverso: el México de su locura es un paisaje síquico, una proyección de deseos y temores íntimos. No por azar, la Emperatriz imagina su vínculo con el país como una escena primaria freudiana (y su participación en ésta, además, como un encuentro límite entre Eros y Thanatos, a la manera de Bataille): "Pero yo dije qué importa que todo México vea a Mamá Carlota haciendo el amor con Papá Maximiliano, y claro, comencé a sofocarme, me ahogaba, me faltó el aire y aún así aguanté la respiración para seguir amándote, y sólo cuando empecé a sentir lo que fue al mismo tiempo el placer y la angustia más grande de mi vida ya no pude más, expulsé el aire que me abrasaba los pulmones y el alma se me escapó por la boca" (359). Al pasar por el tamiz de la patología, la circunstancia histórica se metamorfosea en imagen alucinatoria y el precario poder de la monarca se resuelve en la ambivalencia de un orgasmo agónico. El mecanismo que guía a la imaginación de la narradora revela aquí su funcionamiento: la esfera del inconsciente devora y metaboliza la dimensión política, social, de los actores. De esa forma, los procesos sociales y las peripecias biográficas se someten a la economía del delirio, que tiende a la síntesis de la imagen y rechaza las disecciones del análisis: en el teatro de esta locura —que, aclaro, es literaria y no clínica— colapsan las barreras que separan lo público y lo privado, lo empírico y lo imaginario, lo literal y lo simbólico. Caídos estos distingos, se entiende que, en los monólogos de Carlota, la historia exista solamente como emanación de una conciencia que funda un universo solipsista, autárquico: "Yo soy María Carlota Amelia Victoria Clementina Leopoldina, Princesa de la Nada y del Vacío, Soberana de la Espuma y de los Sueños, Reina de la Quimera y del Olvido, Emperatriz de la Mentira..." (668), dice en el último párrafo de la novela, definiéndose en los órdenes de la negación y la inmaterialidad. Claude Fell sostiene que, en este pasaje final, la hablante "puede proclamar su verdadero estatuto de personaje de ficción" (86); el comentario no es erróneo, pero pierde de vista que el énfasis de Carlota recae sobre su calidad de fabuladora: de hecho, las líneas citadas reivindican la propiedad del discurso y equivalen a una declaración de autoría. Ciertamente, sería abusivo identificar a la narradora con el autor implícito de la novela (y éste, por otro lado, tampoco es idéntico a esa deidad invisible e imparcial que, en la perspectiva de Flaubert, debía ser el emblema del creador de ficciones[5]); de todas maneras, la viuda de Maximiliano es la principal —aunque no la única— figura que dramatiza la producción de textos en *Noticias del Imperio*.

El tema de la autoría se emparenta, por lo demás, con el motivo de la fecundidad. Los ejemplos de esta conexión abundan, pero acaso baste recordar el prólogo de la primera parte del *Quijote*, en el que Cervantes aprovecha con gracia los tópicos trillados de la paternidad literaria y la falsa modestia: "¿Y así, qué podrá engendrar el estéril y mal cultivado ingenio mío sino la historia de un hijo seco, avellanado, antojadizo y lleno de pensamientos varios y nunca imaginados de otro alguno, bien como quien se engendró en una cárcel, donde toda incomodidad tiene su asiento y donde todo triste ruido hace su habitación?" (9). En otro encierro, Carlota no sólo se empeña en el parto de su palabra; a la vez, la obsede el deseo de ser madre. El tropo clásico cobra así un nuevo matiz, pues sirve para poner de relieve los rasgos principales de la narradora. Por ejemplo, es interesante notar que las fantasías maternales de la Emperatriz suelen ser apoteósicas: "...y que me trajeran también, les dije, un colibrí blanco de las selvas de Petén, para contar sus plumas una por una y elegir la más pequeña y suave como me dijo el arcángel y esconderla en mi seno y así embarazarme para que en mi vientre, redondo y luminoso, creciera durante nueve meses y sesenta años el hijo que un día voy a dar a luz, Maximiliano, y que será más grande y hermoso que el sol" (73). El estado mental del personaje se manifiesta no sólo en la identificación mimética con la Virgen María, sino también en la tendencia a rectificar imaginariamente los datos de la realidad empírica: "Con esto, lo que quiero decirte es que te voy a dar a luz en cualquier momento, para que todos sepan que es mentira que estás muerto" (118). Como se ve, los mecanismos de esta locura se parecen a los de la ficción: representar e inventar son los actos que fundan un mundo alternativo, autónomo. El parecido no es, sin duda, simple coincidencia. Por eso, no provoca sorpresa que, para Carlota, la capacidad de procrear y la facultad de producir discursos se vuelvan gemelas: "Porque si de alguien voy a

---

[5] En una famosa carta, Flaubert declaró así su credo: "L'artiste doit être comme Dieu dans la Création, invisible et tout puissant, qu'on le sente partout, mais qu'on ne le voie pas" (*Correspondance II* 691).

tener un hijo alguna vez, Maximiliano, no será, como ya te lo dije, de Van der Smissen ni del coronel Feliciano Rodríguez, ni de Léonce Detroyat, ni de nadie. Será de mí misma. De mí misma y de mis palabras" (123). Hijo de las palabras: ¿esa descripción del heredero imposible no podría servir también como una metáfora del texto?

Presencia esperpéntica y desmedida, Carlota acoge los extremos de la megalomanía y el desamparo; en efecto, dentro de la emperatriz loca conviven, irónicamente contrastadas, la ilusión de grandeza y la impotencia. Esas facetas contrarias del personaje permiten iluminar un problema que atraviesa *Noticias del Imperio*: la experiencia personal del poder, las ambigüedades que minan a los representantes de la autoridad. En las caracterizaciones de Benito Juárez y Maximiliano se manifiesta también esta preocupación del novelista —que excede, con mucho, la curiosidad por los detalles íntimos de las figuras públicas—, pero es a través de Carlota que se muestra con mayor agudeza. Desprovista de toda función política, de cualquier efecto práctico sobre la vida colectiva, la emperatriz destronada sólo puede experimentar el poder en su dimensión imaginaria, puramente subjetiva. La lucha entre adversarios que aspiran al control del Estado se vacía de sustancia histórica y se desplaza al terreno síquico: aunque nadie quiere matar a la decrépita Carlota, que es del todo inocua, el delirio de persecución que ella sufre no es arbitrario, pues tiene su fuente en las circunstancias de una biografía marcada por la violencia y la intriga. La paranoia del personaje se grafica en el terror que le produce el envenenamiento, ese método renacentista para eliminar dignatarios. Ya en las páginas iniciales de la novela se lee lo siguiente: "...y que si estoy loca es de hambre y sed, y que siempre lo he estado desde el día en que el mismísimo diablo Napoleón Tercero y su mujer Eugenia de Montijo me ofrecieron un vaso de naranjada fría y yo supe y lo sabía todo el mundo que estaba envenenada porque no les bastaba habernos traicionado, querían borrarnos de la faz de la Tierra, envenenarnos y no sólo Napoleón el Pequeño y la Montijo, sino nuestros amigos más cercanos, nuestros servidores..." (15). Cientos de páginas más adelante, en el décimosexto capítulo, la voz autorial afirma que durante el lustro del Imperio "no es desde luego improbable que alguien haya deseado o intentado envenenar a Carlota o a Maximiliano" (461); en ese mismo capítulo, la segunda parte presenta escénicamente a la familia imperial francesa, que se entretiene jugando con una lotería de animales exóticos y, de paso, conversando acerca de la emperatriz de México, cuya locura Eugenia de Montijo atribuye al efecto de una yerba alucinógena, el toloache (455). Como se puede advertir, los tres fragmentos se ocupan de la misma persona y del mismo asunto, pero desde ángulos y posiciones profundamente disímiles: el diálogo tácito entre ellos ocurre en el ejercicio de la lectura, que los conecta y confronta. Aparte de reclamar la complicidad activa de los receptores, este procedimiento enriquece con ecos y alusiones la materia narrada. Específicamente, la fantasía sicótica de Carlota se revela como una forma exasperada de reelaborar los datos de la experiencia política, pues la paranoia del personaje tiene su génesis en la traición de sus aliados y la hostilidad de sus adversarios. Puede agregarse a lo anterior que la patología de Carlota expresa, con una hipérbole grotesca, el predicamento de quienes llevan las riendas del poder: en la manía persecutoria y en la de grandeza se reflejan mórbidamente dos aspectos claves del liderazgo. Así, entre la historia y la historia clínica se produce un juego de influencias recíprocas.

No sólo los soliloquios de la emperatriz ponen en escena (y en cuestión) los tópicos de la autoridad, la memoria y el sentido del pasado. Ya antes se había señalado que el relato acoge un amplio teatro de voces y un muestrario extenso de géneros y modos de representación: esa multiplicidad es la que, precisamente, subraya la naturaleza problemática y polémica del texto. La voz autorial, en el remate de una reflexión acerca de la posibilidad de emitir un veredicto definitivo sobre Juárez y Maximiliano, concluye que el proceso a ambos queda necesariamente abierto "porque a falta de una verdadera, imposible y en última instancia indeseable 'Historia Universal', existen muchas historias no sólo particulares sino cambiantes, según las perspectivas de tiempo y espacio desde las que son escritas" (638). Leída fuera de la novela que la contiene, esta cita parece abogar por un relativismo ecuménico y con vocación de neutralidad. Sin embargo, el rechazo de *Noticias del Imperio* a las certidumbres de un discurso monológico no la lleva a convertirse en un inventario aséptico de las versiones opuestas que engendró la guerra entre juaristas e imperialistas. La variedad de fuentes y perspectivas que el texto convoca apunta, sin duda, a resaltar que no es factible la unanimidad sobre fenómenos como los históricos, cuya misma naturaleza supone la pugna entre intereses contrarios y la disputa por el poder; al mismo tiempo, reconocer esta pluralidad de posiciones no equivale a afirmar que toda opinión posee idéntico peso, que cada sujeto es propietario de una verdad parcial. Sin ir más lejos, una brecha notoria separa a los delirios de Carlota de las meditadas intervenciones del compilador. La voz autorial no es dueña de la última palabra, pero sí goza de dos ventajas innegables sobre sus competidoras: el conocimiento crítico de una bibliografía enorme y la capacidad de reflexionar sobre su propia práctica[6]. Lo primero le permite, por ejemplo, concluir que "todos los autores que han decidido que sus lectores se queden con la impresión de Miguel López como un traidor, *no* son mexicanos, sino europeos" (560). Aquí, la erudición hace que el corolario no parezca dictado por el fervor nacionalista; al contrario, la sospecha de parcialidad recae sobre quienes sostienen que la victoria de la República sobre el Imperio se logró gracias a una maniobra deshonrosa[7]. Con Napoleón III, esos historiadores extranjeros sugerirían que a Maximiliano no lo liquidaron la falta de apoyo popular o la superioridad de las tropas leales a Juárez, sino las malas artes "de un partido que ha vencido únicamente por la traición" (561). Si la primera ventaja tiene que ver con la reflexión sobre los discursos ajenos, la segunda se relaciona más bien con la auto-reflexividad: "¿Qué sucede —qué hacer— cuando no se quiere eludir la historia y sin embargo al mismo tiempo se desea alcanzar la poesía?" (641) se pregunta en voz alta el autor hacia el final de la novela. Así, la poética invade los predios de la ficción y el texto ingresa de lleno al debate sobre la novela histórica.

Antes de ensayar su propia respuesta, el autor reseña sumariamente las posiciones de Rodolfo Usigli, Jorge Luis Borges y Georg Lukács. Esa trinidad no es citada en vano: "Corona de sombra", *Historia universal de la infamia* y *La novela histórica* son los títulos

---

[6] De ahí que no me parezca acertada la siguiente apreciación de Héctor Ruiz Rivas: "En la sintaxis general del texto no hay por lo tanto subordinación sino mera yuxtaposición. Un corolario de este recurso es que las voces narrativas al estar dispuestas a lo largo de la obra, entran en competencia o contrarrestan la voz que más pudiese acercarse a la del autor"("Francia en México: la expresión de lo local y lo foráneo en *Noticias del Imperio*" 51).

[7] Bruce-Novoa, a propósito de este pasaje, afirma: "La conclusión a que nos guía a su vez del Paso es que la historia, lejos de ser una ciencia objetiva, es una ficción propagandística" (*"Noticias del Imperio* o la historia apasionada" 428). Me parece, más bien, que el fragmento de la novela enfatiza el trabajo crítico de la lectura, que descubre en los textos analizados un prejuicio descalificador.

que certifican la validez de los interlocutores. Del Paso señala que Usigli llamó "anti-histórica" a su pieza, que Borges declaró preferir la verdad simbólica a la precisión documental y que Lukács se opuso a confundir la autenticidad de un episodio con su eficacia poética. Hecha la glosa, viene la propuesta personal: "Quizás la solución sea no plantearse una alternativa, como Borges, y no eludir la historia, como Usigli, sino tratar de conciliar todo lo verdadero que pueda tener la historia con lo exacto que pueda tener la invención" (641). La cautela del adverbio anuncia, desde el principio, que la idea no aspira a ser preceptiva; al término de su exposición, la paradoja a la que arriba el autor puede parecer apenas una síntesis retórica de dos actitudes que son, en el fondo, bastante similares entre sí. A la luz del resto de la novela, sin embargo, la fórmula de transacción no se agota en el puro juego de palabras. En buena cuenta, el relato se esfuerza en mostrar, con apego estricto a la evidencia documental, cómo la memoria de los sucesos históricos tiende a vertirlos en los moldes del mito y el símbolo. Un buen ejemplo de ésto se halla en el fusilamiento de Maximiliano, que no sólo se relata con el lenguaje descriptivo y detallado de la crónica; también da cuenta de él el testimonio arrepentido de un soldado que termina por ver en el Emperador a un "nuevo Cristo que llegó a México para redimir nuestros pecados" (578), analogía que refuerza el corrido intercalado con el monólogo. El compilador, por último, observa que "en esa época, como en muchas otras, no era raro el afán de comparar un martirio con el Calvario" (586). El mismo episodio se representa a partir de dicciones y modelos diferentes, pero acaso lo más interesante sea que la mitificación del fusilamiento ocupa el primer plano: aparte de reconstruir plausiblemente la escena de la ejecución, el texto se esmera en exhibir (y explicar) la metamorfosis del hecho en leyenda. La conversión de las imágenes en íconos, de los sucesos documentados en eventos simbólicos, es parte sustantiva de la experiencia cultural del pasado: *Noticias del Imperio* no la soslaya y, por el contrario, la incorpora a través de la mímesis y el análisis.

En otro pasaje se ha mencionado ya la controversia sobre la deslealtad del coronel mexicano Miguel López, compadre del gobernante austríaco. Vale la pena regresar a esa cuestión, que no sólo pone el dedo en la llaga del eurocentrismo. El paralelo entre Maximiliano y Cristo, por exigencia de la simetría, necesita un Judas: los actos y los

actores deben ajustarse a un argumento que los determina y les da
sentido. El compilador examina minuciosamente tanto las versiones
que sostienen la culpabilidad de López —sobre todo las del barón
Magnus, Alberto Hans, el príncipe Salm Salm y Egon de Corti— como
las que proclaman la inocencia del oficial —entre estas últimas, la más
contundente es la del general republicano Escobedo, a quien siguen
Gustav Gostkwoski y Emille Olivier. Luego de revisar las pruebas y los
argumentos de ambas corrientes, el narrador declara "la imposibilidad
de llegar a una conclusión" (561). No es la única vez en la que deja
abierta una interrogación luego de examinar las fuentes. Por ejemplo,
no se determina en la novela si Maximiliano fue nieto de Napoleón
Bonaparte y producto de los amoríos clandestinos entre la Archiduquesa
Sofía y el Aguilucho (62-3); otra duda genealógica afecta a la Emperatriz,
de la que finalmente no se puede afirmar con seguridad "si dio o no a
luz a un hijo en el *Gartenhaus* de Miramar" (597). Esas sombras e
incertidumbres contrastan con aseveraciones categóricas, como cuando
el narrador apunta que "a Carlota no se le comunicó la muerte de
Maximiliano hasta enero del 68, durante uno de sus poco frecuentes
momentos de lucidez" (596). Curiosamente, Seymour Menton asegura
que "Fernando del Paso ilustra la tesis borgesiana y post-moderna de
que es imposible determinar la verdad" (86), pese a que el autor da
pruebas abundantes de no suscribir *a priori* un escepticismo radical: es
sólo después de evaluar la información disponible que el compilador
declara su perplejidad o su certeza[8].

[8] Tanto Peter Thomas como Stella Clark y Alfonso González califican a *Noticias del
Imperio* de "metaficción historiográfica", usando el término acuñado por Linda Hutcheon.
Thomas sostiene que la novela "desconstruye" la posibilidad de representar un periodo
histórico en su totalidad, al usar pródigamente la enumeración y la proliferación ("Historiographic Metafiction and the Neo-Baroque" 181). Clark y González, por su parte, escriben lo
siguiente: " Del Paso nos permite, a la vez que nos impide, la búsqueda de la verdad. Como
obra posmoderna, *Noticias* también le proporciona al lector el modo de trascender los
obstáculos que crea la ambigüedad" ("*Noticias del Imperio*: La 'verdad histórica' y la novela
finisecular en México" 732). La conclusión de Thomas es más bien banal (¿existe alguien,
historiador o no, que crea seriamente en la posibilidad de aprehender íntegramente el
pasado?); Clark y González, por su parte, no sólo creen que la novela realiza simultáneamente
tres operaciones incompatibles, sino que ésto les parece meritorio. Del Paso, por su parte,
declaraba en 1986: "Yo me pasé más de dos años leyendo intensamente y después escribí la
primera página de la novela. Desde hace tres o cuatro años decidí, ya lo he dicho alguna
vez, establecer una especie de carrera entre la imaginación y la documentación" (Barrientos,
"La locura de Carlota" 31); en la misma entrevista, el novelista señalaba también: "Decidí ser
fiel a la historia, aunque me tomo libertades" (33).

Luego de recorrer la bibliografía, la voz autorial no puede decidirse sobre la culpabilidad de López, pero no por eso el asunto deja de importar. Cierta o falsa, la anécdota tiene la virtud de ajustarse por analogía al relato mítico de la Pasión: aunque el episodio no se puede verificar, su estructura lo llena de sentido. Sin embargo, la relación entre el maestro traicionado y el discípulo infiel admite —como todo argumento arquetípico— más de una elaboración. En "Tres versiones de Judas", de Borges, el teólogo Nils Runeberg especula heréticamente sobre la posibilidad de que Judas fuera, en realidad, no un traidor sino un participante voluntario de un "hecho prefijado que tiene su lugar en la misteriosa economía de la redención" (*Prosa completa II* 216). De manera similar, una de las hipótesis sobre el coronel López lo muestra como cómplice y víctima de un plan cortesano. Se lee en *Noticias del Imperio* el resumen de esta explicación: " El historiador mexicano Carlos Pereyra, sin decirlo, nos dice que Maximiliano decidió que además de Márquez necesitaba otro traidor, y que el elegido fue su compadre Miguel López. El sacrificio que se le pidió a éste, y por el cual se le compensaba, era el de aparecer como eso, como un traidor, ante la historia" (555). Convertidos en actores, López y Maximiliano habrían representado sus respectivos papeles para beneficio de la posteridad. Del Paso deja que los lectores saquen sus conclusiones, pero es obvio que los atacantes y defensores del coronel López tienen más en común de lo que sospechan: las exégesis de ambos grupos presentan al hecho histórico como imitación —casual o consciente— de un suceso paradigmático. Por cierto, si la captura y la muerte de Maximiliano *parodian* a las de Cristo, ¿no se prueba así el carácter literalmente textual de estos acontecimientos?

Aunque el compilador no toma partido en el *affaire* López, deja en claro que los juicios sobre éste son tanto éticos (¿fue o no el coronel un ser despreciable?) como estéticos (¿fue o no una figura trágica?). Las preguntas se necesitan y complementan porque comparten un mismo propósito: la valoración y el esclarecimiento del pasado. Hayden White, al definir a los géneros como "sistemas de producción de sentido" (*The content of the form* 44), no está lejos del autor de *Noticias del Imperio*, quien califica a la historia de Maximiliano y Carlota de "grotesco melodrama personal de sombría grandeza" (638) y en la advertencia preliminar se refiere al "destino trágico de los emperadores de México" (11).

¿Tragedia o melodrama? Las dos categorías traen a la mente la idea de una puesta en escena, de un tinglado en el que se representan conflictos. Por supuesto, no es ninguna novedad identificar a la historia con el teatro ni, menos aún, recurrir al motivo histriónico para graficar las intrigas y manejos de la política. Sin embargo, el texto no cae en terreno trillado porque explora intensa y prolijamente cómo la teatralidad incide en el mundo representado y en su representación. De hecho, en *Noticias del Imperio*, buena parte de las peripecias de los personajes y del discurso de la novela están moldeados por las convenciones del drama. Así, por ejemplo, el compilador se detiene en el hecho de que el proceso al emperador destronado ocurriese en una sala teatral:

> El Teatro Iturbide de Querétaro, réplica en dimensiones reducidas del Gran Teatro Nacional de la ciudad de México, y en cuyo techo, y entre nubes y auras de gloria aparecían ilustrados siete dramaturgos mexicanos y dos españoles —uno de estos últimos el amigo de Maximiliano, José Zorrilla— tenía cabida para dos mil espectadores y sí, es probable que, como señalaba Foster, la sala haya "estado iluminada como para una representación", ya que no había razones para efectuar un juicio a media luz (570).

El peculiar escenario del juicio no hizo de éste un simple simulacro, afirma la voz autorial, que ampara su impresión en la lectura de las "seiscientas apretadas páginas" (569) de la causa. De todas maneras, anota que no fueron pocos quienes vieron en el proceso "la representación de un drama aprendido de memoria, de una farsa sangrienta de la cual lo mismo los defensores que el fiscal, los miembros del tribunal y el acusado, fueron cómplices y actores: todos sabían cuál era el final, trágico e inevitable" (567). Agrega el compilador que aunque el desenlace fuese previsible —como, en efecto, lo fue—, el proceso no tiene por qué considerarse viciado: un usurpador extranjero hubiese sido sentenciado a muerte en "cualquier otro país de Europa y del mundo de esa época y de ésta" (567). Hecha la aclaración, de todas maneras el litigio contra Maximiliano sigue siendo un espectáculo, una suerte de auto secular y patriótico que muestra la derrota del Invasor y el triunfo del Estado. En otro pasaje de la novela, Juárez señala que la confrontación armada contiene dos guerras simultáneas: "Una es la de México contra Francia. La otra, la de la República contra el Imperio" (316).

Bajo esa perspectiva, el proceso a Maximiliano plasma alegóricamente los antagonismos que ensangrentaron al país desde 1862 a 1867: los representantes de los dos bandos libran su última batalla en la escena judicial. Vale la pena notar, entonces, que los detractores y los defensores del juicio terminan por subrayar la profunda teatralidad del hecho. A pesar de sus pareceres contrarios, no pueden evitar esa coincidencia.

Por otro lado, el motivo histriónico surge —en una clave sardónica, mordaz— ya en el segundo capítulo de *Noticias del Imperio*: "Del baile de anoche, en las Tullerías" (46-56) emplea los recursos de la narración escénica y el frívolo tablado de un baile de máscaras para presentar (o, mejor aún, desenmascarar) el juego de las grandes potencias europeas en la crisis mexicana. El senador romano y el noble veneciano que se ejercitan en una amable esgrima verbal son, respectivamente, el austríaco Richard Metternich y el emperador Napoleón III. Entre bambalinas, la causa del Imperio no pretende adornarse de altruísmo y, más bien, se discute sobre ella con pragmática crudeza: "¿Y dígame usted —pregunta retóricamente el noble veneciano— va a dejar Europa, vamos a dejar nosotros que nos arrebaten toda esa riqueza? Ya hace tiempo que los norteamericanos comenzaron la conquista económica de Sonora" (53). La coartada del disfraz estimula la sinceridad, la atmósfera bufa del *bal masqué* permite decir en voz alta los secretos de Estado. El cinismo y la falta de grandeza se traslucen no sólo en las palabras de los personajes, sino en las condiciones mismas de su diálogo: irónicamente, Metternich y Napoleón III son políticos que se esconden tras la semblanza de otros políticos. Esa circunstancia hace evocar el célebre comienzo del *Dieciocho brumario*, en el que Marx contrasta a Napoleón I con su sobrino nieto para concluir que la historia tiende a repetir como farsa lo que primero presenta en el molde de la tragedia.

Con rigor y consistencia, *Noticias del Imperio* propone que existir históricamente y actuar —en el doble sentido de ejercer una práctica y encarnar un papel— son, bien mirados, una y la misma cosa. Por eso, no es casual que la mayoría de los personajes tengan plena conciencia (o, al menos, una intuición exacta) de su calidad de histriones, como lo prueba el empeño que ponen en construir sus propias imágenes. Análogamente, en el plano del discurso vemos que el trabajo mismo de la representación se luce y exhibe a través del virtuoso despliegue de la parafernalia formal. En suma, los dominios complementarios del relato se distinguen por acentuar la importancia de la labor retórica: el quehacer de los signos sirve para aportar información, sin duda, pero sobre todo para *dar forma* a la praxis histórica y al texto que la relata. El impulso auto-reflexivo que señala a la novela no abarca sólo cuestiones estrictamente literarias. Comprende también la propia filiación nacional (o, más bien, nacionalista) de *Noticias del Imperio*, que afirma sin ambigüedades la pertenencia a su país. No aludo a ciertos datos evidentes, como el pasaporte del autor o el referente de la ficción, sino a que la obra misma declara desde qué lugar se erige. El texto —a pesar de sus fuentes plurales y su forma múltiple— no es ni apátrida ni neutral: las peripecias de propios y extraños se subordinan, en último análisis, a la cuestión mexicana. Así, los temas de la autoridad y la autonomía conciernen, en *Noticias del Imperio*, tanto al orden de la poética como a la esfera de la política.

En el inventario de las excentricidades latinoamericanas, una página aparte debe corresponder al hecho de que un archiduque austríaco y una princesa belga se atribuyesen, ya en la segunda mitad del siglo XIX, la representación del país hispanoparlante más grande de las Américas. ¿No parece ésto una prueba más de la índole real maravillosa del área? Y sin embargo, aunque *Noticias del Imperio* no es avara en detalles insólitos y anécdotas inusuales, la novela no presenta al breve Imperio mexicano como un suceso espectacularmente singular: por el contrario, lo sitúa en el cuadro de las intervenciones extranjeras que México ha sufrido. Ya en 1838, la llamada "Guerra de los Pasteles" había enfrentado a Francia con la república mexicana y casi una década más tarde, en 1847, "culminó la invasión expansionista norteamericana con la cesión a los Estados Unidos de territorio mexicano con una superficie de más de un millón trescientas cincuenta mil kilómetros cuadrados, que incluía las provincias de Nuevo México y de la Alta California —y que, agregada Tejas, equivalía a la mitad del territorio nacional..." (35). Lejos de ser novedosa, la iniciativa de Napoleón III sigue los pasos de otras aventuras contrarias a la soberanía del país. Por cierto, si bien el líder del Segundo Imperio no fue nunca un comensal apático en el banquete de las influencias internacionales —como lo muestran la conquista de Argelia, la guerra de Crimea y la ocupación de Indochina—, el bocado mexicano parece haber sido el que encontró más apetitoso: "Pero de todas esas aventuras bélicas, la que más atrajo y sedujo, absorbió y preocupó a Luis Napoleón fue la intervención francesa en México..." (41). Toda la primera parte del segundo capítulo se dedica, precisamente, a la prolija explicación de cómo Benito Juárez y Maximiliano se convirtieron en las cabezas antagónicas de un país bicéfalo. La sobriedad del tono y la retórica expositiva no apuntan a provocar el asombro del lector, su admiración ante la singularidad latinoamericana; más bien, buscan establecer sin estridencia la importancia de los intereses económicos y las ambiciones políticas en el devenir histórico: mientras que la categoría de lo real maravilloso suele concentrarse en los prodigios de la naturaleza y los sincretismos de la cultura, aquí el compilador se concentra en las realidades crasas y prosaicas que fundan al colonialismo.

Son los invasores, en todo caso, quienes hacen de México un exótico teatro en el cual pueden ser espectadores de lo insólito y actores de su propia voluntad de poder. Más de medio siglo antes que Maximiliano y Carlota, el Víctor Hugues de *El siglo de las luces* compartía la misma actitud ante el espacio latinoamericano, aunque con otro programa. No es vano recordar aquí al oficial francés que en *Noticias del Imperio* le escribe a su hermano —historiador socialista y opositor del Segundo Imperio— "que la grandeza de la intervención de Francia en México consiste en que combina dos grandes tradiciones: la napoleónica de las glorias militares, y la de la política liberal emanada de la Revolución Francesa" (109). La declaración no puede tomarse en serio, sobre todo porque el único apoyo interno de los franceses vino del campo conservador y pro-clerical; el manto de legitimidad con el que el militar quiere cubrir la ocupación de un país soberano sólo descubre su mala conciencia, pero por otro lado es obvio que ni los jacobinos ni los bonapartistas trataron en pie de igualdad a los dominios de ultramar. Sucede que los vínculos entre la metrópolis y la periferia se constituyen en la esfera económica, pero encuentran su expresión en el territorio de las mentalidades y las representaciones. Por ejemplo, la imagen del duelo a muerte entre la civilización y la barbarie sirvió, con letal eficiencia, para proponer la superioridad intelectual y ética de las élites locales y los intereses foráneos sobre las fuerzas que obstaculizaban lo que Marshall Berman llama "la modernización desde arriba" (*All that is Solid...* 219). El colonialismo decimonónico contaba, además, con la certidumbre seudo-científica de la desigualdad entre las razas y con la confianza en que la marcha del progreso era no sólo deseable, sino indetenible. Sería abusivo y simplista, sin embargo, reducir el élan moderno a los afanes expansionistas de las potencias europeas. En *Noticias del Imperio*, la correspondencia entre los hermanos Alphonse y Jean-Pierre —el intelectual izquierdista y el militar invasor, respectivamente— permite, justamente, presentar las dos caras de la controversia sobre el carácter mismo de la modernidad.

Jean-Pierre, cronista del atraso mexicano, no se priva de señalar que "las carreteras están también en un estado deplorable, y como la bendición del camino de hierro se limita a un ferrocarril para dos o trescientos pasajeros que recorre una distancia no mayor de cincuenta kilómetros —de Veracruz a Camarón, según tengo entendido— la mayor parte de los viajeros se ve obligada a trasladarse en las "Diligencias de la República", pintarrajeadas como carretas de circo, y que parecerían estar construidas usando como modelo las berlinas de los tiempos de Luis XIV" (108). No es gratuito que el transporte sea asunto de queja y sarcasmo: el ritmo acelerado del siglo europeo se opone a la lentitud y el marasmo de la tradición periférica. En México, hasta el tren —emblema de la velocidad y el progreso— resulta casi inútil y decorativo; la diligencia, por su lado, se convierte en alegoría involuntaria del adversario juarista, que no puede ocultar su índole pintoresca y reaccionaria tras su profesión de fe liberal. El conquistador no tiene el menor respeto por quienes aspira a conquistar ¿Cómo podría tenerlo, si los nativos son bárbaros y él, por el contrario, forma parte de la vanguardia civilizada? André Breton diría, ya bien entrado el siglo XX, que México era un país surrealista. Aunque entre el fastidio del militar del Segundo Imperio y el entusiasmo del escritor de vanguardia media un abismo ideológico y cultural, hay de todas maneras ciertos vasos comunicantes entre ambas posiciones: después de todo, la simpatía o el rechazo por el país ajeno nacen de percibirlo exótico y raro, irreductible en su extravagancia a los patrones de la racionalidad moderna. De hecho, el desdén de Jean-Pierre resulta ser el reverso displicente del asombro que, en *Noticias del Imperio*, se atribuye a la emperatriz Carlota; ésta no deja de maravillarse con los festejos del Día de los Muertos o las más de cuatrocientas fumarolas de Michoacán y, sin embargo, llega a la conclusión de que "en un país donde podía pasar todo, como en México, no se podía hacer nada" (286). A la larga, las singularidades de la cultura local y las hipérboles de la naturaleza resultan improductivas, inútiles: "Y unos cuantos meses después, así lo expresaría Carlota: en México, además del caos, se veneraba a la *nada*, una *nada* de piedra, 'inamovible, tan antigua como las pirámides'" (286). Por cierto, la ironía que se les escapa a los invasores es que su propia presencia agudiza aquello que reprochan. Así, en la cúspide del Estado paternalista que pretenden imponer, las tentativas de organizar el país se agotan en un descomunal dispendio retórico y monetario, en un gasto de energía que ningún beneficio compensa: "De modo que el número de escritos se multiplicó de manera prodigiosa de la noche a la mañana y eso, esa descripción del despacho de Maximiliano con el piso y quizás los corredores materialmente cubiertos de cartas, notas, edictos, mensajes, memoranda, circulares, invitaciones a fiestas y banquetes, pedidos a *Saccone & Speed*, cambios al Ceremonial de la Corte, presupuestos y proyectos de ley, es la que a Eloin le hubiera gustado hacerle al padre de Carlota, como un ejemplo de lo absurdo que era Maximiliano, del caos que prevalecía en el Imperio" (290-1).

Volvamos al contrapunto epistolar entre los hermanos franceses. Si Jean-Pierre es el apologista del statu quo, Alphonse asume la documentada crítica del régimen de la libre empresa y del colonialismo. Luego de observar que incluso el barón Haussmann, el gran urbanista del París moderno, calcula que "las cuatro quintas partes de los habitantes de esta maravillosa ciudad viven en la miseria" (222), el joven historiador pasa revista al prontuario de horrores cometidos en nombre de la civilización occidental; ese apasionado recuento tiene por objetivo probar la falencia moral de los colonialistas, la mala fe que se esconde tras su repudio de las crueldades cometidas por los pueblos no europeos (y, también, tras el rechazo de esta misma clase dirigente a la presunta barbarie de las clases trabajadoras de Europa). Sin embargo, en vez de una celebración trasnochada del "buen salvaje" rousseauniano o un retorno al irónico relativismo del Montaigne de "Sur les cannibales", el corresponsal parisino se limita a negar la autoridad de quienes, con fines propagandísticos y auto-exculpatorios, se declaran escandalizados por los sacrificios humanos de los aztecas o la vesanía del rey Christophe de Haití. El interés de Napoleón III en el Nuevo Mundo no se debe a la filantropía, sino a la voluntad de poder. Esta última se manifiesta en las acciones militares o las maniobras políticas, pero también invade el territorio de los signos. Así, un neologismo en apariencia inofensivo, *Latinoamérica*, responde a los designios imperialistas del gobernante francés y no a un supuesto espíritu de fraternidad cultural: "Pero a todas esas repúblicas ya no se les llama "hispanoamericanas", y mucho menos "ibero" o "indo" americanas, porque ha surgido un nuevo término —al parecer inventado por Michel Chevalier— mucho más conveniente para los propósitos de Francia: México, Colombia, Argentina, etc., son ahora naciones "latinoamericanas". Claro, malamente podría Luis Napoleón autonombrarse abanderado de la "hispanoamericanidad", ¿no es cierto? Pero al cambiar lo "hispano" por lo "latino" se soluciona el problema y de paso se abarca a todas las colonias francesas del Caribe, presentes y futuras" (226).

Sin duda, la cuestión nacional y los dilemas de la modernidad se trenzan en *Noticias del Imperio*. Los partidarios de la invasión y la resistencia luchan por el control del territorio mexicano pero, al mismo tiempo, su duelo involucra la imagen misma del país y la manera de regirlo. El antagonismo de fondo, sin embargo, no parece advertirlo el Emperador, que llega a ensoñarse con la inverosímil claudicación del Presidente: "Y a Don Benito Juárez, Blasio, que te acuerdas me dijo en una carta cuando llegué a México: 'La Historia nos juzgará', decirle sí, así es, Señor Juárez, pero si ahora mismo hacemos las paces y usted acepta ser mi primer ministro, la Historia nos juzgará a los dos de forma más benévola..." (435). Es preciso notar que, aunque quimérica, la propuesta no habría sido del todo arbitraria, pues los jefes del Imperio y la República tenían inclinaciones liberales. Maximiliano, por lo demás, no se consideraba un títere de Napoleón III ni un rehén de los conservadores mexicanos. Lo que estaba en juego no era, sin embargo, únicamente la educación primaria obligatoria y gratuita, la separación de la Iglesia y el Estado, el sistema métrico o la modernización de la infraestructura vial. La carta a la que alude Maximiliano dice, en su párrafo más contundente: "Es dado al hombre, Señor, atacar los derechos ajenos, apoderarse de sus bienes, atentar contra la vida de los que defienden su nacionalidad, hacer de sus virtudes un crimen y de los vicios propios una virtud; pero hay una cosa que está fuera del alcance de la perversidad, y es el fallo tremendo de la Historia. *Ella nos juzgará*" (261). La defensa de la propiedad privada y de las libertades cívicas —es decir, el núcleo mismo del credo liberal— sostiene aquí al sentimiento nacionalista. La moral y la razón están del lado de quienes defienden la soberanía de México, mientras que los invasores extranjeros representan la barbarie: una dicotomía familiar reaparece, pero con los roles cambiados. Juárez acudirá también a los clisés más frecuentados de la retórica del progreso para validar la lucha contra la agresión foránea: "Ah, vientos de libertad corren en Europa, Señor Secretario, pero aquí en México esa misma Europa quiere revivir la Edad Media, el oscurantismo" (323). Así, el patriotismo de los defensores de la República se fundamenta en los valores de la modernidad, mientras que el Imperio sería una aberración reaccionaria. A propósito, es interesante notar por qué Juárez rechaza al filósofo que con más rigor articula su propia concepción: "Hegel transformó al Estado en Dios, y como resultado la lógica de la tiranía se adorna ahora con el hermoso hábito del sacrificio. Bismarck bien podría encarnar, en una Alemania unificada, al hijo de ese Dios que para ellos es el Estado" (325). Como dice Hannah Arendt, el concepto central de la metafísica hegeliana es la Historia (*Between past...* 68), lo cual significa que en este sistema —a diferencia del platónico, por ejemplo— la verdad se inscribe en el devenir temporal y no en el plano de la eternidad. Esta es la idea que, con un giro espectacular, el Juárez de *Noticias del Imperio* le explica a su secretario. Sin embargo, ¿no cree él mismo que el sentido de la existencia se descubre en la esfera secular, en los procesos sociales y la brega política? Sí, claro que sí. A pesar de ésto, la premisa se vuelve inaceptable por los usos a los que se presta: dentro de ella, como en un caballo de Troya, se esconde la tesis que justifica la creación (o la expansión) de grandes potencias europeas. De hecho, ¿por qué sólo tendrían que aprovechar el razonamiento de Hegel los seguidores del canciller prusiano? En verdad, nada impediría que también los partidarios de Napoleón III lo utilicen para sostener los designios expansionistas de Francia. El recelo frente al eurocentrismo, no la falta de fe en la teleología del progreso, explica la resistencia del liberal hispanoamericano a aceptar la lección del filósofo alemán. El nacionalismo de la periferia es, en definitiva, la piedra de toque de las discrepancias entre la República y el Imperio. A pesar de su envergadura y su peso, este factor no elimina un acuerdo de fondo entre los adversarios decimonónicos: la Historia marcha siempre en ascenso y hacia adelante. Ese artículo de fe es, sin duda, una marca de la época; también lo es —pero de un momento distinto, el de la crisis de lo moderno— la incredulidad del novelista.

Como toda ficción histórica, *Noticias del Imperio* asume en su poética el intervalo que separa a los sucesos narrados del tiempo de la escritura. Los actores del drama son contemporáneos entre sí, pero el texto que los alberga ha sido edificado en la posteridad. Este dato no afecta sólo la estructura del relato, sino su contenido propiamente dicho: es cierto que toda narración se funda en la diacronía, pero la peculiaridad de las novelas históricas consiste en tratar al mismo devenir como un tópico y un problema. El pasado nacional que el texto construye es una suerte de horizonte retrospectivo, un trasfondo cuya importancia se dirime finalmente en la actualidad de la memoria. La operación no implica, sin embargo, la tiranía del presente en el relato de la historia. Batallas, proclamas, alianzas, traiciones, la victoria final de un bando y el descalabro del otro: todo ello es *significativo* tanto para sus protagonistas directos —Juárez, Carlota y Maximiliano, Napoleón III, entre otros— como para el gremio de sus cronistas e intérpretes. Así, el repertorio del novelista histórico parece estar ya saturado de juicios y elaboraciones: en vez de trabajar en un lienzo virgen, el artista pinta sobre un palimpsesto. ¿No es el suyo un acto redundante, excesivo? Lo sería si el presente y el pasado fueran objetos fijos y no coordenadas de una relación siempre móvil, incesante en su mudanza. En la década de 1980, en México, el Imperio que se inició con una moratoria no puede pensarse al margen de la crisis de la deuda externa; de otro lado, la brecha cronológica permite separar a la pareja imperial de la agresión francesa a la soberanía del país, al punto de que *Noticias del Imperio* propone considerar a Maximiliano y Carlota como parte del patrimonio simbólico de México. Esa sugerencia, a primera vista inofensiva, tiene sin embargo bastante filo polémico, pues se funda en una revisión profunda del criterio mismo de lo nacional.

No puede pasar desapercibido que en la novela se citen las últimas —y famosas— palabras del destronado emperador: "Voy a morir por una causa justa: la causa de la Independencia y la Libertad de México. Ojalá que mi sangre ponga término a las desdichas de mi nueva Patria. ¡Viva México!" (586). A la arenga del vencido hay que agregar, dice el narrador, una exclamación agónica: "...los testigos oculares del drama del cerro afirman que después de la descarga, y cuando yacía en el suelo, el Emperador dijo en español: '¡Hombre, hombre!'" (586). No se trata sólo de comprobar el contraste entre la solemne grandilocuencia de la primera cita y la abrupta parquedad de la segunda. Se diría que, a la hora de enfrentarse a su fin, Maximiliano revela una doble presencia: en su condición de estadista derrotado, brinda al futuro su muerte, convertida en acto cívico y gesto de buena voluntad hacia su patria adoptiva; en su calidad de simple mortal, ya echado por tierra y abatido por el dolor de las balas, pronuncia espontáneamente una interjección en la lengua materna de sus nuevos compatriotas. El narrador no ofrece comentarios en este pasaje, pero más adelante dirá que "Maximiliano y Carlota se mexicanizaron: uno, hasta la muerte, como dice Usigli, la otra —digo yo— hasta la locura. Y como tales tendríamos que aceptarlos: ya que no mexicanos de nacimiento, mexicanos de muerte. De muerte y de locura" (643). El destino —no el origen— marcaría la identidad histórica de los dos monarcas, apropiados finalmente por el país al que quisieron regir.

En el museo de los íconos nacionales, sugiere la voz autorial, podría acogerse a una Carlota y un Maximiliano transfigurados por la imaginación. La emperatriz merecería que se le inventase "una locura inacabable y magnífica, un delirio expresado en todos los tiempos verbales del pasado y del futuro y de los tiempos improbables o imposibles para darle, para crear por ella y para ella el Imperio que fue, el Imperio que será, el Imperio que pudo haber sido, el Imperio que es" (644). Al emperador, por su parte, le correspondería una muerte "más poética y más imperial" (645). En el cuerpo de la novela, la propuesta del narrador se expresa parcialmente en los parlamentos desaforados de Carlota y en el paródico "Ceremonial para el fusilamiento de un Emperador", que lleva hasta el paroxismo la manía protocolar del monarca. El patetismo delirante de los monólogos y el humor negro del ceremonial parecen, en principio, contrarios e incompatibles entre sí, pero los une la distancia que toman frente al sentido común y el decoro burgueses. Si ésto los separa de la norma racionalista, en cambio los aproxima a la órbita del surrealismo (en la cual, dicho sea de paso, gira también *Palinuro de México*). Esa filiación va, por supuesto, más allá de los rasgos de estilo y marca a la propia ideología del texto: no es casual que, en *Noticias del Imperio*, la Razón no sea el principio que guía la Historia. A propósito, puede causar cierta sorpresa que la incorporación de Carlota y Maximiliano al panteón de México ocurra bajo el patrocinio de la estética de vanguardia. ¿Para nacionalizar las imágenes de los emperadores no habría que recurrir a una forma más autóctona? Responder con un sí a esa pregunta acaso hubiera sido estimulante en los años 20 y 30, cuando el nuevo Estado surgido de la Revolución promovía un arte nacional y popular (o, si se quiere, populista); en las décadas siguientes, por el contrario, la misma respuesta ya no pasaría de ser una formalidad burocrática. De ahí que *Noticias del Imperio*, profusamente enciclopédica y vorazmente cosmopolita, cambie de modo radical los términos de la cuestión: lo propio de una cultura es también aquello de lo que ésta se apropia, al margen de su procedencia. Esa convicción es la piedra angular del texto y la médula de su poética. Sin ella, no puede entenderse hasta qué punto *Noticias del Imperio* discrepa de las tesis que pretenden localizar la especificidad de las sociedades hispanoamericanas en un núcleo autóctono, incontaminado: el mito del retorno a los orígenes, el deseo de hallar la clave del ser colectivo en las supuestas raíces de la cultura local, no animan ni impulsan a la tercera novela de Fernando del Paso. Esta, lejos de buscar la quintaesencia de la nacionalidad en el instante glorioso de una fundación y en la figura plena de un héroe, elige como materia del relato las vicisitudes de un inicio fallido y la ruina de quienes lo encabezaron.

Vasta y minuciosa, *Noticias del Imperio* es la evidencia legible de un enorme trabajo de relectura. Este esfuerzo se muestra a través de la erudita riqueza de la novela, pero se exhibe también en el despliegue de los múltiples filtros y registros que destilan la información sobre los antecedentes, la efímera existencia y los resultados de la empresa imperial. El lirismo y la impersonalidad épica, el pathos y la ironía, la mímesis dramática y la glosa analítica, el molde trágico y la veta cómica ayudan a edificar un texto que, al mismo tiempo, ilustra un momento histórico y esclarece su propia construcción. Sin nostalgia ni ánimo iconoclasta, *Noticias del Imperio* se ocupa de una crisis del pasado y de la crítica de su representación para reflexionar ampliamente sobre las encrucijadas y las ambigüedades de la experiencia nacional mexicana.

EL GENERAL EN SU LABERINTO:
LAS AGONÍAS DEL LIBERTADOR

DE TODOS LOS TÍTULOS que en vida se le confirieron, Simón Bolívar prefirió el de Libertador; de todos los destinos posibles, el de estadista y forjador de naciones. Cinco repúblicas sudamericanas le deben su independencia —una de ellas, Bolivia, hasta lo recuerda en su nombre— y, sin duda, en la convulsa historia latinoamericana del siglo XIX pocos son los que pueden competir con él en estatura y trascendencia. Bolívar es objeto de ese culto secular que los estados suelen reservar a sus fundadores, pero su importancia traspasa confines nacionales, pues fue él quien concibió el proyecto de la unidad política de las ex-colonias españolas en América y, en la *Carta de Jamaica*, definió famosamente a sus habitantes como "un pequeño género humano" (*Escritos políticos* 67). De ahí que escribir sobre Simón Bolívar no sólo exija considerar —tácita o explícitamente— el sustrato de la iconografía y la literatura dedicadas a su figura, sino los textos que él mismo produjo[1]. *El general en su laberinto* (1989), de Gabriel García Márquez, más que limitarse a reclamar un sitio en la biblioteca bolivariana, revisa y discute las representaciones del Libertador, canónicas o no; al hacerlo, ofrece su propia versión de Bolívar y su trayectoria, no sin interrogar en el proceso la naturaleza del tiempo histórico y el sentido de una existencia ejemplarmente consagrada al quehacer político.

La acción de la novela de García Márquez se abre el 8 de mayo de 1830 y concluye con la muerte de su protagonista siete meses más tarde, el 17 de diciembre de 1830[2]. El tramo final de la biografía de Bolívar, en el que éste viaja por el río Magdalena hacia un exilio ambiguamente voluntario, sirve de foco al relato: la fidelidad empírica

---

[1] Ver: Weldt-Basson, "The purpose of historical reference in Gabriel García Márquez's *El general en su laberinto*".

[2] Curiosamente, en "The Task of the Historian in *El general en su laberinto*", Isabel Alvarez Borland afirma que el novelista recrea sólo los últimos quince días del protagonista: "García Márquez does not attempt to write Bolívar's entire life, but instead recreates a brief segment thereof: the final two weeks" (440).

se conjuga con las resonancias simbólicas de un motivo clásico[3]. Así, el río de la geografía se convierte en soporte e imagen de la memoria y el tiempo, pues las peripecias del último camino dan pie a la visión retrospectiva de la vida de Bolívar. Aunque los ocho capítulos en que se divide el relato siguen el itinerario del viaje definitivo, son frecuentes los pasajes que remiten hacia escalas anteriores de la biografía del protagonista; el narrador intercala anécdotas reveladoras y digresiones monográficas en la relación del trayecto por el Magdalena, ensanchando de ese modo el arco temporal de la novela[4].

Aunque evidente, la índole biográfica de *El general en su laberinto* no deja de presentar problemas. Para comenzar, son graves las dificultades de composición que afronta una novela cuyo personaje central es, al mismo tiempo, una figura histórica de primer orden. ¿Cómo caracterizar en la ficción a un sujeto que ha intervenido decisivamente en la realidad social? ¿Cómo construir la imagen literaria de quien pertenece al panteón patriótico y al repertorio historiográfico? En principio, la relevancia histórica de un protagonista podría angostar —y hasta rescindir— las licencias poéticas que puede legítimamente tomar el novelista: el documento abrumaría a la invención. Alejo Carpentier fue, entre otros, de este parecer: "No se puede hacer una gran novela cuyo personaje central se llame Napoleón Bonaparte, o se llame Julio César,o se llame Carlomagno, porque o bien se achica el personaje con las exigencias del relato novelesco, o bien, por un prurito de fidelidad, no se colocan en su boca sino las palabras que realmente dijo, los discursos que realmente pronunció, y entonces se transforma el gran hombre en una especie de monumento con facultad de movimiento, pero que pierde fuerza" (Arias, *Recopilación* 43).

Bajo esta perspectiva, la ventaja artística del Víctor Hugues de *El siglo de las luces* sobre su ídolo y paradigma, Robespierre, radica precisamente en la oscuridad del primero; gracias a que carece de un perfil definido en la imaginación de los lectores, puede ser retratado con un mayor margen de libertad por el novelista. La salvedad de

---

[3] El eco de las "Coplas a la muerte de su padre", de Jorge Manrique, resuena en la imagen del viajero que desemboca en la muerte. Por otro lado, el río es un avatar de lo que Bakhtin llama "el cronotopo del camino". Ver: Bakhtin, *The Dialogic Imagination* 243-44.
[4] Entre las obras de las que se sirvió García Márquez para documentarse, acaso la más frecuentada haya sido *Bolívar día a día*, de Eugenio Gutiérrez Cely y Fabio Puyo.

Carpentier tiene que ver menos con la naturaleza misma del personaje
—una figura secundaria es, después de todo, tan histórica como una
de primera fila— que con su hipotética recepción; paradójicamente,
mientras más parcos sean los datos y más tenues las imágenes que
circulen sobre un individuo, mayores serían las posibilidades de
representarlo con verosimilitud. Por cierto, un daguerrotipo que
pronuncia frases célebres se presta mal a la caracterización novelesca:
los "grandes hombres" a los que alude el autor de *El siglo de las luces*
se resistirían al tratamiento de la ficción no sólo porque sus palabras y
sus obras han sido documentadas ampliamente, sino por las dimensiones
heroicas, sobrehumanas, que han cobrado. El cliché estatuario derrotaría
a una representación más compleja y dialógica del sujeto biográfico,
en la que éste apareciese en el proceso de encontrar y definir su lugar
en las crisis de su tiempo. Sin embargo, por muy categórica que suene
la reserva de Carpentier, no se funda en una supuesta imposibilidad
teórica, en algún factor que afecte a la poética del género; se trata, más
bien, de una consideración pragmática. De hecho, los mismos términos
del argumento podrían volverse contra su corolario: si las imágenes
dominantes de las grandes figuras históricas son, en efecto, planas y
monumentales, ¿no se convierte casi en un deber intelectual y estético
rectificarlas?

   Por su parte, Georg Lukács considera que en una genuina ficción
histórica el protagonista tiene que ser un sujeto transitivo y mediano,
no uno de esos seres a los que Hegel llamó, en *La filosofía de la
historia*, "hombres universales" (31). Para Lukács, el personaje central
no debe trascender a su tiempo, sino expresarlo. La norma humana, en
vez de la excepción heroica, tendría la virtud de revelar las disyuntivas
y encrucijadas propias de la época:

> This portrait of the age is held together at the center by the "middle-
> of-the-road" hero. Those very social and human characteristics
> which banish such figures from drama or permit them only a sub-
> ordinate, episodic role, qualify them for their central position in
> the historical novel. The relative lack of contour to their personali-
> ties, the absence of passions which could cause them to take up
> major, decisive, one-sided positions, their contact with each of the
> contending hostile camps make them specially suited to express
> adequately, in their own destinies, the complex ramifications of
> events in a novel (*The Historical Novel* 128).

En el razonamiento de Lukács, a través de los vaivenes y las vacilaciones de un sujeto típico —el "héroe mediano"— se definen con más precisión los conflictos históricos: el retrato del personaje serviría para trazar el perfil de la época, que sería el propósito prioritario del género. Dicho sea de paso, el protagonista que *La novela histórica* propugna se diferencia del héroe problemático de *Teoría de la novela*, incapaz de reconciliarse con un mundo carente de grandeza épica y consistencia moral[5]; a pesar de sus flaquezas y su opacidad, el héroe mediano tiene un carácter positivo, afirmativo. A fin de cuentas, es un hombre de acción —o, en todo caso, un hombre obligado a la acción. Su medianía, sin embargo, está lejos de resultar inequívoca, como señala Agnes Heller, que encuentra al menos tres acepciones del término en el texto de Lukács: bajo la primera, el protagonista debe estar *en medio* de la acción; de acuerdo a la segunda, debe encontrarse *en medio* de la escala humana, pues no le conviene ni la estatura de un líder ni la de una criatura irrisoria; según la tercera, debe situarse *en medio* de las posiciones en pugna (Heller 28). Invocar ejemplos que no se ajusten a este modelo es un ejercicio válido, siempre y cuando se advierta que el esquema del crítico húngaro es abiertamente prescriptivo: no declara cómo son los personajes centrales de las ficciones históricas, sino cómo deben ser.

Notoriamente, la figura clave de *El general en su laberinto* se encuentra en las antípodas del héroe mediano. Esa comprobación —que, en sí misma, puede parecer obvia y trivial— expresa un desacuerdo más profundo, que atañe a la poética de la novela y a la concepción del género histórico suscritas por García Márquez. Ciertamente, no es novedosa la decisión de colocar en el primer plano del relato a una gran figura histórica: ya Alfred de Vigny, en *Cinq-Mars* (1826), le había concedido el papel protagónico a Richelieu[6]; al prólogo de ese libro, "Sur la Verité dans l'Art", Lukács lo llamó "el manifiesto teórico más significativo de la tendencia romántica en la novela histórica" (75). De todas maneras, *El general en su laberinto* es sólo en parte tributaria de esa corriente, a la cual comenta de manera oblicua a través de Bolívar, que concilió tumultuosamente en su persona los

---

[5] Ver: *The theory of the novel.*
[6] Ver: Alexis Márquez, "Raíces de la novela histórica" 34-5.

preceptos de la Ilustración con el egocentrismo romántico. De hecho, el Libertador aparece en el relato como artesano de su propia imagen y fabricante minucioso de su identidad: hasta cierto punto, el líder venezolano se torna en obra deliberada de sí mismo. Significativamente, el arquetipo según el cual se moldea y define el perfil de su subjetividad es Napoleón Bonaparte. Un contemporáneo imaginario de Bolívar, el Julien Sorel de *Rojo y Negro* (1830), admira también a Bonaparte, pero el ambiente retrógrado y banal de la Restauración no consiente que trate de emularlo; en su caso, la vocación de grandeza se degrada hasta el arribismo y el talento degenera en habilidad para la impostura. Nacido en el momento equivocado, Julien viste el negro de la sotana y no el rojo del uniforme militar; privado de la posibilidad de destacar en la arena pública y en el mundo de la política, se vuelca a la intriga de pasadizos y alcobas. Y, sin embargo, la hipocresía del personaje no es cómica, a la manera de Tartuffe; al contrario, las paradojas de su conducta muestran que la duplicidad de Julien Sorel es trágica: si el cálculo le permite escalar socialmente, la pasión lo lleva al cadalso. Otro criminal, Raskolnikov, evoca a Napoleón y se pregunta —retóricamente, pero sin ironía— en las páginas de *Crimen y castigo* si un doble asesinato es acaso peor que todas las muertes causadas por el Emperador. En *La guerra y la paz*, el príncipe Andrei Bolkonski, que había idealizado al líder de los franceses, lo ve en persona luego de la batalla de Austerlitz; la cercanía de la muerte, sin embargo, hace que la presencia de Napoleón se vuelva trivial: al cerrarse el primer libro de *La guerra y la paz*, el hombre más poderoso de Europa le parece insignificante y pequeño a quien cree estar viviendo sus últimos minutos.

En *El general en su laberinto*, es Miranda Lindsay, que le salvó la vida a Bolívar en Jamaica por medio de una estratagema galante, quien se encarga de definirlo[7]: "De regreso a su casa, su padre le preguntó a Miranda cómo era el conspirador que tanto inquietaba a los agentes españoles de la isla, y ella lo redujo a una frase: '*He feels he's Bonaparte* '" (85). Más que una *boutade* lapidaria, la sentencia de la inglesa parece —al menos en la tácita opinión del novelista— un buen diagnóstico del Bolívar que conoció en 1815. La precisión cronológica

---

[7] La conjura contra Bolívar está documentada; en cambio, Miranda es una creación del novelista.

es importante, porque la trayectoria del personaje habrá de transformarlo profundamente. Quince años más tarde, durante el viaje final del Libertador, se produce el reencuentro que permite la digresión retrospectiva: el contraste de fechas permite destacar el trabajo del tiempo sobre las identidades y los cuerpos. En el instante mismo en el que Bolívar reconoce a su antigua benefactora, ésta le responde que, en efecto, es ella "aunque ya no la misma" (84). Por supuesto, podría uno leer en esta frase nada más que la expectativa de una réplica caballerosa, pero el predicamento de Bolívar y la sintaxis del relato le dan una resonancia mayor. La escena de 1830 en Honda conduce a la que, con los mismos actores y circunstancias diferentes, tuvo lugar en Jamaica. El discurso del narrador se desliza entonces del pretérito al pluscuamperfecto y, si bien el cotejo de las situaciones revela varias asimetrías —por ejemplo, en la segunda entrevista es Miranda Lindsay quien necesita ayuda—, los mayores cambios afectan a la persona misma de Bolívar: "No lo hubiera reconocido en la calle —dice el narrador, registrando las sensaciones de Miranda en 1830— sin las patillas ni el bigote juvenil y con el cabello blanco y escaso, y con aquel aspecto de desorden final que le causó la impresión sobrecogedora de estar hablando con un muerto" (90). Irónicamente, el recuerdo del encuentro anterior reverbera en las palabras que cierran la oración, pues fue *hablando* con Bolívar que la dama lo libró de la muerte en Jamaica; la cita a la que lo convocó fue el medio de impedir que se consumara un atentado fatal. Más importante aún, el deterioro hace que el protagonista deje de parecerse a su propia imagen; ésto, que podría ser un lugar común, resulta sin embargo clave para la caracterización del personaje, en la medida que la *persona* sobre la cual opera la biografía está constituida, para usar la fórmula de Quevedo, por presentes sucesiones de difuntos. El joven que en 1810 "fue confundido con un pederasta griego en un burdel de Londres" y un lustro más tarde "parecía mucho mayor de sus treinta y dos años" (84) es también el hombre agonizante que en 1830 ve Miranda Lindsay —aunque, al igual que ella, podría decir con justicia que no es ya el mismo.

Ciertamente, no sólo en el cuerpo están inscritos los cambios que el tiempo impone. También la identidad del personaje, la imagen íntima y pública del sujeto, sufren la marca de los años. Así, la voz omnisciente que rige el relato asegura, refiriéndose a Bolívar en 1815: "De la generación de criollos ilustrados que sembraron la semilla de la independencia desde México hasta el Río de la Plata, él era el más convencido, el más tenaz, el más clarividente, y el que mejor conciliaba el ingenio de la política con la intuición de la guerra" (86). La postura del narrador en este párrafo es, como puede notarse con facilidad, decididamente magisterial; más que una opinión, ofrece un juicio que se quiere definitivo. Los categóricos superlativos con los cuales define el lugar de Bolívar ante sus pares revelan, además, que no le interesa desmitificar al Libertador; por el contrario, éste es descrito inequívocamente como un hombre extraordinario, en el sentido literal de la palabra: contra el trasfondo de sus contemporáneos destaca, excepcional, el héroe. A primera vista, la novela parece el género menos propicio para la representación de una figura de esta talla intelectual y ética. De hecho, ¿qué debate puede haber sobre su valor?, ¿cómo aceptar más de una perspectiva sobre él? Si al personaje lo define la excelencia —en vez de su sucedáneo irónico, el exceso, que es el atributo de don Quijote y Gargantúa—, ¿no le correspondería entonces un tratamiento estrictamente épico? La respuesta sería afirmativa si en la novela no mediase la agencia del tiempo, que trabaja y desgasta a Bolívar, convirtiéndolo en una figura hecha de estadios sucesivos y hasta contradictorios. El asombro de Miranda Lindsay es, así, prueba y síntoma de la imposibilidad de fijar la imagen definitiva del Libertador: paradójicamente, el sujeto de la biografía se vuelve plural. Por eso, las mutaciones físicas y anímicas del personaje, sus contradicciones ideológicas y vuelcos de actitud importan más en la representación que sus rasgos constantes, invariables: si por momentos el comentario autorial parece ensayar el retrato intelectual y ético de Bolívar, la lógica misma de la narración exhibe los avatares del personaje y diluye así el espejismo de un ego estable, definido.

De todas maneras, *El general en su laberinto* no caracteriza a su protagonista concentrándose en el proceso vital de éste, en las peripecias que lo transforman. Opera, más bien, a través del contraste entre períodos dramáticamente opuestos de su historia. En esa medida, el episodio de Miranda Lindsay ilustra bien cómo el texto entrega la información: una elipsis separa los dos momentos de los que se ocupa el relato. El tránsito desde la madurez al envejecimiento prematuro y el curso que lleva del fervor libertario al escepticismo quedan al margen del discurso o, si se prefiere, en sus intersticios. Al lector le cabe comprobar que, en efecto, los cambios sufridos por el Libertador no son cosméticos, pero la manera en que han ocurrido permanece en la penumbra. Sobre Bolívar en 1815, todavía en vísperas de su apogeo, dice sin vacilaciones el narrador que "con todo lo que apreciaba su vida y su causa, cualquier cosa le parecía menos tentadora que el enigma de una mujer hermosa" (86). Ese aventurero, intenso y audaz, está cortado con la misma tijera que los héroes de Byron. No se trata de un parecido casual, pues la conducta y la sensibilidad del personaje están lejos de ser espontáneas; son, por el contrario, el resultado de una pedagogía aplicada al propio yo, de un consciente ejercicio de auto-invención. Los rastros de ese trabajo no pasan desapercibidos, por lo menos para una observadora perspicaz como Miranda: decir que Bolívar se siente Bonaparte equivale a decir que lo emula. Por cierto, en el coloquio nocturno de Jamaica, el héroe le recita a la joven inglesa "octavas reales bien medidas y bien rimadas, en las cuales se mezclaban requiebros de amor y fanfarrias de guerra" (87); aparte de la evidente discordia entre la forma neo-clásica y el asunto romántico, interesa notar que a la hora de la seducción el revolucionario recurre a la poesía, uniendo así las armas a las letras. Conmovida, la destinataria de los versos "citó tres nombres tratando de adivinar el del autor" (87-8), pero Bolívar le dice que no ha acertado y, para prolongar el juego, le ofrece pistas sobre el enigmático poeta: se trata de un militar y, por añadidura, "el más grande y solitario que haya existido jamás" (88). Miranda cree que el aludido es Napoleón, a lo que su interlocutor contesta con una transparente apología de sí mismo: "Casi—dijo el general—pero la diferencia moral es enorme, porque el autor del poema no permitió que lo coronaran" (88).

Es cierto que, en el pasaje citado, el Bolívar de García Márquez se compara favorablemente con Bonaparte; no es menos cierto que se describe y califica a través de él, con lo que demuestra no sufrir ninguna ansiedad de influencia, ningún deseo de afirmar que no imita a nadie: se puede derivar de otro y al mismo tiempo superarlo, sostiene implícitamente el Libertador. Aunque esta posición contraría una de las convicciones básicas del romanticismo —es decir, aquélla que identifica al genio con la originalidad—, mantiene sin embargo intacto el culto al ego. De todas formas, el protagonista de *El general en su laberinto* no aspira a ser el doble de Bonaparte, sino su homólogo latinoamericano: en vez de convertirse en un calco viviente, se propone como una versión corregida de su modelo. Ni Julien Sorel ni Raskolnikov pueden alentar pretensiones semejantes, porque ninguno de los dos actúa en la misma esfera que Napoleón. En rigor, sólo pueden *contrastar* sus destinos al del corso: sin sus ambiciones secretas y sus arranques de megalomanía, nada tendrían en común el seminarista Sorel y el estudiante Raskolnikov con el líder de los franceses. No pasa lo mismo con Bolívar, cuya vocación y trayectoria lo colocan en un plano equivalente al del vencedor de Austerlitz y Jena; ambos, más allá de cualquier diferencia, fueron militares y políticos. Dicho en otros términos, sus biografías son indesligables de la problemática del poder y la organización del Estado y la sociedad —que, según Hegel, constituyen la materia y el contenido de la Historia.

Como se ha visto, el protagonista de *El general en su laberinto* se ocupa con insistencia de su identidad y su imagen, al punto de empeñarse conscientemente en producirlas. El carácter trágico del personaje deriva, en gran medida, de la contienda entre su desmesurado proyecto —crearse a sí mismo a la vez que crea repúblicas independientes— y las circunstancias en las cuales le toca vivir[8]. Bolívar, que ha pretendido ser el arquitecto de su yo, ve desgastada su obra por la acción del tiempo, la enfermedad y la voluntad de los otros.

El implacable deterioro físico del Libertador y la ruina de su propuesta política dramatizan el conflicto entre el deseo del sujeto y las imposiciones de la realidad. A la larga, el fracaso de la utopía integracionista y la inminencia de la muerte son dos facetas de un mismo proceso, el de la pérdida del poder: sobre Bolívar triunfan no sólo sus adversarios —como Santander, el presidente colombiano— sino también la dolencia misteriosa que lo devasta[9]. Esta última, aparte

---

[8] Mary Davis analiza detenidamente los puntos de encuentro entre el modelo clásico de la tragedia y la imagen del héroe en la novela. Ver: "Sophocles, García Márquez and the Labyrinth of Power". Michael Palencia-Roth observa también que el novelista, como en otros de sus libros, se acerca al drama griego: "Here, as so often in his work, García Márquez's sensibilitiy is close to the ancient Greeks. For him, Bolívar is a fated life" ("Gabriel García Márquez: Labyrinths of Love and History" 56).

[9] Gerald Martin subraya que el fracaso se constituye en el centro de gravedad de *El general en su laberinto*: "And like all García Márquez's novels, the work is about defeat, not victory, about disillusionment, not the apotheosis of an idea" (*Journeys through the Labyrinth* 293).

de despojarlo de su fuerza, tiene la capacidad de desfigurarlo, de alterar profundamente su estampa: "Terminó afeitándose a ciegas sin dejar de dar vueltas por el cuarto, pues procuraba verse en el espejo lo menos posible para no encontrarse con sus propios ojos" (13), dice el narrador en el primer capítulo. Esa negativa a confrontarse con el reflejo de su rostro sugiere una íntima desazón, una extrañeza profunda: Bolívar no puede —no quiere— reconocerse en la imagen que le devuelve el cristal. Precisamente porque el protagonista de *El general en su laberinto* es un ícono, una figura pública, ese aspecto de la enfermedad gana una resonancia peculiar: en la novela, el cuerpo magro de Simón Bolívar contradice al *corpus* colosal formado por la iconografía y la literatura. Vale la pena detenerse en este punto, pues es decisivo para la construcción del personaje.

A lo largo del texto, uno de los índices del avance de la enfermedad es el empequeñecimiento físico de Bolívar, que parece estar literalmente en trance de disiparse como presencia. El narrador, en su papel de cronista fidedigno, apunta este hecho en el curso de un retrato que se halla al comienzo de la novela:

> Meses antes, poniéndose unos pantalones de gamuza que no usaba desde las noches babilónicas de Lima, él había descubierto que a medida que bajaba de peso iba disminuyendo de estatura. Hasta su desnudez era distinta, pues tenía el cuerpo pálido y la cabeza y las manos como achicharradas por el abuso de la intemperie. Había cumplido cuarenta y seis años el pasado mes de julio, pero ya sus ásperos rizos caribes se habían vuelto desordenados por la decrepitud prematura, y todo él se veía tan desmerecido que no parecía capaz de perdurar hasta el julio siguiente (12).

La fisonomía de Bolívar es, sin duda, la de un desahuciado. Por cierto, ninguno de los cuadros que de él se conservan lo muestra en condiciones tan precarias de salud. El ánimo del narrador no es peyorativo, pero sería impensable que su descripción inspirase una efigie cívica. En su sentido más llano, se trata de un pasaje desmitificador, pues subraya la condición frágil y mortal de su objeto: la suma de detalles particulares —la talla disminuida, el cutis mórbido, el cabello enmarañado— remite a la conclusión sobre el decaído porte de Bolívar y la inminencia de su muerte. El efecto no es esperpéntico, sin embargo, pues la degradación del cuerpo está penetrada por un *pathos* trágico: el personaje —que, se nos dice, conoció en el pasado "noches babilónicas"— paga su exceso de energía con un envejecimiento precoz. Así, pierde en duración lo que ha ganado previamente en intensidad.

Mientras más progresa la enfermedad, más decrece su víctima. En octubre, cuando Bolívar está de paso por Turbaco, recibe la visita de un grupo de partidarios que lo ha visto hace apenas cinco meses; a todos les asombra que "se hubiera desmigajado en tan poco tiempo" (146). A la impresión de los seguidores de Bolívar la corrobora, unas líneas más adelante, este enunciado escuetamente fáctico: "Su estatura oficial era de un metro con sesenta y cinco, aunque sus fichas médicas no coincidían siempre con las militares, y en la mesa de autopsias tendría cuatro centímetros menos" (146). Las dos citas revelan ejemplarmente cómo *El general en su laberinto* suele alternar —o, mejor dicho, complementar— la relación de eventos con el registro preciso de datos: las fuentes que sostienen la autoridad del narrador proceden tanto del testimonio de los contemporáneos como de la documentación institucional.

Que la talla de Bolívar se reduzca en los meses de su agonía no deja de ser curioso, pues en la retórica oficial y el imaginario patriótico su figura no cesa de agigantarse. Por cierto, si el primer dato concierne a la realidad empírica, el segundo se refiere al dominio de los tropos y la ideología. Gracias a ese contraste entre lo literal y lo figurado se sostiene el efecto irónico del texto, que parece comentar subrepticiamente los ditirambos pro-bolivarianos. Entre éstos, el más célebre es el discurso que pronunció el 2 de agosto de 1825, en Pucará, José Domingo Choquehuanca. No es difícil conectar el texto de García Márquez a ese encomio, que es una de las piezas de fondo de la oratoria republicana:

> Quiso Dios formar de salvajes un gran imperio: creó a Manco Cápac; pecó su raza, y lanzó a Pizarro. Después de tres siglos de expiación ha tenido piedad de América y os ha creado a Vos. Sois, pues, el hombre de un designio providencial: nada de lo hecho atrás se parece a lo que habéis hecho; y para que alguno pueda imitaros, será preciso que haya un mundo por libertar... Habéis fundado cinco repúblicas, que en el inmenso desarrollo a que están llamadas, elevarán vuestra estatura donde ninguna ha llegado.

Con los siglos crecerá vuestra gloria, como crece la sombra cuando el sol declina (Ratto-Ciarlo 30).

El tono entusiasta y solemne de la arenga, su eufórico mesianismo y la hiperbólica confianza en el futuro que profesa la colocan en las antípodas de un texto cuyo héroe se interroga, desalentado, por el valor de su obra y el sentido de su experiencia. Las discrepancias entre el discurso del Choquehuanca y la ficción de García Márquez son esclarecedoras: al tratamiento monumental del destinatario en el primero se opone la caracterización realista del sujeto en la segunda; al fervor profético del encomio le contesta el impulso retrospectivo y nostálgico de la novela, que define tanto al narrador como al protagonista; a la fe en el progreso que nutre la pieza del ilustrado Choquehuanca se confronta la melancolía neo-barroca —o, si se prefiere, post-moderna— del relato de García Márquez[10].

Sería excesivo decir que, en *El general en su laberinto*, carece de interés la trascendencia histórica de Bolívar —la cual, en la imagen acuñada por el orador peruano, habría de crecer como la sombra en el crepúsculo. Aunque la herencia bolivariana no sea directamente materia de la novela, eso no significa que carezca de relieve. Si bien el texto se detiene en la realidad síquica y corporal del héroe agonizante, no por eso ignora del todo el tiempo que sigue a su muerte: en las postrimerías de Bolívar se concentra el foco de la narración, pero la posteridad se insinúa de varias formas en *El general en su laberinto*. La primera —y más obvia— atañe a la obra misma, cuya existencia es ya una prueba de que la figura del héroe persiste problemáticamente en la memoria colectiva latinoamericana; más aún, esa memoria y la facultad de inscribir la propia voz en una comunidad nacional están endeudadas, de manera ambivalente, a la ejecutoria del líder patriota. Por ejemplo, luego de señalar que el 5 de septiembre de 1830 se produjo el golpe pro-bolivariano del general Rafael Urdaneta, el narrador ofrece el siguiente comentario: "Era el primer golpe de estado en la república de Colombia, y la primera de las cuarenta y nueve guerras civiles que habíamos

---

[10] Para contrastar dos visiones bastante diferentes entre sí de las formas en que la novela de García Márquez se relaciona con la cuestión de la post-modernidad, ver: C. Alonso, "The mourning after: García Márquez, Fuentes and the meaning of postmodernity in Spanish America"; Rincón, "Metaficción, historia, posmodernismo. A propósito de *El general en su laberinto*".

de sufrir en lo que faltaba del siglo" (203). La información y el juicio son igualmente categóricos; también es inequívoco el compromiso de quien los pronuncia: el plural de la primera persona indica aquí la pertenencia a un grupo secular, la identificación con una colectividad —la de los compatriotas, vivos o muertos— que no existiría de la misma forma sin el aporte de Bolívar. Al margen de que el prócer independentista resulte ser también el inspirador de una lacra autoritaria y anti-democrática, lo más significativo de su práctica es que ella se extiende hasta el presente; el color y el peso específico de la época —que la escritura de García Márquez sugiere a través de su deleite en detalles exactos y noticias idiosincrásicas— no enclaustran al personaje en una suerte de más allá exótico y remoto, sin conexiones con los problemas contemporáneos. Al contrario, *El general en su laberinto* se rehúsa a divorciar el pasado del presente; de hecho, su crónica de la crisis post-emancipatoria invita a comparar ésta con la crisis institucional y económica que en los años 80 asoló a América Latina. Un ejemplo válido es el de la deuda externa, asunto en el que la posición de Bolívar no aparece confinada a las primeras décadas del siglo XIX: "'Aborrezco a las deudas más que a los españoles', dijo. 'Por eso le advertí a Santander que lo bueno que hiciéramos por la nación no serviría de nada si aceptábamos la deuda, porque seguiríamos pagando réditos por los siglos de los siglos. Ahora lo vemos claro: la deuda terminará derrotándonos'" (224-5). En 1984, cinco años antes de la publicación de *El general en su laberinto*, la deuda externa latinoamericana alcanzó la marca de 350 mil millones de dólares (Burns 346). En ese contexto, la profética certeza de Bolívar reverbera en la actualidad de las naciones que él ayudó a independizar. Además, la voz del héroe presagia la frustración y el creciente desencanto de nacionalistas, populistas y radicales —es decir, del espectro entero de la izquierda latinoamericana— en una coyuntura de repliegue y desconcierto.

A pesar de estas incursiones en la vigencia de la obra y el discurso bolivarianos, la novela se interesa sobre todo en el predicamento de su protagonista: la apuesta por la trascendencia choca con la certidumbre de que la muerte se aproxima, el rigor cronológico del viaje contraría el flujo regresivo de la memoria, la desolada estampa del hombre no coincide con las representaciones del ícono. A propósito de este último

punto, quiero recalcar que si la enfermedad le impone a Bolívar una
metamorfosis de signo negativo, la plástica académica lo transfigurará
en la dirección opuesta:

> El más antiguo de sus retratos era una miniatura anónima pintada
> en Madrid cuando tenía dieciséis años. A los treinta y dos le hicieron
> otro en Haití, y los dos eran fieles a su edad y a su índole caribe.
> Tenía una línea de sangre africana, por un tatarabuelo paterno
> que tuvo un hijo con una esclava, y era tan evidente en sus facciones
> que los aristócratas de Lima lo llamaban el Zambo. Pero a medida
> que su gloria aumentaba, los pintores iban idealizándolo, lavándole
> la sangre, mitificándolo, hasta que lo implantaron en la memoria
> oficial con el perfil romano de sus estatuas (186).

El molde del párrafo anterior se emplea pródigamente en la novela:
un asunto específico —los libros de Bolívar, su correspondencia, sus
romances, para dar unos cuantos ejemplos— se vuelve objeto de un
recuento definitivo y sumario. Como puede notarse con facilidad, la
voz que informa y opina no conoce la duda. Al contrario, rechaza de
antemano toda réplica: sus datos son veraces y certeros sus juicios. O,
por lo menos, esa es la expectativa del discurso, cuya dicción terminante
lo aproxima al estilo magisterial que caracteriza a cierta historiografía
decimonónica. ¿De dónde vienen su seguridad, la fortaleza de su
convicción? En principio, de la confianza en que los *hechos* pueden
establecerse con rigor —de ahí que, por ejemplo, sea posible hacer un
inventario de los cuadros cuyo modelo es Bolívar. Con alguna frecuencia,
a Hayden White se le adjudica la crítica de esa noción, como si el
teórico post-estructuralista negase la existencia empírica del pasado; él
observa, más bien, que precisamente en ese campo se traza la frontera
entre el quehacer del historiador y el del novelista. La distinción que
propone merece ser analizada:

> Unlike the novelist, the historian confronts a veritable chaos of
> events already constituted, out of which he must choose the ele-
> ments of the story he must tell. He makes his story by including
> some events and excluding others, by stressing some and subordi-
> nating others. This process of exclusion, stress, and subordination
> is carried out in the interest of constituting a story of a particular
> kind. That is to say, he "emplots" his story (*Metahistory* 6).

Mientras el novelista inventa las peripecias de sus personajes —razona el teórico—, el historiador debe sujetarse a eventos que ya han sido registrados y clasificados. En la misma página de la que procede la cita, White acude al ejemplo de *Buddenbrooks*, la saga burguesa de Thomas Mann, para afirmar que en la novela los acontecimientos y el sentido de éstos —la "crónica" y la "historia" respectivamente, según su terminología— están trabados de manera inextricable; el historiador profesional, por su parte, debe construir a partir de elementos no imaginarios un relato inscrito en alguno de los cuatro grandes géneros —romance, tragedia, comedia y sátira— que, según el modelo diseñado por Northop Frye y suscrito por White, moldean simbólicamente a la experiencia humana. El deslinde tiene la virtud de la claridad, pero el defecto de la excesiva simplificación: en beneficio de la taxonomía, el status de la novela histórica permanece incierto.¿No se fusionan en ella eventos documentados con sucesos (y personajes) que el novelista inventa? ¿Acaso no selecciona también sus materiales, enfatizando unos elementos y excluyendo otros? La explicación de White parece, a la larga, más tajante que sólida: compara al novelista con el historiador, pero ignora al narrador —que, a diferencia de los otros dos, habita en el espacio de la ficción. En el caso de la historiografía, el emisor es el sujeto que escribe y respeta los protocolos de su profesión; en la novela, por el contrario, quien emite los enunciados es una criatura del escritor, una fabricación suya. En *El general en su laberinto*, esto es obvio en pasajes como aquél que describe a Bolívar saliendo de la bañera "con un ímpetu de delfín que no era de esperar en un cuerpo tan desmedrado" (11): la percepción del narrador goza de licencias que les están negadas a los mortales. Hay, de otro lado, párrafos en los cuales media una voz que comenta o suministra información monográfica —como en la condena al golpismo o la noticia sobre la iconografía, para mencionar dos casos ya citados. Separar ahí al autor real del narrador puede parecer un ejercicio bizantino o, más benévolamente, un simple alarde de prolijidad. Hablando en términos estrictos, los pasajes invocados no son narrativos, sino que se consagran al juicio y la descripción. Los reparos son válidos, pero no niegan el carácter retórico, textual, de la figura que evalúa y diserta en *El general en su laberinto*. Ya antes he señalado que la autoridad de esa voz emana de la firmeza de su tono, de la seguridad con la que se pronuncia: más que persuadir, quiere enseñar e ilustrar. Su procedimiento predilecto consiste en borrar las transiciones del modo expositivo al registro de la interpretación, de manera que la exégesis parece encontrarse en los hechos mismos, ofrecerse como si fuera otro dato. Según esa lógica, son equiparables la afirmación de que el general Urdaneta dio un golpe de Estado el 5 de setiembre de 1830 con la hipótesis —que, por cierto, exigiría mayor sustento— de que esa asonada fue la partida de nacimiento de las guerras civiles decimonónicas en Colombia. Más llamativo todavía resulta que, al tratar las representaciones pictóricas de Bolívar, se parta de mencionar que su primera efigie fue "una miniatura", mientras que los últimos cuadros lo muestran "con el perfil romano de sus estatuas". En unas pocas líneas, el párrafo cuenta el relato de un sujeto al que la percepción agiganta; además, entre la imagen para consumo doméstico y el ícono monumental no sólo hay una diferencia de escalas, sino que el progresivo crecimiento forma parte de una tergiversación deliberada, pues las representaciones tardías de Bolívar serían cada vez más infieles a la fisonomía de su modelo. La implicación es clara: un texto que recorre el camino inverso —es decir, que opone al tratamiento apoteósico el motivo contrario de la disminución y el deterioro— gana en verosimilitud, pero sobre todo le concede más credibilidad a su narrador. Ahí está el sentido y la clave de la insistencia de éste en la figura magra, empequeñecida, del último Bolívar.

Se ha señalado antes que el protagonista de *El general en su laberinto* es, entre otras cosas, objeto y agente de discursos o representaciones que se refieren a él. Puede decirse sin exceso que la novela de García Márquez es una de las adquisiciones más recientes de la biblioteca bolivariana; es lícito añadir que el Libertador fue uno de los principales accionistas en la trabajosa empresa de fabricar —y administrar— su propia imagen y su perfil para la posteridad. En un sentido casi estrictamente literal, el Bolívar de *El general en su laberinto* aparece como un hombre de letras: el hábito de leer y la costumbre de escribir —esas dos prácticas de la comunicación letrada— imprimen su identidad[11]. Así, no es aleatorio que el personaje sea un lector voraz

---

[11] En una línea paralela a la que trazo aquí, González Echevarría lee *El general en su laberinto* como una "ficción del archivo". Ver: "García Márquez y la voz de Bolívar".

y un grafómano empedernido: parafraseando a *The Tempest,* los signos son la materia de la que están hechos sus experiencias y sus sueños.

Los libros que Bolívar frecuenta y posee sirven, a veces de manera oblicua, para entenderlo. Al partir de Bogotá, dice el narrador que "junto con el botiquín y otras pocas cosas de valor, llevaba el *Contrato Social,* de Rousseau, y el *Arte Militar* del general italiano Raimundo Montecuccoli, dos joyas bibliográficas que pertenecieron a Napoleón Bonaparte y le habían sido regaladas por sir Robert Wilson, padre de su edecán" (38-9). Nadie juzgaría insólitas estas lecturas en un estadista y estratega, pero lo más significativo de los volúmenes no es su contenido, sino que el líder francés haya cursado sus páginas: curiosamente, es gracias a uno de sus dueños anteriores que los libros se cargan de valor y se tornan, literalmente, preciosos. De una manera vicaria, indirecta, los textos aproximan al émulo y a su modelo, ligándolos a través del tiempo y creando entre ellos el vínculo de un legado imaginario: más allá de la intención que pudiera tener sir Robert Wilson al realizar el obsequio, el resultado de su gesto es que los libros de Napoleón llegan a las manos de su heredero hispanoamericano. Si éste los incluye en el escuálido equipaje de su travesía final no es para consultarlos, sino porque afirman una filiación ideológica y afectiva.

De materias menos graves que las del gobierno y la milicia se ocupa el último libro que Bolívar terminó de leer —o escuchar, más bien, pues se lo leyeron en voz alta su legendaria amante, Manuela Sáenz, y luego su sobrino Fernando. Se trata de *Lección de noticias y rumores que corrieron por Lima en el año de gracia de 1826,* obra del peruano Noé Calzadillas. La *petite histoire* reemplaza a la Historia en el interés del moribundo, que además ha pasado de la condición de lector a la de oyente: ese doble desplazamiento delata el deterioro del héroe, la pérdida de su fortaleza. En efecto, el gusto por la lectura había sido en el pasado una de las manifestaciones del vigor exuberante de Bolívar —su otra pasión, equivalente en intensidad, era la que despertaban en él las mujeres hermosas. Así, el narrador declara:

> Leía a toda hora, con la luz que hubiera, a veces paseándose bajo los árboles, a veces a caballo bajo los soles ecuatoriales, a veces en la penumbra de los coches trepidantes por los pavimentos de piedra, a veces meciéndose en la hamaca al mismo tiempo que dictaba una carta. Un librero de Lima se había sorprendido de la

abundancia y variedad de las obras que seleccionó de un catálogo general en que había desde filósofos griegos hasta un tratado de quiromancia (101).

A ese lector persistente y obsesivo, cuya promiscua curiosidad no desdeña ninguna disciplina, le quedan demasiado estrechos los moldes de la erudición. Lo que impresiona es su enciclopédico vitalismo, el entusiasmo con el cual acoge todas las formas de saber; su temperamento repudia el corsé de la especialización, a la vez que su inteligencia reclama estímulos constantes. Aunque parezca extraño, su actitud ante la lectura es casi atlética; sintomáticamente, Bolívar no está nunca quieto al leer, como si el trabajo de la mente exigiera a la vez el movimiento físico —y, dicho sea de paso, el uso de la anáfora en el párrafo refuerza la idea de movilidad y dinamismo. Más que un ejercicio contemplativo, la lectura parece una forma de acción. O, en todo caso, un suplemento de la acción, pues unos párrafos antes se nos dice que Bolívar "había sido un lector de una voracidad imperturbable, lo mismo en las treguas de las batallas que en los reposos del amor, pero sin orden ni método" (100). Para un ser infatigable, el descanso es innecesario: de ahí que el tiempo vacío entre las bregas militares y los encuentros eróticos se llene con otra actividad.

El fervor fáustico de Bolívar pone en evidencia, una vez más, la médula romántica de su personalidad. En cierto sentido, el patriota venezolano encarna ejemplarmente la paradójica circunstancia del lector que es creado por sus propias lecturas —aunque, por cierto, sería exagerado equipararlo al Quijote o a Dorian Gray, por citar dos víctimas de los poderes seductores de la ficción. Al referirse a los años formativos del protagonista, señala el narrador: "En su juventud leyó a los románticos por influencia de su maestro Simón Rodríguez, y siguió devorándolos como si se leyera a sí mismo con su temperamento idealista y exaltado. Fueron lecturas pasionales que lo marcaron por el resto de su vida" (101). El pedagogo inicia al discípulo en el territorio de la nueva literatura, pero la educación de éste tiene un carácter más sentimental que académico: los libros le sirven menos para conocer que para reconocerse. La identificación narcisista con los héroes de Byron o Chateaubriand le permite cultivar su ego, edificar una identidad reconocible tanto en la intimidad como en la vida pública. Acaso sea útil aclarar que quienes dejaron las huellas más duraderas en Bolívar fueron los precursores del romanticismo —como Rousseau— y los románticos ingleses, mientras que resulta inverosímil postular el influjo de Novalis sobre un hombre tan claramente volcado a la acción secular y política. A propósito de las inclinaciones ideológicas y la actitud vital del joven Bolívar, se afirma lo siguiente en la novela: "Él se reía de todo lo que oliera a superstición o artificio sobrenatural, y de cualquier culto contrario al racionalismo de su maestro Simón Rodríguez. Entonces acababa de cumplir veinte años, era viudo reciente y rico, estaba deslumbrado por la coronación de Napoleón Bonaparte, se había hecho masón, recitaba de memoria en voz alta sus páginas favoritas de *Emilio* y *La nueva Eloísa*, de Rousseau, que fueron sus libros de cabecera por mucho tiempo, y había viajado a pie, de la mano de su maestro y con el morral a la espalda, a través de casi toda Europa" (138). La triple tutela de Simón Rodríguez, Rousseau y Napoleón guía a Bolívar en la etapa culminante de su aprendizaje, que —evocando al método de Goethe— se funda en un régimen mixto de viajes y lecturas; entre estas últimas no es rara la presencia de *Emilio*, pues un relato pedagógico engarza bien con la circunstancia de un joven empeñado en completar su educación. El retrato del estadista adolescente no lo muestra particularmente cercano a los principios democráticos y liberales; sus simpatías se inclinan, más bien, en favor de un elitismo ilustrado que justifica los privilegios del poder en virtud de los méritos individuales, el cultivo de la sensibilidad y el caudal acumulado de vivencias.

Como se ha observado, los libros son herramientas indispensables para la edificación del personaje. El status de la escritura, por el contrario, parece más incierto y peligroso. Resulta reveladora, en este sentido, la actitud del héroe ante su correspondencia:

> En la segunda carta que el general le mandó a Urdaneta con Iturbide, le pedía que destruyera todas las suyas anteriores y futuras, para que no quedaran rastros de sus horas sombrías. Urdaneta no lo complació. Al general Santander le había hecho una súplica similar cinco años antes: "No mande usted a publicar mis cartas, ni vivo ni muerto, porque están escritas con mucha libertad y en mucho desorden".Tampoco lo complació Santander, cuyas cartas, al contrario de las suyas, eran perfectas de forma y de fondo, y se veía a simple vista que la escribía con la conciencia de que su destinatario final era la historia (228).

Urdaneta y Santander contrarían los deseos de Bolívar: en ambos casos, el lector traiciona la voluntad del autor, que tiene la pretensión de censurar su propia obra. Más que elegir el olvido de las generaciones futuras, Bolívar quiere retocar su imagen para la posteridad. La ansiedad por controlar lo que ha surgido de su pluma admite comparación con la ambigua actitud hacia los textos escritos que, en *Yo el Supremo*, exhibe el doctor Francia. Si al dictador paraguayo le preocupa la falsificación de su caligrafía, al revolucionario venezolano le inquieta el uso ajeno de sus documentos. Frente a la voz —que, por emanar del cuerpo, semeja un instrumento natural y confiable—, la escritura aparece como un artificio que se emancipa del autor y puede convertirse fácilmente en arma de sus adversarios. No en vano, la rivalidad entre Bolívar y Santander se libra también en el campo epistolar; según subraya el narrador, las cartas caóticas del primero contrastan con los mensajes pulidos del segundo, que contribuyó a hacer de conocimiento público esa diferencia.

Aparte de hiperbólico lector, Bolívar resulta ser también un redactor desmesurado —lo cual a primera vista puede causar sorpresa, dadas las reservas que se registran en el párrafo anterior. Sin embargo, al margen del soporte historiográfico de este dato, importa notar cómo se aviene con una cierta forma de caracterización que García Márquez favorece. No deja de ser llamativo que el coronel Aureliano Buendía y el Patriarca compartan con el General no sólo la carrera militar, sino la vocación del exceso. La fertilidad de Bolívar como corresponsal es censada escrupulosamente: "Desde la carta de Veracruz hasta la última que dictó seis días antes de su muerte, el general escribió por lo menos diez mil, unas de su puño y letra, otras dictadas a sus amanuenses,otras redactadas por éstos de acuerdo con instrucciones suyas. Se conservaron poco más de tres mil cartas y unos ocho mil documentos firmados por él" (229). Borrar los trazos de esa abundancia es, obviamente, una tarea tan descomunal como impracticable; por eso mismo, formularla no es una inconsistencia del personaje.

La perturbadora contigüidad entre la escritura y la muerte se hace más patente cuando el protagonista encara —o esquiva— la redacción de su testamento y sus memorias. Sobre el primero, se indica lo siguiente: "Había atravesado cuatro veces el Atlántico y recorrido a caballo los territorios liberados más que nadie volvería a hacerlo jamás, y nunca había hecho un testamento, cosa insólita para la época" (259). Con respecto a la autobiografía, su reflejo espontáneo no es menos negativo; ante la pregunta de un clérigo, Bolívar contesta que no piensa escribirla, pues "esas son vainas de los muertos" (205). A pesar de todo, el protagonista vence la íntima repugnancia que le inspiran los géneros luctuosos y ensaya la composición de los dos documentos. En los días de San Pedro Alejandrino, ya al borde de la muerte, "fue él quien tomó la iniciativa de dictar los borradores de su última voluntad y su última proclama"; el enunciado sugiere una decisión deliberada, pero de inmediato viene una frase que lo enmienda o, al menos, le impone una drástica reserva: "Nunca se supo si fue un acto consciente, o un paso en falso de su corazón atribulado" (259). Esa incertidumbre, que socava la autoridad misma de la palabra de Bolívar, se funda en un *parti pris* racionalista: el posible predominio de las emociones sobre la inteligencia le restaría validez al balance largamente negativo que el Libertador hace de su obra. Así, el narrador sugiere que la auto-crítica —y, por extensión, la crítica— debe ser un ejercicio desapasionado y ecuánime; hay un cierto aire filisteo en la misma sensatez de esa exigencia, sobre todo cuando ésta se le aplica a un protagonista caracterizado en el propio relato como un ser excepcional y extremo.

En lo que atañe a la relación escrita de su trayectoria, el propósito de llevarla a cabo se manifiesta en la hora de la derrota. Apenas abandonada la casa de gobierno, el primero de marzo de 1830, Bolívar "le pidió a José Palacios, soñando despierto, que le dispusiera los medios para empezar a escribir sus memorias" (30). De nuevo, la decisión no parece tomada en estado de plena conciencia; la frase adverbial —"soñando despierto"— califica y corrige al acto de ordenar, como si la determinación no hubiera sido tomada en la vigilia, sino en un trance hipnótico. No acaba ahí la agencia del inconsciente, pues el primer suceso que Bolívar quiere relatar es —¿cómo no subrayarlo?— un lejano sueño infantil:

> Según le dijo muchas veces al sobrino, quería empezar por su recuerdo más antiguo, que era un sueño que tuvo en la hacienda de San Mateo, en Venezuela, poco antes de cumplir los tres años. Soñó que una mula negra con la dentadura de oro se había metido en la casa y la había recorrido desde el salón principal hasta las despensas, comiéndose sin prisa todo lo que encontró a su paso

mientras la familia y los esclavos hacían la siesta, hasta que acabó de comerse las cortinas, las alfombras las lámparas, los floreros, las vajillas y cubiertos del comedor, los santos de los altares, los roperos y los arcones con todo lo que tenían dentro, las ollas de las cocinas, las puertas y ventanas con sus goznes y aldabas y todos los muebles desde el pórtico hasta los dormitorios y lo único que dejó intacto, flotando en su espacio, fue el óvalo del espejo del tocador de su madre (31).

En vísperas de la muerte, el sujeto se remonta a los orígenes de su memoria, a "su recuerdo más antiguo": los límites de la existencia se tocan en esa perpleja evocación, que invita una exégesis freudiana —para la cual, dicho sea de paso, no basta un conocimiento rudimentario del sicoanálisis. Me limitaré, cautamente, apenas a hacer unas observaciones sobre ese sueño temprano. En primer lugar, el animal imposible que recorre la visión podría, si se le concediese el don de la palabra, intervenir en una fábula o en un cuento de hadas: su mutismo, precisamente, le da un vago aire siniestro; por cierto, a pesar de su especie y del material de su dentadura, me parece rebuscado emparentarlo con el asno de Apuleyo, más bien increíble como inspiración de sueños pueriles. En todo caso, interesa observar que la voracidad sistemática de la bestia acaba con el espacio doméstico del niño, pero perdona al objeto que refleja a la madre: del mobiliario y los adornos hogareños sólo queda el espejo materno, como si se tratase de un tótem que ni siquiera el apetito omnívoro de la mula con los dientes de oro puede violar. La imagen final —el espejo ovalado flotando en el aire de la habitación— es digna de Magritte, lo cual sólo quiere decir que resulta convincente en tanto estampa onírica. El significado de la escena queda sin esclarecer, pero al mismo tiempo se afirma su importancia. En suma, el protagonista se resigna a comenzar la crónica de su vida con una visión que no tiene ni contenido didáctico ni propósito moralizador. Lo que sí posee es un aura de misterio y una cualidad ominosa: la autobiografía inconclusa empieza con un recuerdo inquietante que, en vez de hacer más accesible al autor, profundiza el enigma de su personalidad.

Por otro lado, la invención de rumores y leyendas sobre Bolívar se debe, en gran medida, tanto a la penumbra que cautela la vida privada del hombre público como a las sombras que su fama proyecta:

la tradición oral se encarga de iluminar esos vacíos. Así, la imaginación colectiva fabrica su propia imagen del Libertador, atribuyéndole peripecias homéricas y hábitos llamativos. El renombre del héroe vuelve verosímiles las exageraciones más flagrantes ("nadie desmintió nunca la leyenda de que dormía cabalgando", 51) y las fantasías más desaforadas ("...sus serrallos de guerra fueron una de las muchas fábulas de salón que lo persiguieron hasta más allá de la muerte", 121). Esta caracterización del personaje, de fuente oral y autoría anónima, se sostiene ostensiblemente en la hipérbole; esa figura retórica la acerca a la construcción del protagonista en la novela de García Márquez, cuyo narrador rechaza la veracidad de las habladurías, pero no su lógica.

Si los relatos orales no coinciden con la realidad empírica, tienen en cambio la capacidad de infiltrarse en ella. Es lo que ocurre con la supuesta historia de amor entre Simón Bolívar y Anita Lenoit, o Lenoir. La tenacidad del rumor socava la confianza del héroe en su propia memoria, al extremo de que ordena buscar a la muchacha aunque no recuerda haber conocido nunca a nadie que responda a su nombre:

> Su interés era comprensible, porque durante años lo había perseguido de Caracas a Lima el murmullo insidioso de que entre Anita Lenoit y él había surgido una pasión desatinada e ilícita a su paso por Tenerife durante la campaña del río. Le preocupaba, aunque nada pudiera hacer para desmentirlo. En primer término, porque también el coronel Juan Vicente Bolívar, su padre, había tenido que padecer varias actas y sumarias ante el obispo del pueblo de San Mateo, por supuestas violaciones de mayores y menores de edad, y por su mala amistad con otras muchas mujeres, en ejercicio ávido del derecho de pernada. Y en término segundo, porque durante la campaña del río no había estado en Tenerife sino dos días, insuficientes para un amor tan encarnizado. Sin embargo, la leyenda prosperó hasta el punto de que en el cementerio de Tenerife hubo una tumba con la lápida de la señorita Anne Lenoit, que fue un lugar de peregrinación para enamorados hasta fines del siglo (135).

La beldad imaginaria termina reposando en un sepulcro real, lo cual permite que en el trópico se practique el ritual romántico de acudir a las tumbas de amantes memorables, iniciado en Europa a raíz del suceso de *Werther*. Si el narrador desmiente la historia del romance, declarando que no tiene sustento, al mismo tiempo da cuenta de ella. El gesto es significativo, pues demuestra que para expurgar textos del canon bolivariano no bastan el silencio ni la exclusión pasiva. Por el contrario, el narrador se ha investido del poder de examinar y juzgar los discursos que tienen al Libertador como objeto. Así, el relato no sólo comprende la valoración del protagonista, sino la crítica —tácita o abierta— de las representaciones de éste. Una de las posibilidades de esa crítica es la desautorización; la otra —como veremos más adelante—, es el homenaje a textos previos. En ambos casos, el trabajo de la lectura se convierte en sinónimo del acceso al pasado y al sujeto históricos.

La dedicatoria que precede a *El general en su laberinto* ofrece —aparte de un testimonio de gratitud— una clave de su poética: "Para Alvaro Mutis, que me obsequió la idea de escribir este libro" (7). La cordialidad de la declaración disimula en algo su insólito sentido, pues el autor confiesa libremente que otro escritor le ha regalado el tema de su obra. Por supuesto, ese reconocimiento nada tiene que ver con una admisión de plagio; supone, sin embargo, una cierta displicencia ante la noción moderna de originalidad. Así como el relato procede de otros relatos, el plan mismo de escribir la novela fue concebido inicialmente por otro escritor: lejos de esconder su génesis, *El general en su laberinto* la exhibe casi bajo la forma de la genealogía. Al detallar la pre-historia de su libro, el autor refiere lo siguiente:

> Durante muchos años le escuché a Alvaro Mutis su proyecto de escribir el viaje final de Simón Bolívar por el río Magdalena. Cuando publicó "El último rostro", que era un fragmento anticipado del libro, me pareció un relato tan maduro, y su estilo y tono tan depurados, que me preparé para leerlo en poco tiempo. Sin embargo, dos años más tarde tuve la impresión de que lo había echado al olvido, como nos ocurre a tantos escritores aun con nuestros sueños más amados, y sólo entonces me atreví a pedirle que me permitiera escribirlo. Fue un zarpazo certero después de un acecho de diez años (271).

Es comprensible que el trayecto final de Bolívar solicitase la imaginación del creador de Maqroll, navegante que recorre tanto la poesía como la prosa narrativa de Alvaro Mutis. El motivo del viaje y el tema de la soledad aparecen de modo recurrente a lo largo de la obra del autor de *Caravansary* y *La nieve del almirante*; no es en "El último rostro" (1978), por cierto, donde se desmiente la persistencia de esos elementos. El relato —que Mutis califica de "fragmento"— recibe un homenaje elíptico, pero entusiasta, en el cuerpo mismo de *El general en su laberinto*. De hecho, en un pasaje de la novela, el narrador glosa "El último rostro": el coronel polaco Miecieslaw Napierski, exilado europeo y ex-combatiente de las ya fenecidas guerras napoleónicas, visita al agónico Bolívar y le ofrece sus servicios; el enfermo lo acoge amigablemente, pero rechaza la oferta y arguye, con tristeza, que el tiempo de las hazañas militares ha pasado. Se lee en *El general en su laberinto*:

> Después de la muerte de Sucre quedaba menos que nada. Así se lo dió a entender a Napierski, y así lo dió a entender éste en su diario de viaje, que un gran poeta granadino había de rescatar para la historia ciento ochenta años después (196).

El párrafo presenta una cadena de discursos o, si se prefiere, una galería de ecos: Napierski cita a Bolívar, Mutis a Napierski y García Márquez a Mutis[12]. De acuerdo con la convención del narrador liminar, "El último rostro" finge el rescate fortuito de un documento histórico; por otro lado, *El general en su laberinto* refrenda el artificio en el cual se funda el relato del "gran poeta granadino". El gesto de García Márquez es más que un guiño amistoso; vale la pena recordar que el repertorio convocado por los dos textos es el de la historiografía, con la cual polemizan oblicuamente desde la literatura. Asumir como fuente secundaria al fragmento de Mutis significa, en la práctica, diluir a propósito los linderos entre los protocolos del discurso historiográfico y el novelesco. De esa manera, *El general en su laberinto* pone en escena la naturaleza inquisitiva y crítica de la ficción histórica, que de modo auto-consciente ilustra cómo los hechos del pasado se elaboran a través de la escritura.

Las conexiones más obvias entre "El último rostro" y *El general en su laberinto* son, por supuesto, referenciales y temáticas. No es arduo notar dónde reside el atractivo novelesco de las jornadas finales

---

[12] Seymour Menton nota que los ciento ochenta años a los que alude el narrador se cumplirán en 2010 (*Latin America's New Historical Novel* 112).

de Simón Bolívar: esa travesía al destierro y la muerte del héroe máximo
de la Independencia sudamericana es, sin duda, propicia a un
tratamiento a la vez trágico e irónico; además, como se ha mencionado
ya al inicio del capítulo, el recorrido de Bolívar evoca a la tradición
que identifica al río con la muerte, al punto que los acontecimientos de
la biografía parecen moldeados por el lenguaje del mito. Se trata de un
efecto que los textos producen, apoyándose en el tono elegíaco del
narrador, el énfasis en la mortalidad del personaje central, las fricciones
entre los tiempos metafísico e histórico y, sobre todo, la urdimbre de
los sucesos en la trama. Ciertamente, Mutis y García Márquez no sólo
se interesan en el mismo período de la vida del héroe, sino que lo
representan a través de filtros similares.

Así, entre "El último rostro" y *El general en su laberinto* hay más
que un referente común. El aire de familia que une a ambas obras no
se debe exclusivamente a la figura de su protagonista; el parentesco
proviene también del visible magisterio de Jorge Luis Borges. Alexander
Coleman ha advertido que, en la novela de García Márquez, el lector
percibe que los múltiples senderos de los años triunfales del Libertador
se encauzan gradualmente hacia la línea única del río Magdalena[13]; en
la arquitectura de Borges, como lo revela el desenlace de "La muerte y
la brújula", el más sutil de los laberintos es aquél que, precisamente,
consiste en una recta. Enfrentado a la inminencia de su muerte, Simón
Bolívar protesta: "¿Qué es esto?...¿Estaré tan malo para que se me hable
de testamento y de confesarme?...¡Cómo saldré yo de este laberinto!" (286).
Que la cita se halle al margen de la ficción, en la "sucinta cronología"
elaborada por Vinicio Romero Martínez, parece uno de esos juegos
especulares a los que Borges era aficionado. Además, el melancólico
estoicismo con el que Bolívar encara la muerte recuerda también la
poesía de quien, en "Límites", escribió: "Hay una calle próxima que
está vedada a mis pasos/ Hay un espejo que me ha visto por última
vez/ Hay una puerta que he cerrado hasta el fin del mundo" (*Obra
poética* 270). El tono a la vez patético y reflexivo de estos versos es afín
al que envuelve el párrafo culminante de *El general en su laberinto*:

[13] Observa Coleman, en una reseña inteligente y elegante de la novela: "The reader sees
those multiple forking paths of the triumphant earlier years now gradually channeling them-
selves into the single line of the Magdalena River —the worst labyrinth of all, 'invisible and
unending', to use Borges's words" (6).

> Examinó el aposento con la clarividencia de sus vísperas, y por primera vez vio la verdad: la última cama prestada, el tocador de lástima cuyo turbio espejo de paciencia no lo volvería a repetir, el aguamanil de porcelana descarchada con el agua y la toalla y el jabón para otras manos, la prisa sin corazón del reloj desbocado hacia la cita ineluctable del 17 de diciembre a la una y siete minutos de su tarde final. Entonces cruzó los brazos contra el pecho y empezó a oir las voces radiantes de los esclavos cantando la salve en los trapiches, y vio por la ventana el diamante de Venus en el cielo que se iba para siempre, las nieves eternas, la enredadera nueva cuyas campánulas amarillas no vería florecer el sábado siguiente en la casa cerrada por el duelo, los últimos fulgores de la vida que nunca más, por los siglos de los siglos, volvería a repetirse (269).

En el último instante de la vida, el personaje experimenta una epifanía. Antes de salir del mundo (y de la Historia), Bolívar vive una iluminación estética y existencial: el éxtasis de la agonía precede al vacío, la exacta lucidez del momento final se contrapone a la oscuridad de la muerte (no es vano recordar que, en su penúltima frase, el general confiesa no tener "la felicidad de creer en la vida del otro mundo", 268).

De otro lado, el epígrafe de "El último rostro" se atribuye a un autor anónimo del siglo XI, cuyo manuscrito albergaría el monasterio griego ortodoxo de Monte Athos. Ese gusto por el dato improbable y rebuscado sugiere más que una coincidencia casual con Borges. En la cita misma —"el último rostro es el rostro con el que nos recibe la muerte"— parece insinuarse un comentario a estos versos de "El instante": "El rostro que se mira en los gastados/ espejos de la noche no es el mismo" (*Nueva antología...* 44); aun más nítido es el eco de unas líneas justamente memorables de "Poema conjetural": "En el espejo de la noche alcanzo/ mi insospechado rostro eterno. El círculo/ se va a cerrar. Yo aguardo que así sea" (*Obra poética* 149). Acaso convenga tomar en cuenta que quien se expresa en el texto de Borges es un contemporáneo de Simón Bolívar, Francisco Narciso de Laprida, y que Emir Rodríguez Monegal calificó su imaginario monólogo de "poema sobre el destino laberíntico del hombre" (*Borges* 44).

Que Mutis y García Márquez convoquen al cultor más importante de la literatura fantástica en castellano tiene, sin duda, ramificaciones

decisivas para sus respectivos relatos. A primera vista, la ficción histórica
y el género fantástico parecen excluirse irremediablemente: la discordia
entre sus poéticas podría localizarse tanto en sus actitudes ante lo
sobrenatural como en sus distintas visiones de la temporalidad. El campo
de lo real —es decir, los órdenes de lo fáctico y lo posible— se delimitaría
en ambos de acuerdo a criterios diferentes. Las credenciales románticas
de la novela histórica en el siglo XIX se expresan en su nostálgica
afición por las peculiaridades perdidas o —de modo más programático—
en la pesquisa de las raíces nacionales, pero no en el escepticismo
ante una noción de realidad asentada en el racionalismo y el imperio
del sentido común burgués. En la primera página de *Waverley*, Walter
Scott declara con sorna que si hubiera elegido para su libro el subtítulo "Relato de otros tiempos" en vez de "Hace sesenta años", sus
lectores habrían podido pensar que la acción novelesca se desarrollaba
"en un castillo apenas distinto al de Udolpho" (33); la referencia más o
menos desdeñosa a la obra de Anne Radcliffe quiere señalar la distancia
entre dos maneras de representar el pasado, pues Scott deja en claro
que no ha escrito una novela gótica, situada en un ayer brumoso y
legendario, sino un relato histórico y, por lo tanto, cronológicamente
anclado en una época precisa. Es cierto que Anne Radcliffe suele rematar
sus novelas con trabajosas —y, dicho sea de paso, bastante forzadas—
explicaciones racionales de lo que hasta ese punto parece regido por
la lógica de lo sobrenatural; también es verdad que aunque otros
seguidores de la manera gótica —pienso, por ejemplo, en Walpole o
Lewis— prescindieron de ese escrúpulo, su producción está más
próxima a lo maravilloso que a lo fantástico. En todo caso, al desechar
la atmósfera siniestra y las peripecias pesadillescas de *The Castle of
Otranto* o *The Monk*, Scott optó por despojar al pasado de su exotismo
y aplicarle las categorías que construyen la verosimilitud en la vida
cotidiana moderna: los ancestros y los contemporáneos están separados
por los años, pero tienen en común al mundo y sus reglas. No se
equivocaba Lukács al sustentar su apología de la novela histórica clásica
en la vocación realista de ésta[14]. Las premisas que subyacen a la escritura
de Borges, Mutis y García Márquez están en discrepancia, sin embargo,
con los principios que alimentan al realismo.

---

[14] Ver: *The Historical Novel* 201.

Esa divergencia de fondo no tiene por qué mostrarse de manera evidente. Ocurre, más bien, lo contrario. En "El último rostro", el relato se ofrece a través de dos voces: la primera pertenece a un historiador aficionado, que un lector distraído podría confundir con Mutis; la segunda, al coronel polaco Miecislaw Napierski. La narración liminar expone el itinerario que lleva desde la redacción del diario del coronel hasta el punto en que ese documento llega a manos de su compilador. Mutis apela al recurso realista del narrador-editor para introducir las cuatro entradas del diario de Napierski que se refieren a Simón Bolívar: de ese modo, la invención del discurso se disimula tras la convención del hallazgo. La propia existencia histórica de Bolívar, además, contagia de realidad a Napierski y las páginas que el relato le atribuye. Las fechas de los apuntes —el primero es del 29 de junio y el último corresponde al 10 de julio de 1830— y algunos sucesos vastamente documentados —por ejemplo, que Bolívar supo de la muerte de Sucre el primero de julio y al pie del Cerro de la Popa— acentúan el efecto verista.

En esa vena, "El último rostro" se apropia de recursos de la historiografía. El narrador en el primer nivel ofrece sumariamente datos sobre el diario de Napierski —adquirido, para más señas, en una subasta londinense— y la biografía de su autor; la noticia introductoria enmarca al segundo relato como si éste no fuera una ficción y, a la vez, resalta su calidad de objeto: lo presenta, en suma, bajo la forma de un artefacto histórico. Por añadidura, el diario es un género cuya propia naturaleza reclama la sujeción a la cronología. "El último rostro", sin embargo, usa estas convenciones para transtornar su sentido habitual.

En primer lugar, la fiabilidad del discurso citado es, en el mejor de los casos, discutible. Los sucesos pasan por el tamiz altamente subjetivo de un testigo que, se nos dice, acusa en su estilo "la influencia de los poetas poloneses exilados en París y de quienes fuera íntimo amigo, en especial de Adam Mickiewicz, a quien alojó en su casa" (102). La mirada romántica del militar europeo ve en Bolívar no sólo un avatar sudamericano de Napoleón, sino su sosías. El retrato verbal que ofrece del primero puede, con escasos retoques, aplicarse al segundo: "Sorprende la desproporción entre su breve talla y la enérgica vivacidad de sus facciones. En especial los grandes ojos oscuros y húmedos que se destacan bajo el arco pronunciado de las cejas. La tez es de un intenso color moreno; pero a través de la fina camisa de batista, se advierte un suave tono oliváceo que no ha sufrido las inclemencias del sol y el viento de los trópicos" (103). Napierski muestra el parecido entre las dos figuras, pero se abstiene de hacerlo explícito; más bien, al evocar semejanzas, propone otra analogía: "Me recordó —dice del líder venezolano— el rostro de César en el busto del museo Vaticano" (104). La serie César-Napoleón-Bolívar no es caprichosa; en la sensibilidad del narrador, los tres personajes históricos son encarnaciones de un mismo arquetipo, el del gran hombre derribado por la traición (y puede añadirse que en el pensamiento de Hegel, contemporáneo de Bolívar y Napierski, el trío ilustraría al "hombre universal"). Paradójicamente, esta operación simbólica tiende a negar la singularidad de cada uno de los individuos cuya grandeza afirma. En efecto, la diferencia entre los sujetos comparados es accidental, casi cosmética, mientras que la semejanza deviene sustancial. La continuidad resulta, en una visión así, mucho más relevante que el cambio.

En una línea afín, pero con implicaciones aún más radicales, se ubica el registro de una impresión casi mágica que asalta a Napierski el mismo día de su primer encuentro con Bolívar:

> Es ya de noche. No corre una brizna de viento. Subo al puente de la fragata en busca de aire fresco. Cruza la sombra nocturna, allá en lo alto, una bandada de aves chillonas cuyo grito se pierde sobre el agua estancada y añeja de la bahía. Allá, al fondo, la silueta angulosa y vigilante del fuerte de San Felipe. Hay algo intemporal en todo esto, una extraña atmósfera que me recuerda algo conocido no sé dónde ni cuándo. Las murallas y fuertes son de una reminiscencia medieval surgiendo entre las ciénagas y lianas del trópico. Muros de Aleppo y San Juan de Acre, kraks del Líbano. Esta solitaria lucha de un guerrero admirable con la muerte que lo cerca en una ronda de amargura y desengaño. ¿Dónde y cuándo viví todo esto? (93).

La oscuridad y la quietud —usualmente propicias al sueño— preparan la escena en la que el coronel polaco parece revivir un instante ya ocurrido. El pasaje detalla la vivencia turbadora del *deja vû* y funde fantasmagóricamente las cruzadas con la campaña de Egipto y las luchas latinoamericanas de Independencia: más allá de las contingencias del tiempo y el espacio, un actor representa de nuevo su drama. Por cierto, la imagen de una "reminiscencia medieval surgiendo entre las ciénagas y lianas del trópico" hace pensar en el subtítulo que Mutis escogió para *La mansión de Araucaíma:* "Relato gótico de tierra caliente". La cercanía desconcertante de sitios y épocas alejados no sirve para enfatizar la variedad, sino su antónimo: la repetición. El presente ya fue, el pasado se vuelve presencia. Así, la impresión ambigua de Napierski tiende una vasta sombra sobre el mundo físico e histórico: la pregunta final del coronel europeo puede aludir tanto al deseo de precisar un recuerdo como a la imposibilidad de revivir plenamente una experiencia pasada. En la vacilación que media entre una explicación racional y otra sobrenatural sitúa Todorov la zona de lo fantástico, ese género esquivo y pendular por excelencia[15]. La epifanía nocturna de Napierski, por lo demás, sugiere vívidamente la posibilidad de que un instante pueda ocurrir más de una vez. Hay que cederle la palabra a *Nueva refutación del tiempo*: "¿No basta un sólo término repetido para desbaratar y confundir la serie del tiempo?" (18). Más aún, la vivencia del personaje de Mutis es análoga a la que rememora Borges en "Sentirse en muerte", ese breve relato de 1928 en el que germinan tanto *Historia de la eternidad* como *Nueva refutación del tiempo.*

También *El general en su laberinto* remite, a su manera, a la crítica borgeana del tiempo. Esa filiación explica la sutil discrepancia entre la linealidad básica del relato y la representación de acontecimientos cruciales de la historia narrada. Antes he señalado que la novela se inicia el 8 de mayo de 1830, cuando Bolívar deja Bogotá, y concluye con la muerte del Libertador en la tarde del 17 de diciembre del mismo año. Las fechas parecen indicar la subordinación del orden narrativo a los rigores de la cronología, pero una lectura más detenida le plantea reservas a esa impresión inicial. Ya en el primer capítulo, José Palacios —el *valet* de Bolívar— le anuncia a su patrón que en esa fecha se conmemora la muerte de Juana de Arco, y añade: "Está lloviendo desde las tres de la madrugada". El general corrige, en broma: "Desde las tres de la madrugada del siglo diecisiete" (12). Esa rápida ironía introduce uno de los motivos centrales de la novela: el de la permanencia y la repetición. Por cierto, ese tópico admite un tratamiento fantástico, pero no excluye otros. Así, al exponer el escepticismo de la opinión pública

[15] Ver: Todorov. *Introduction a la littérature fantastique.*

colombiana ante la renuncia de Bolívar a la actividad política, el narrador
señala: "De modo que los anuncios repetidos de que por fin se iba del
poder y del país porque estaba enfermo, y los actos formales que
parecían confirmarlo, no eran sino repeticiones viciosas de un drama
demasiado visto para ser creído" (25). En este caso, la conducta
recurrente del héroe es casi banal: sus cambios de opinión se han
vuelto rutinarios, previsibles. Un incidente ocurrido el 16 de octubre
en la villa de Soledad sugiere, por el contrario, la intervención del
misterio. La escena en cuestión tiene por actores, otra vez, a José Palacios
y Simón Bolívar. Luego de observar la desolada plaza del pueblo, Bolívar
decide intempestivamente que es necesario salir de Soledad porque
no quiere "oír los tiros de la ejecución" (232). No hay ningún
fusilamiento previsto para ese día, pero no es eso lo que provoca la
perplejidad del criado:

> José Palacios se estremeció. Había vivido ese instante en otro lugar
> y otro tiempo, y el general estaba idéntico a entonces, descalzo en
> los ladrillos crudos del piso, con los calzoncillos largos y el gorro
> de dormir en la cabeza rapada. Era un antiguo sueño repetido en
> la realidad. 'No los oiremos', dijo José Palacios, y agregó con una
> precisión deliberada: "Ya el general Piar fue fusilado en Angos-
> tura, y no hoy a las cinco de la tarde, sino un día como hoy hace
> trece años" (232).

Ciertamente, el vértigo del *déjà vû* es exorcizado luego por
Palacios y la confusión del Libertador es atribuible a su salud precaria;
de todas maneras la anécdota propicia el asombro: por un instante, los
personajes ven en el presente un facsímil del pasado.

Hay otro ejemplo, aún más saltante, de cómo los hechos históricos
sufren una extraña curvatura al reflejarse en el espejo de la ficción. El
asunto es la muerte misma de Bolívar. En Mompox, una de las últimas
escalas de su periplo, éste examina la habitación que se le ha asignado:

> Luego escrudiñó el cuarto con una atención meticulosa, como si
> cada objeto le pareciera una revelación. Además de la cama de
> marquesina había una cómoda de caoba, una mesa de noche
> también de caoba con una cubierta de mármol y una poltrona
> forrada de terciopelo rojo. En la pared junto a la ventana había un
> reloj octogonal de números romanos parado en la una y siete
> minutos (115-6).

Acabado el escrutinio, Bolívar se declara satisfecho de encontrar que nada ha cambiado en el recinto. El párroco y José Palacios no disimulan su estupefacción: los dos están convencidos de que Simón Bolívar no había estado nunca antes en el cuarto, pero "el general persistió en sus recuerdos con tantas referencias ciertas que a todos los dejó perplejos" (116).

Mucho más adelante, ya en las postrimerías de la novela, el héroe llega al que será el final de su itinerario, el ingenio de San Pedro Alejandrino. El lugar lo invita al recuerdo, por primera vez en *El general en su laberinto*, del ingenio de San Mateo, donde transcurrieron su infancia y su adolescencia. La asociación barroca entre la cuna y la sepultura insinúa que, después de todo, la trayectoria de la existencia semeja más un círculo que una línea recta. Cuando entra a la quinta y le muestran la habitación en la que habrá de morir, resuenan los ecos de un pasaje ya leído:

> El dormitorio que le asignaron le causó otro extravío de la memoria, así que lo examinó con atención meticulosa, como si cada objeto le pareciera una revelación. Además de la mesa de marquesina había una cómoda de caoba, una mesa de noche también de caoba con una cubierta de mármol y una poltrona forrada de terciopelo rojo. En la pared junto a la ventana había un reloj octogonal de números romanos parado en la una y siete minutos (256).

No sólo el mobiliario de la pieza se duplica, sino la circunstancia (y hasta las palabras del narrador, como si el mundo novelesco y el discurso tuvieran que someterse a la ley de la repetición). Efectivamente, también en Mompox, Bolívar recuerda una visita anterior, una escena primera que el relato mantiene en el silencio: así, el momento original parece —en un sentido literal— sólo susceptible de *re-presentarse*. No puede, de otro lado, ignorarse la estirpe quevediana del comentario que su último alojamiento suscita en Bolívar: "Nunca me había sentido tan cerca de mi casa" (256), declara el agonizante.

Un último detalle, que desafía triunfalmente el cálculo de probabilidades, subraya el contraste entre formas —o modelos— de tiempo. Aunque José Palacios "le dio cuerda al reloj y lo puso en la hora real" (256), aquél marcará de nuevo la hora anterior en el instante

de la muerte de Bolívar: a la una y siete minutos del 17 de diciembre
de 1830 expira el Libertador. Paradójicamente, el reloj se convierte en
herramienta de su propio descrédito, pues bajo la corriente única y
continua del tiempo secuencial se teje, misteriosamente, otro tiempo.
Borges sostiene que "la fijación cronológica de un suceso, de cualquier
suceso del orbe, es ajena a él, y exterior" (*Nueva refutación* 30). Sin
duda, el registro histórico necesita este procedimiento para situar los
procesos de los que se ocupa, pero establecer la precedencia o la
posterioridad de un hecho en relación a otros, aunque sea un ejercicio
útil, no dice en principio nada sobre su encadenamiento o su significado
intrínseco —de ahí, por ejemplo, que el mismo suceso pueda fecharse
de acuerdo a varios sistemas, sin que eso alcance para iluminarlo. Y,
sin embargo, *El general en su laberinto* no se resiste a contar las fechas
ni a precisar las horas. Prefiere, en vez de abolir esas operaciones,
alterar sutilmente su sentido. Por eso, en el momento de la muerte del
héroe —clímax y límite del texto—, el reloj trasciende su uso común y
adquiere un valor cabalístico: más que máquina de medir el tiempo,
deviene prueba de una profecía cumplida. La cronología, ese soporte
técnico de la escritura histórica, se vuelve al fin del relato en señal de
un orden irreductible a la razón de Estado, en índice de una realidad
que los rigores de la estrategia y las exigencias de la vida pública no
pueden abarcar.

Como se ha visto a lo largo del capítulo, *El general en su laberinto*
examina las imágenes de Bolívar y, en el proceso de evaluarlas, propone
su propia versión del Libertador. Arquitecto de sí mismo y de un proyecto
de integración continental, Bolívar ve destrozada su doble empresa
por la agencia del tiempo. Al término de su trayecto, el Bolívar de
García Márquez no puede alterar el curso de los acontecimientos ni
tiene el amparo de las naciones por las que luchó: el héroe no se
cuenta ya entre quienes hacen la Historia. La derrota no deja, sin embargo, de verse ambiguamente compensada, pues la irrupción
subrepticia de lo fantástico permite introducir una lógica alternativa a
la que encauza a la colectividad y el Estado. Según ella, la muerte le
concede al solitario protagonista de *El general en su laberinto* un retorno
simbólico al hogar perdido: irónicamente, es la memoria del pasado
doméstico, anterior al compromiso político y la experiencia del liderazgo,
la que cierra el círculo de la vida de Simón Bolívar.

PALABRAS FINALES

LAS CINCO NOVELAS ANALIZADAS en este libro discurren por franjas distintas de un mismo campo minado de problemas, paradojas, promesas y contradicciones: el siglo XIX latinoamericano. Más específicamente, cada una de ellas confronta el espinoso proceso de la forja y construcción de estados nacionales en sociedades moldeadas por una larga experiencia colonial. Los textos de Carpentier, Roa Bastos, Vargas Llosa, García Márquez y del Paso indagan, con énfasis diferentes, en cuestiones capitales como la definición de la comunidad nacional, el carácter del vínculo entre las élites dirigentes y el pueblo, los conflictos entre los impulsos revolucionarios y las resistencias de la tradición, los usos y los efectos de la violencia política, la naturaleza de las luchas de Emancipación y la índole de las relaciones entre América Latina y las grandes potencias modernas.

Contestatarias y críticas, las cinco novelas ilustran el propósito de releer el pasado latinoamericano a contrapelo de versiones hegemónicas y mitologías patrióticas. La razón de ser y el fundamento de esta actitud polémica se halla en la fractura del consenso en torno a las figuras y procesos históricos: en vez de celebrar fundaciones y exaltar héroes, los textos se concentran en encrucijadas y momentos de colisión. Al reivindicar la crisis como categoría central del saber y el quehacer de la historia, socavan la fe en el origen apoteósico de la nación y la certeza en el carácter esencial y metafísico de la identidad nacional.

Junto a la revisión y replanteo de las imágenes del pasado colectivo, cada uno de los relatos pone en relieve su propia hechura. De ahí que la reflexión sobre momentos y sujetos cruciales de las naciones se vea acompañada —y, más aun, garantizada— por el impulso auto-reflexivo. Antes que proponer una quimérica transparencia en la representación de los sucesos y personajes históricos, las novelas estudiadas resaltan los filtros y mediaciones a través de los cuales acceden a sus referentes. Así, todas ellas se fundan en una relectura heterodoxa y rigurosa de la bibliografía acumulada sobre la materia de la que se ocupan: el ademán erudito y la vocación polémica se conjugan en este trabajo intertextual que, en buena cuenta, constituye una forma de interpretación y crítica de la memoria escrita. Más aún, puede decirse que el carácter histórico de las novelas en cuestión depende fundamentalmente de las fuentes que convocan, del repertorio que las nutre. En la poética de los relatos, por otro lado, la distancia entre el tiempo de la escritura y el de lo narrado se traduce en el deslinde de dos dominios: el de los vivos y el de los difuntos (o, dicho en otros términos, el de los contemporáneos y el de los antepasados). Es preciso recalcar, a propósito de lo anterior, que las novelas históricas ofrecen una valoración moderna de la mortalidad, pues ésta —aparte de límite de la existencia humana— se convierte en la condición misma de la posteridad, esa forma secular de la trascendencia.

El siglo de las luces (1962), de Alejo Carpentier, muestra ejemplarmente la convergencia entre el escrutinio del devenir social y el examen de los procedimientos artísticos. La novela, que discurre entre 1791 y 1808, se ocupa del impacto de la flamante república francesa en el Caribe; tácita pero inequívocamente, ese periodo de crisis se conecta con el proceso revolucionario cubano, pues en la lógica del texto se entiende que el conocimiento histórico consiste en trazar los nexos entre el presente y el pasado, entre la actualidad y la memoria: sin duda, el horizonte ideológico y temático de *El siglo de las luces* es la Revolución y, más precisamente, sus encarnaciones en América Latina. Por otro lado, la problemática de la representación está inscrita en el mismo cuerpo del relato a través de dos motivos complementarios, el histriónico y el pictórico, que ilustran la naturaleza inestable y compleja de la mímesis. A lo largo de *El siglo de las luces*, la teatralidad penetra al mundo representado y se convierte en su clave principal, en su principio de coherencia. No es casual que a Esteban, el joven demócrata cubano, el París de la Convención le parezca diseñado "por un intendente de espectáculos" (95); más revelador todavía resulta que Víctor Hugues —el único protagonista que Carpentier rescató de la historiografía— se defina por su vocación histriónica. En lo que concierne a la pintura, su importancia la atestiguan los epígrafes de la serie "Los desastres de la guerra" y las alusiones a "El 3 de mayo", de Goya, así como las referencias a Hogarth y, sobre todo, la importancia emblemática de "Explosión en la catedral". El status de las artes plásticas

—como el del teatro— es crucial y ambiguo: los cuadros sirven para ilustrar hechos e ideas, pero su valor documental y su poder simbólico son siempre sospechosos.

El problema del sentido o la sinrazón de la praxis revolucionaria preocupa a la novela, que a través del triángulo formado por Víctor Hugues, Esteban y Sofía pone en escena tres posturas paradigmáticas ante el cambio social: el oportunismo, el escepticismo y el idealismo militante, respectivamente. Por cierto, al engarzar la intriga amorosa con la gesta histórica, *El siglo de las luces* concilia en el argumento las dimensiones íntima y social de sus personajes principales. Además, la novela dramatiza dos filosofías de la historia —una, progresista; la otra, circular— a través de las figuras de Esteban y Víctor Hugues, que encarnan los arquetipos del Espectador y el Actor. Si por medio de Esteban se presenta la apología de la espiral, esa línea que compendia la razón dialéctica, Víctor Hugues —compulsivamente entregado al histrionismo y la impostura— mostraría con su desalentadora trayectoria que el cambio social es, pese a todo, ilusorio. La controversia entre Esteban y Sofía sobre la legitimidad de la violencia revolucionaria —en la que se contrastan el rechazo a las vanguardias políticas con el apoyo fervoroso a la lucha armada— es también un buen ejemplo del funcionamiento de *El siglo de las luces*: el texto se ofrece, en gran medida, como un escenario donde se representan polémicamente los temas y problemas que inquietaban a la *intelligentsia* latinoamericana en el momento histórico que la Revolución cubana marca y define. Así, el pasado y el presente se refractan y conectan en el espacio de la representación, pero no sin que el texto —colmado de simetrías, desdoblamientos, guiños intertextuales y anacronismos deliberados— resalte que esa relación se sostiene tanto en la experiencia social como en el propio aparato retórico de *El siglo de las luces*.

En *Yo el Supremo* (1974), Augusto Roa Bastos reformula radicalmente la figura y la ejecutoria del doctor Gaspar Rodríguez de Francia, el estadista más importante del Paraguay decimonónico. Al ejercicio de revisión histórica se acopla la indagación insistente en los problemas de la memoria y el lenguaje, pues en la novela de Roa Bastos la acción política y la práctica discursiva no son sólo complementarias, sino análogas: en último análisis, a las dos las caracterizan la lucha entre contrarios y la voluntad de poder. Por eso, la contienda entre el gobernante y sus enemigos resulta —salvadas las diferencias de planos y objetos— similar a la querella entre la voz y la escritura, que es uno de los tópicos centrales del libro. Más aun, conviene resaltar que los dos órdenes de contradicción se trenzan en la pesquisa del pasquín apócrifo, que conforma la principal línea argumental de la novela.

El Dictador, apologista de la oralidad y censor de la letra, encarna ejemplarmente el logocentrismo, que Derrida identifica como la tradición mayor del pensamiento occidental; la misma filiación intelectual explica también que el protagonista no vea la clave y el sentido de la existencia en el devenir de los fenómenos, sino en el origen de éstos. En *Yo el Supremo,* el doctor Francia desconfía de la palabra escrita y mitifica tanto el comienzo de su propia vida como el inicio de su vínculo con la Nación; sin embargo, el Compilador y el relato mismo —en el cual abundan anacronismos, ironías, ambigüedades, paradojas, inscripciones apócrifas y citas de documentos históricos— cuestionan y desmantelan sistemáticamente las premisas que le dan forma al pensamiento del personaje principal. Así, dos modelos éticos y epistemológicos se confrontan en el espacio de la novela.

Por otro lado, la fragmentación del sujeto es un asunto capital en *Yo el Supremo,* pues permite considerar las relaciones entre el líder y el pueblo al que afirma representar. Aunque la persona pública y el fuero interno del doctor Francia están profundamente disociados, el Dictador no deja de considerarse a sí mismo como símbolo y garantía de la unidad nacional: la puesta en escena de esa paradoja constituye uno de los ejes del libro, que ilustra de ese modo los cruces y desencuentros de la subjetividad con la realidad histórica. De lo anterior se desprende que, en la novela de Roa Bastos, la esquizofrenia del personaje tiene un carácter fundamentalmente político, ya que la patología sirve para poner en evidencia los mecanismos simbólicos del poder.

Pese a la envergadura de las discrepancias entre el Dictador y el Compilador, la novela no ofrece un veredicto negativo sobre la gestión del doctor Francia. *Yo el Supremo* está lejos de cuestionar el autoritarismo del estadista paraguayo desde una postura demoliberal; al criticarlo, se funda claramente en una posición de izquierda que, junto al reconocimiento de los logros económicos y sociales del régimen, deplora sus deformaciones burocráticas. Las cuestiones de la soberanía, el auto-gobierno y la revolución social en la América Latina contemporánea se iluminan mediante el recurso al proceso más nacionalista, radical e igualitario que conoció el siglo XIX hispanoamericano. Si bien el texto traza ostensibles paralelismos entre el Paraguay del doctor Francia y la Cuba de Fidel Castro, no insinúa una identificación simplista y especular entre ambos: se trata de realidades distintas, pero conectadas por una problemática común. Intrincada y dialéctica, *Yo el Supremo* no pretende diluir los límites entre el presente y el pasado ni, tampoco, borrar las fronteras de la ficción con la historiografía. Por el contrario, el saber que propone la novela surge, sobre todo, de la manera inusitada en que estos dos pares se refractan y complementan.

La guerra del fin del mundo (1981), de Mario Vargas Llosa, aúna la convocatoria de la tradición literaria brasileña con el escrutinio de una crisis temprana de la República de Brasil. La crónica documentada y minuciosa de las cuatro campañas de Canudos, libradas en 1896 y 1897, procura establecer una versión fidedigna y verosímil de los acontecimientos; al mismo tiempo, en un contrapunto tan productivo como paradójico, la novela concentra su interés crítico en las manipulaciones del discurso y los impasses de la ideología. Las dos líneas, que a primera vista pueden parecer paralelas, convergen sin embargo hacia un mismo plano, pues ambas atañen la capacidad del lenguaje —artístico o histórico— para representar la experiencia social.

Con pertinacia, el relato ilustra cómo el juego de las percepciones y el trabajo de la interpretación afectan la fábrica de lo real. Así, el motivo de la mirada —que la miopía del periodista grafica irónicamente— sirve a lo largo de la novela para subrayar las limitaciones y contingencias a las que está sujeta toda representación. No es infrecuente que, en la conciencia de los actores, la realidad empírica resulte adulterada por espejismos, visiones y simulacros; de modo análogo, tampoco es inusual que los datos de los sentidos se sometan a los imperativos de la pasión política o el fervor religioso. Al interior de *La guerra del fin del mundo*, lo que se cree ver y lo que se cree entender pueden resultar igualmente engañosos. El error y la mentira, sin embargo, tienen un status ambivalente en el texto: bajo la luz de la ética, son del todo indefendibles; estéticamente, por el contrario, despiertan interés porque —y aquí radica su parecido con los enunciados de la ficción— no reflejan referentes, sino que los inventan. Hay que agregar, en cuanto al tratamiento de la representación, que los oficiantes de la escritura ocupan lugares de relieve en *La guerra del fin del mundo*. Es significativo, por ejemplo, que el periodista miope y el León de Natuba sean amanuenses de Moreira César y el Consejero: los escribientes, a pesar de su aspecto irrisorio o repulsivo, desarrollan una paradójica simbiosis con figuras carismáticas y dotadas de autoridad.

Por otro lado, la masiva hecatombe de Canudos —ese bautismo sangriento de la República— se debe en gran medida a accidentes y fracasos de la comunicación. Notoriamente, el fanatismo de republicanos y yagunzos impide toda forma de diálogo, de reconocimiento del *otro* como interlocutor válido. Aparte de la desconfianza mutua, otro factor ideológico y cultural explica que los bandos enemigos fueran incapaces de entenderse: la radical incompatibilidad de sus cosmovisiones. Mientras los defensores del nuevo Estado ven el mundo a partir de categorías seculares y modernas, los sertaneros ordenan la realidad según criterios míticos y sagrados. En la misma línea, es preciso advertir también que los contrincantes encarnan proyectos sociales antagónicos: la República liberal y laica que el Ejército respalda no se puede conciliar con el comunismo teocrático y arcaico que los yagunzos practican en Canudos.

Sin opacar el registro de las diferencias que separan a los adversarios, *La guerra del fin del mundo* traza también sus semejanzas. Esto lo hace, sobre todo, a través de paralelos entre figuras opuestas —el Consejero y Moreira César, por ejemplo— y del crucial diálogo entre el barón de Cañabrava y el periodista, que abre todos los capítulos de la cuarta y última sección de la novela. Resulta evidente que la intolerancia, la exaltación del sacrificio, la incapacidad de ejercer la auto-crítica y la primacía del grupo sobre el individuo son rasgos compartidos plenamente por los dos ejércitos. Además, *La guerra del fin del mundo* sugiere con énfasis que las pulsiones erótica y thanática rigen, en gran medida, el comportamiento humano; así, paradójicamente, la práctica y la conducta de los personajes se cimentaría en una capa anterior a la ideología y la historia. Interesa observar, a propósito de esta idea, la doble faz que muestra la violencia en *La guerra del fin del mundo* : por un lado, se trata de una práctica ejercida conscientemente; por el otro, es la manifestación más notoria de un sedimento irracional, natural, que sería común a todos los actores.

En *Noticias del Imperio* (1987), de Fernando del Paso, la mímesis del pasado se distingue por una erudita exuberancia y la proliferación de voces y registros. Del reinado efímero de Maximiliano y Carlota, así como de la resistencia juarista a la imposición monárquica, se ocupa prolijamente el relato. En la obra de del Paso, el diálogo con la historia no se expresa únicamente en el imponente caudal de datos, sino en la exhibición de los modos y recursos textuales que configuran el conocimiento histórico: la riqueza informativa se complementa con un amplio muestrario de géneros discursivos. Si al mundo representado lo define el conflicto, también el ámbito mismo de la representación se somete a la ley de la confrontación y el contraste: la variedad de puntos de vista, fuentes, tonos y estilos que puebla el texto indica, a las claras, que la imagen de los sucesos y personajes involucrados demanda un tratamiento plural y polifacético. Además, importa notar que, en *Noticias del Imperio*, el tiempo de la escritura sostiene con el de los acontecimientos narrados una doble relación: por una parte, el pasado ofrece antecedentes de circunstancias actuales (así, no deja de tener relieve que la deuda externa mexicana sirva como detonante de las crisis de los 1860 y los 1980); por el otro, las épocas ya vividas y cronológicamente circunscritas poseen un perfil propio, específico, que es preciso considerar.

En lo que atañe a la arquitectura del relato, ésta concilia los imperativos de la simetría con los de la heterogeneidad: los capítulos impares albergan los monólogos de la emperatriz loca, Carlota, mientras que cada uno de los capítulos pares se compone de tres secciones más o menos autónomas. Ciertamente, la emperatriz ocupa uno de los márgenes del vasto espectro de hablantes que la novela acoge; en el extremo opuesto al del discurso del anacronismo y el delirio se sitúa la voz autorial, que goza tanto del conocimiento de una bibliografía enorme como de la capacidad de meditar sobre su propio quehacer.

Las condiciones y características del saber histórico son materia de escrutinio en *Noticias del Imperio*. De ahí que la novela se interrogue no sólo sobre la posibilidad misma de registrar los hechos de modo fidedigno, sino también acerca de la pertinencia de indagar por el sentido del pasado. En lo que se refiere al status de los datos históricos, en la novela figuran tanto incertidumbres como aseveraciones categóricas: más pragmática que escéptica, la actitud del compilador frente a la información se funda en el examen detenido de las fuentes, no en un juicio a priori sobre la viabilidad de aprehender la verdad empírica. Distinta, aunque no del todo antagónica, es la postura de la voz autorial frente al problema de la interpretación; al negar inequívocamente que sea factible —o, incluso, deseable— la elaboración de una Historia Universal, el escritor admite que son varios los modelos que pueden dar cuenta del pasado. Sin embargo, la comprobación de esta pluralidad no desemboca en el relativismo, pues el texto dista de sostener la equivalencia intelectual y moral de las diversas maneras de hacer inteligible la historia. Así, en *Noticias del Imperio* es evidente el esfuerzo de moldear el material histórico con las convenciones del drama y el modo de la ironía: esos mecanismos retóricos y simbólicos —y no otros— son los que dan forma a los personajes y los acontecimientos.

Por último, importa señalar que la novela, aunque se halla ética y políticamente anclada en una clara posición anti-colonialista, no rechaza en absoluto la memoria de los frustrados emperadores de México. Al contrario, propone que Maximiliano y Carlota sean incorporados al panteón imaginario de un país al que los une su trayectoria vital y su destino, ya que no el origen —categoría que, por cierto, es desmitificada con persistencia en el curso del relato. Aparte de su cariz ceremonial, la vindicación póstuma de los monarcas vencidos ilustra con nitidez la actitud que orienta a *Noticias del Imperio*: en vez de reducir la experiencia nacional a lo estrictamente autóctono, el texto aboga por la apropiación simbólica y crítica de quienes, pese a su extranjería, son indesligables de la historia mexicana.

El general en su laberinto (1989), de Gabriel García Márquez, tiene por protagonista a la figura política más importante del siglo XIX latinoamericano. La elección del personaje —Simón Bolívar— y del foco temporal del relato —los últimos siete meses de vida del Libertador— relaciona ostensiblemente a la novela con la biografía histórica; esa inscripción, sin embargo, deviene problemática, pues *El general en su laberinto* está colmada de sutiles refracciones entre el registro documental y los fueros de la ficción (ciertamente, no es la menos significativa de ellas que el río Magdalena, camino final del héroe, sea tanto una referencia geográfica precisa como el soporte de un motivo clásico).

Por otro lado, el relato no deja de reconocer el terreno sobre el cual se erige ni la condición peculiar de su sujeto. En buena medida, *El general en su laberinto* se encarga de revisar, discutir y corregir la imagen heredada de Bolívar; complementariamente, enfatiza la importancia de la práctica retórica en la formación del protagonista, que de una manera profunda y radical se revela a lo largo del texto como un *hombre de letras*. El material escrito e iconográfico elaborado en torno a Bolívar, así como la propia producción textual del líder, sirven de sustrato y punto de partida a la ficción: al igual que los otros textos analizados en este libro, *El general en su laberinto* se funda en el trabajo de la relectura y se inscribe polémicamente en el corpus que delimita.

Ni apologética ni iconoclasta, la novela de García Márquez subraya el impacto del tiempo sobre la fisonomía y la persona de su protagonista: la dimensión diacrónica, a la que distinguen la movilidad y la fluidez, rige la representación del héroe. Es notorio que la voz narrativa indica sin eufemismos ni rodeos la admiración que le suscita Bolívar, a quien le reconoce dotes excepcionales; sin embargo, la agencia temporal libra al texto de ofrecer un retrato estático y rígido del protagonista, pues éste aparece figurado en distintos pasajes de vida: el cuerpo y la identidad del sujeto, su imagen pública e íntima, emergen así bajo el signo de la pluralidad y el cambio.

Significativamente, el personaje central de *El general en su laberinto* no sólo se empeña en construir naciones, sino que también se afana por labrar su propia persona. Émulo —pero no imitador— de Napoleón Bonaparte, Bolívar se aplica metódicamente a la tarea de inventarse a sí mismo para estar a la altura de su misión histórica. El sesgo melancólico y trágico de la novela se debe, en lo fundamental, a que el esfuerzo fáustico de Bolívar resulta minado por la acción de los años, la enfermedad y las voluntades ajenas. En suma, los impulsos formativos y constructores del sujeto son vencidos por fuerzas deletéreas, desintegradoras. Sin embargo, es evidente que en otro plano —el que vincula la actualidad con el pasado—, el Libertador no ha agotado su vigencia: aunque la novela no insiste en el legado bolivariano, la misma existencia del texto demuestra que la figura del líder es parte de la memoria colectiva latinoamericana. Además, el tratamiento de ciertos tópicos —la fragilidad de la democracia y el peso de la deuda externa, por ejemplo— sirve para conectar a Bolívar con el presente de las naciones que liberó.

Es preciso notar que si, a primera vista, *El general en su laberinto* parece distanciarse menos de la novela histórica clásica que las otras ficciones estudiadas en este volumen, una mirada más atenta disipa esa impresión superficial. Hay, en el texto de García Márquez, una corriente subrepticia que complica la aparente sujeción del relato al tipo de verosimilitud exigido por las muestras decimonónicas del género. Para comenzar, los linderos entre las fuentes historiográficas y las ficcionales se diluyen; así, por ejemplo, "El último rostro", de Alvaro Mutis, no es sólo reconocido como predecesor de *El general en su laberinto*, sino que su anécdota se incorpora furtivamente al mundo representado. Más aún, el fragmento de Mutis y la novela de García Márquez tienen en común el magisterio de Borges —con cuya producción, según se ha visto en el curso de los capítulos de este libro, se comunican también las demás novelas analizadas. En el texto de García Márquez, la imagen del laberinto y el melancólico estoicismo con el que el héroe encara la muerte evocan, sin duda, al autor de "Poema conjetural". Más notable aún es que se filtren premisas fantásticas en el cuerpo del relato. Contra la tradición verista de la ficción histórica, *El general en su laberinto* acoge la crítica borgeana del tiempo sucesivo, irrepetible y lineal: el motivo de la recurrencia del pasado, de la repetición circular del mismo instante, no puede reducirse al modelo de temporalidad en el cual se vierte el saber histórico occidental.

Por último, al concluir este recorrido a través de cinco obras mayores de la literatura hispanoamericana contemporánea, se impone subrayar una evidencia capital: en todas las novelas estudiadas, desde *El siglo de las luces* hasta *El general en su laberinto*, la representación de las crisis históricas y las crisis de la representación verbal constituyen tanto el objeto como el sustento de la escritura.

BIBLIOGRAFÍA

AÍNSA, FERNANDO. "La reescritura de la Historia en la nueva narrativa latinoamericana". *Cuadernos Americanos* 28 (1991): 12-31.

ALONSO, AMADO. *Ensayo sobre la novela histórica. El modernismo en "La gloria de don Ramiro".* Buenos Aires: Facultad de Filosofía y Letras de la Universidad de Buenos Aires, 1942.

ALONSO, CARLOS. "The Mourning After: García Márquez, Fuentes and the Meaning of Postmodernity in Spanish America". *MLN* 2 (1994): 252-67.

ALVAREZ BORLAND, ISABEL. "The Task of the Historian in *El general en su laberinto*" *Hispania* 3 (1993): 439-45.

ANDERSON, BENEDICT. *Imagined Communities: Reflections on the Origin and Spread of Nationalism.* London: Verso, 1983.

ARENDT, HANNAH. *Between Past and Future. Six exercises in political thought.* New York: The Viking Press, 1961.

ARIAS, SALVADOR. *Recopilación de textos sobre Alejo Carpentier.* Cuba: Casa de las Américas, 1977.

ASSIS, MACHADO DE. *Memorias posthumas de Braz Cubas.* Brail: W. M. Jackson Inc., 1940.

BAKHTIN, MIKHAIL. *The Dialogic Imagination.* Austin: University of Texas Press, 1981.

——. *Rabelais and his World.* Cambridge, Ma.: MIT Press, 1968.

BALDERSTON, DANIEL. "The Making of a Precursor: Carlyle in *Yo el Supremo*". *Symposium* 3 (1990): 155-64.

——. "Roa's Julio César: Commentaries and Reflections". *Chasqui* 1 (1990): 10-18.

——. "Eater-Reception and Decomposition: Worms in *Yo el Supremo*". *MLN* 2 (1986): 418-23.

——. "Cuerpo presente: restos corpóreos en *Yo el Supremo*". *Discurso literario* 1 (1992): 51-7.

BAREIRO SAGUER, RUBÉN. "Estratos de la lengua guaraní en la escritura de Augusto Roa Bastos". *Revista de crítica literaria latinoamericana*. 19 (1984): 35-45.

BARTHES, ROLAND. *Sade, Fourier, Loyola*. Francia: Editions du Seuil, 1971.

——. *Le degré zéro de l'écriture, suivi de Eléments de semiologie*. Holanda: Editions Gonthier, 1970.

BERNUCCI, LEOPOLDO. *Historia de un malentendido. Un estudio transtextual de La guerra del fin del mundo, de Mario Vargas Llosa*. New York: Peter Lang. U. Of Texas Studies in Contemporary Spanish-American Fiction, 1989.

BENVENISTE, EMILE. *Problèmes de linguistique générale*. France: Gallimard, 1966.

BERGERO, ADRIANA J. *El debate político. Modernidad, poder y disidencia en Yo el Supremo de Augusto Roa Bastos*. New York: Peter Lang, 1994.

BERMAN, MARSHALL. *All that is Solid Melts into Air. The experience of modernity*. USA: Penguin Books, 1988.

BOLÍVAR, SIMÓN. *Escritos políticos*. México: Editorial Porrúa, 1986.

BORGES, JORGE LUIS. *Prosa completa 2*. Barcelona: Bruguera, 1985.

——. *Obra poética. 1923-1964*. Buenos Aires: Emecé editores, 1964.

——. *Nueva antología personal*. España: Club Bruguera, 1980.

——. *Nueva refutación del tiempo*. Buenos Aires: Oportet & Haereses, 1947.

BRECHT, BERTOLT. *Brecht on Theatre*. London, 1974.

BRUCE-NOVOA, JUAN. *"Noticias del Imperio* y la historia apasionada" *Literatura mexicana* 2 (1990): 421-38.

BURNS, BRADFORD E. *Latin America. A concise interpretive history* USA: Prentice Hall, 1994.

CALDERÓN DE LA BARCA, PEDRO. *El gran teatro del mundo*. España: Editorial Alhambra, 1981.

CALVIÑO, JULIO. "El discurso de la esfinge. De mistagogias y onirocriticismos: *Yo el Supremo* como metábasis de inverosimilización". *Cuadernos hispanoamericanos* 493-94 (1991): 285-311.

CARPENTIER, ALEJO. *El siglo de las luces*. España: Seix Barral, 1983.

——. *El reino de este mundo*. Barcelona: Seix Barral, 1972.

——. *Tientos y diferencias*. Montevideo: Arca, 1970.

CARLYLE, THOMAS. *On Heroes, Hero-Worship and the Heroic in History*. Ed. Archibald Mac Mechan. Boston: Ginn and Co., 1901.

——. *Critical and Miscellaneous Essays. 4Th vol*. Boston: Estes and Lauriat Publishers, 1885.

CASTRO-KLAREN, SARA. "Locura y dolor: La elaboración de la historia en *Os sertões* y *La guerra del fin del mundo*". *Revista de crítica literaria latinoamericana* 20 (1984): 207-31.

————. "Santo and Cangaçeiros: Inscription without Discourse in *Os sertões* and *La guerra del fin del mundo*" *MLN* 2 (1986): 366-88.

CERTEAU, MICHEL DE. *L'écriture de l'histoire*. Paris: Gallimard, 1975.

CERVANTES, MIGUEL DE. *Don Quijote de la Mancha I y II*. Colombia: La Oveja Negra, 1983.

CHAO, RAMÓN. *Palabras en el tiempo de Alejo Carpentier*. España: Argos Vergara, 1984.

CHAVES, JULIO CÉSAR. *El Supremo Dictador*. Madrid: Gráficas Yagües, 1964.

CLARK, STELLA y GONZÁLEZ, ALFONSO. "*Noticias del Imperio:* La 'verdad histórica' y la novela finisecular en México". *Hispania* 4 (1994): 731-37.

CLAUSEWITZ, CARL VON. *On War*. Traducción de Michael Howard y Peter Paret. Princeton, New Jersey: Princeton UP, 1976.

COCHRANE, C. N. *Christianity and Classical Culture*. New York, 1944.

COHN, NORMAN. *The Pursuit of the Millenium*. New York: Oxford UP, 1970.

COLEMAN, ALEXANDER. "Gabriel García Márquez. *El general en su laberinto*". *Review: Latin American Literature and Arts* 41 (1989): 5-8.

CORNEJO POLAR, ANTONIO. *Escribir en el aire. Ensayo sobre la heterogeneidad socio-cultural en las literaturas andinas*. Lima: Editorial Horizonte, 1994.

——. "*La guerra del fin del mundo*: sentido (y sinsentido) de la historia." *Hispamérica* 31 (1982): 3-14.

CUNHA, EUCLIDES DA. *Os sertões. Campanha de Canudos*. Brasil: Livraria Francisco Alves Editora, 1984.

CURTIUS, ERNEST. *Literatura europea y Edad Media latina I*. Traducción de Margit Frenk Alatorre y Antonio Alatorre. México: FCE, 1955.

DAVIS, MARY. "Sophocles, García Márquez and the Labyrinth of Power" *Revista Hispánica Moderna* 1 (1991): 108-123.

DEANE, SEAMUS. "Introduction". En *Nationalism, Colonialism and Literature*. Minneapolis: U. Of Minnesota Press, 1990. 3-19.

DERRIDA, JACQUES. *De la grammatologie*. Paris: Editions de Minuit, 1967.

FELL, CLAUDE. "Historia y ficción en *Noticias del Imperio* de Fernando del Paso". *Cuadernos americanos* 28 (1991): 77-89.

FLAUBERT, GUSTAVE. *Correspondance*. 3 vols. Paris: Gallimard, 1973-91.

FOURNIAL, GEORGES. "José Gaspar de Francia, el Robespierre de la Independencia americana". En: *Seminario sobre Yo el Supremo, de Augusto Roa Bastos*. Poitiers: Publications de Centre de Recherches Latino-Americaines de l'université de Poitiers, 1976. 7-25.

FRANCO, JEAN. "El pasquín y los diálogos de los muertos. Discursos diacrónicos en *Yo el Supremo*". En: *Augusto Roa Bastos y la producción cultural americana*. Ed. Saúl Sosnowski. Buenos Aires: Ediciones de la Flor, 1986. 179-196.

GARCÍA MÁRQUEZ, GABRIEL. *El general en su laberinto*. España: Mondadori, 1989.

GEBAUER, GUNTER y WULF, CHRISTOPH. *MIMESIS. Culture-Art-Society*. USA: University of California Press, 1995.

GENETTE, GÉRARD. *Palimpsestes*. Paris: Editions du Seuil, 1982.

GONZÁLEZ ECHEVARRÍA, ROBERTO. *The Voice of the Masters. Writing and authority in modern Latin American literature*. Austin: University of Texas Press, 1985.

————. *Myth and Archive. A theory of Latin American narrative*. New York: Cambridge UP, 1990.

————. *Alejo Carpentier: El peregrino en su patria*. México: UNAM, 1993.

————. "García Márquez y la voz de Bolívar" *Cuadernos Americanos* 28 (1991): 63-76.

GONZÁLEZ, EDUARDO. *Alejo Carpentier: el tiempo del hombre*. Caracas: Monte Ávila, 1978.

GONZÁLEZ PÉREZ, ANÍBAL."Etica y teatralidad: *El retablo de las maravillas* de Cervantes y *El arpa y la sombra* de Alejo Carpentier". *La Torre* 27-28 (1994): 485-502.

GOULEMOT, JEAN. "Romans de langue espagnole et Revolution française (*Las memorias de un hombre de acción y El siglo de las luces)*". *Revue de littérature comparée*. 4 (1989): 513-24.

GUTIÉRREZ CELY, EUGENIO y PUYO VASCO, Fabio. *Bolívar día a día. 3 vols*. Bogotá: Procultura, 1983.

HAMBURGER, KATE. *The Logic of Literature*. Traducción de Marylinn Rose. USA: Indiana UP, 1993.

HARRIS, ENRIQUETA. *Goya*. Hong Kong: Phaidon Press Limited, 1994.

HEGEL, WILHELM FRIEDRICH. *The Philosophy of History*. Traducido por J. Sibree. New York: Willey Book Co., 1944.

HELLER, AGNES. "History and the Historical Novel in Lukács". En: *The Modern German Historical Novel. Paradigms, problems, perspectives*. Eds. David Roberts y Philip Thomson. Great Britain: Berg, 1991. 19-33.

HERODOTO. *Los nueve libros de la historia*. Traducción de María Rosa Lida. Colombia: La Oveja Negra, 1983.

HOBSBAWM, ERIC. "Nacionalismo: ¿De quién fue la culpa?". *Márgenes* 9 (1992): 243-259.

JOYCE, JAMES. *Ulysses*. USA: Vintage International, 1990.

KAPLAN, ROGER. "Beyond Magic Realism". *Commentary* (Diciembre 1984): 63-7.

KERMODE, FRANK. *The Sense of an Ending. Studies in the theory of fiction*. USA: Oxford UP, 1967.

LACAN, JACQUES. *Écrits 1*. Paris: Editions du Seuil, 1966.

LARSEN, NEIL. "A Note on Lukács' *The Historical Novel* and the Latin American Tradition". En: *The Historical Novel in Latin America. A Symposium*. Ed. Daniel Balderston. USA: Hispamérica, 1986. 121-28.

LEONI, ANNE. "'L'Explosion dans une cathédrale' dans *Le siècle des lumiéres* d'Alejo Carpentier". En: *Art et littérature*. Ed. André Rousseau. Aix-en-Provence: Univ. de Provence, 1988. 381-94.

LEZAMA LIMA, JOSÉ. *Paradiso*. Madrid: Cátedra, 1993.

LIENHARD, MARTIN. "Roa Bastos y la literatura del área 'tupí-guaraní'". *Escritura*. 30 (1990): 321-41.

LUKÁCS, GEORG. *The Historical Novel.* Traducido por Hannah y Stanley Mitchell. Boston: Beacon Press, 1963.

——. *The Theory of the Novel. A historical-philosophical essay on the forms of great epic literature.* Londres: The Merlin Press, 1971.

MACÉ, MARIE-ANNE. "*Le siècle des lumières* ou les turbulences baroques". En: *Quinze études autour de El siglo de las luces, de Alejo Carpentier.* Francia: L'Harmattan, 1983. 191-203.

MALRAUX, ANDRÉ. *La condition humaine.* Paris: Gallimard, 1939.

MARAVALL, JOSÉ ANTONIO. *La cultura del Barroco. Análisis de una estructura histórica.* Barcelona: Ariel, 1980.

Mármol, José. *Amalia.* México: Editorial Porrúa, 1987.

MÁRQUEZ RODRÍGUEZ, ALEXIS. *Historia y ficción en la novela venezolana.* Caracas: Monte Ávila Editores, 1991.

——. *Ocho veces Alejo Carpentier.* Venezuela: Grijalbo, 1992.

MARTIN, GERALD. *Journeys through the Labyrinth. Latin American Fiction in the Twentieth Century.* London: Verso, 1989.

——. "On Dictatorship and Rhetoric in Latin American Writing: A Counter-Proposal" *Latin American Research Review* 3 (1982): 207-27.

MARX, KARL y ENGELS, FRIEDRICH. *The German Ideology.* Moscú: Progress Publishers.

MASIELLO, FRANCINE. *Between Civilization and Barbarism. Women, nation, and literary culture in modern Argentina.* USA: University of Nebraska Press, 1992.

MAUTNER WASSERMAN, RENATA. "Mario Vargas Llosa, Euclides da Cunha, and the Strategy of Intertextuality". *PMLA* 3 (1993): 460-73.

MC ADAM, ALFRED. "Euclides da Cunha y Mario Vargas Llosa: Meditaciones intertextuales". *Revista Iberoamericana* 126 (1984): 157-64.

MENESES, CARLOS. "La visión del periodista, tema recurrente en Vargas Llosa". *Revista Iberoamericana* 123-24 (1983): 523-29.

MENTON, SEYMOUR. *Latin America's New Historical Novel*. Austin: University of Texas Press.(1993).

MITCHELL, W. J. T. "Representation". En: *Critical Terms for Literary Study*. Eds. Frank Lentricchia y Thomas Mc Laughlin. USA: The University of Chicago Press, 1990. 11-22.

MUTIS, ÁLVARO. *Obra literaria. Prosas. Tomo II*. Bogotá: Procultura, 1985.

NERUDA, PABLO. *Canto General*. México: Ediciones Océano, 1952.

NIETZSCHE, FRIEDRICH. *On the Genealogy of Morality*. Traducción de Carol Diethe. Cambridge: Cambridge UP,1994.

OLMEDO, JOSÉ JOAQUÍN DE. *Poesías completas*. México: FCE, 1947.

ORTEGA, JULIO. "Sobre *El siglo de las luces*". En: *Asedios a Carpentier. Once ensayos críticos sobre el novelista cubano*. Ed. Klaus Müller-Bergh. Santiago de Chile: Editorial Universitaria, 1972. 191-206.

OVIEDO, JOSÉ MIGUEL. *Antología crítica del cuento hispanoamericano del siglo XX (1920-1980) 2. La gran síntesis y después*. España: Alianza Editorial,1992.

——. "Vargas Llosa en Canudos: versión clásica de un clásico". En: *La guerra del fin del mundo*, de Mario Vargas Llosa. Caracas: Biblioteca Ayacucho, 1991. IX-XXVII.

PACHECO, CARLOS. "La intertextualidad y el compilador: nuevas claves para una lectura de la polifonía en *Yo el Supremo*". *Revista de crítica literaria latinoamericana* 19 (1984): 47-72.

——. "Yo/Él: Primeras claves para una lectura de la polifonía en *Yo el Supremo*". En: *Augusto Roa Bastos y la producción cultural americana*. Ed. Saúl Sosnowski. Buenos Aires: Ediciones de la Flor, 1986. 151-78.

PALENCIA-ROTH, MICHAEL. "Gabriel García Márquez: Labyrinths of Love and History" *World Literature Today* 1 (1991): 54-8.

PARKINSON ZAMORA, LOIS. "The Usable Past: The Idea of History in Modern U.S. And Latin American Fiction". En: *Do the Americas Have a Common Literature?*. Ed. Gustavo Pérez Firmat. Durham y Londres: Duke UP, 1990. 7-41.

PASO, FERNANDO DEL. *Noticias del Imperio*. España: Mondadori, 1987.

PASTOR, BEATRIZ. "Carpentier's Enlightened Revolution, Goya's Sleep of Reason". En: *Representing the French Revolution. Literature, historiography, and art.* Ed. James A. W. Haffernan. Hannover: UP of New England, 1992. 261-76.

PAZ, OCTAVIO. *Los hijos del limo*. Barcelona: Seix Barral, 1974.

PEREIRA DE QUEIROZ, MARIA ISAURA. *O messianismo no Brasil e no mundo*. São Paulo: Dominus Editora, 1965.

PLA, JOSEFINA. "*Yo el Supremo* desde el pasquín pórtico". *Cuadernos hispanoamericanos* 493-94 (1991): 249-54.

PONS, MARÍA CRISTINA. "*Noticias del Imperio*: entre la imaginación delirante y los desvaríos de la historia" *Hispamérica* 69 (1994): 97-108.

RAMA, ÁNGEL. *La crítica de la cultura en América Latina*. Caracas: Editorial Ayacucho, 1985.

RATTO-CIARLO, JOSÉ. *Choquehuanca y la contrarrevolución*. Caracas: Comité del Bicentenario de Simón Bolívar.

RENGGER, JOHANN y LONGCHAMP. *Ensayo histórico sobre la revolución del Paraguay y el gobierno dictatorio del Doctor Francia*. Traducción de D. J. C. Pages. Paris: Imprenta de Moreau, 1828.

RICCIO, ALESSANDRA. "El cambio en la fijeza: Alejo Carpentier y Monsú Desiderio". *Annali Istituto Universitario Orientale*. 2 (1986): 619-28.

Rincón, Carlos. "Metaficción, historia, posmodernismo. A propósito de *El general en su laberinto*" *Nuevo texto crítico* 9-10 (1992): 169-96.

RINCÓN, CARLOS. "El SeudoBrecht". *Eco* 1-2 (1967) : 82-104.

ROA BASTOS, AUGUSTO. *Yo el Supremo*. México: Siglo XXI, 1981.

———. "Algunos núcleos generadores de un texto narrativo". En: *L'ideologique dans le texte.*Toulouse: Université de Toulouse-Le Mirail, 1978. 67-95.

———. "La narrativa paraguaya en el contexto de la narrativa hispanoamericana actual". En: *Augusto Roa Bastos y la producción cultural americana*. Ed. Saúl Sosnowki. Buenos Aires:Ediciones de la Flor, 1986. 117-38.

———. *El fiscal*. México: Alfaguara, 1993.

ROA, MIGUEL. "Alejo Carpentier: el recurso a Descartes". *Cuba internacional*. 59 (1974): 46-51.

ROBERTSON, JOHN PARISH y WILLIAM PARISH ROBERTSOn. *Letters on Paraguay: Comprising an Account of a Four Years' Residence in that Republic, under the Government of the Dictator Francia.* 3 vols. London: John Murray, 1839.

RODRÍGUEZ MONEGAL, EMIR. *Borges, una biografía literaria.* México: FCE, 1987.

ROTTERDAM, ERASMO DE. *Elogio de la locura.* Traducido por Oliverí Nortes Valls. Colombia: La Oveja Negra, 1983.

RUFFINELLI, JORGE. "Vargas Llosa: Dios y el Diablo en la Tierra del Sol". *La palabra y el hombre* 42 (1982): 10-18.

RUIZ RIVAS, HÉCTOR. "Francia en México: La expresión de lo local y lo foráneo en *Noticias del Imperio* de Fernando del Paso". *Caravelle. Cahiers du monde hispanique et luso-brasilien* 58 (1992): 49-64.

SAAD, GABRIEL. "Instances de la lettre dans l'Inconscient et dans le texte". En: *Fiction, narratologie, texte, genre: Symposium de l'Association internationale de littérature comparée. Xième congrés international.* Ed. Jean Bessiére. 97-105.

SÁENZ, INÉS. *Hacia la novela total: Fernando del Paso.* Madrid: Editorial Pliegos, 1994.

SAID, EDWARD. *The World, the Text, the Critic.* Cambridge,Ma.: Harvard UP, 1983.

SANTANDER, CARLOS. "Historicidad y alegoría en *El siglo de las luces*, de Alejo Carpentier". En: *Les étapes d'une libération: Hommage a Juan Marinello et Noel Salomon.* Ed. Robert Jammes. Toulouse: Univ. de Toulouse-Le Mirail, 1979-80. 307-17.

SARMIENTO, DOMINGO FAUSTINO. *Facundo. Civilización y Barbarie. Vida de Juan Facundo Quiroga.* México: Editorial Porrúa, 1985.

SCOTT, WALTER. *Waverley.* England: Penguin Books, 1985.

SEGHERS, PIERRE. *Monsú Desiderio ou le théâtre de la fin du monde.* Paris: Ed. Lafont, 1981.

SILVA-CÁCERES, RAÚL. "Un desplazamiento metonímico como base de la teoría de la visión en *El siglo de las luces*". *Revista Iberoamericana.* 123-24 (1983): 487-96.

SOMMER, DORIS. "Not Just Any Narrative: How Romance Can Love Us To Death". En: *The Historical Novel in Latin America. A Symposium.* Ed. Daniel Balderston. USA: Hispamérica, 1986. 47-73.

SOUZA, RAYMOND. *La historia en la novela hispanoamericana moderna.* Bogotá: Tercer Mundo editores, 1988.

SPEIRS, RONALD. *Bertolt Brecht.* New York: St. Martin's Press, 1987.

THOMAS, PETER. "Historiographic Metafiction and the Neo-Baroque in Fernando del Paso's *Noticias del Imperio*". *Indiana Journal of Hispanic Literatures.* 6-7 (1995): 169-84.

TODOROV, TZVETAN, *Introduction a la littérature fantastique.* Paris: Editions du Seuil, 1976.

TOPOROV, V. N. "Les sources cosmologiques des premiéres descriptions historiques". En: *Travaux sur les systèmes de signes.* Ecole de Tartu. Bruselas: Editions Complexe, 1976.

TOVAR BLANCO, FRANCISCO. "El pasquín ológrafo en *Yo el Supremo*". *Cuadernos hispanoamericanos.* 493-94 (1991): 255-64.

TURTON, PETER. "*Yo el Supremo*: Una verdadera revolución novelesca". *Texto crítico* 12 (1979): 10-60.

VARGAS LLOSA, MARIO. *La guerra del fin del mundo*. España: Plaza & Janés, 1981.

——. *La verdad de las mentiras*. España: Seix Barral, 1990.

——. "Carta de batalla por *Tirant lo Blanc*". En: *Tirant lo Blanc*. Vol. *I*, de Joanot Martorell. Madrid: Alianza Editorial, 1969. 7-28.

——. "Inquest in the Andes". *New York Times Magazine* 31 de julio de 1983: 18.

VELAYOS ZURDO, OSCAR. *Historia y utopía en Alejo Carpentier*. Salamanca: Eds. Universidad de Salamanca, 1990.

VERDESIO, GUSTAVO. "Verba quoque manent: *Yo el Supremo* como desconstrucción de la ciudad letrada". *Hispamérica* 66 (1993): 31-44.

VILANOVA, A. "El tema del Gran Teatro del Mundo". *Boletín de la Real Academia de Buenas Letras de Barcelona*. 23 (1950): 341-72.

VOLTAIRE. *L'Ingénu et autres contes*. Paris: Booking International,1993.

WALL, CATHERINE. "The Visual Dimension of *El siglo de las luces*: Goya and 'Explosión en una Catedral'". *Revista Canadiense de Estudios Hispánicos*. 1 (1988): 148-57.

WALKER, JOHN. "Canudos Revisited: Cunninghame Graham, Vargas Llosa and the Messianic Tradition". *Symposium* 4 (1987-88): 308-16.

WEBB, BARBARA. *Myth and History in Caribbean Fiction. Alejo Carpentier, Wilson Harris, and Edouard Glissant*. Amherst: The University of Massachusetts Press, 1992.

WELDT-BASSON, HELENE. "The Purpose of Historical Reference in Gabriel García Márquez' *El general en su laberinto.*" *Revista Hispánica Moderna* 1 (1994): 96-108.

———. *Augusto Roa Bastos's I the Supreme. A dialogic perspective.* Columbia y Londres: University of Missouri Press, 1993.

WHITE, HAYDEN. *Metahistory. The historical imagination in Nineteenth-Century Europe.* Baltimore: The Johns Hopkins UP, 1973.

———. *The Content of the Form. Narrative discourse and historical representation.* Baltimore: The Johns Hopkins UP, 1978.

ZAVALA, IRIS. "Estrategias textuales de la novela barroca". En: *La ínsula sin nombre (Homenaje a Nilita Vientós Gastón, José Luis Cano y Enrique Canto).* Madrid: Ed. Orígenes, 1990.

ZEA, LEOPOLDO. *Dos etapas del pensamiento en Hispanoamérica. Del romanticismo al positivismo.* México: El Colegio de México, 1949.

ÍNDICE

Este libro se terminó de imprimir en julio de 1997
en los Talleres de Atenea Impresores - Editores,
Av. De la Aviación, 319, Lima 18, Perú. En su
composición se utilizó Garamond 10:13, 11:13 y
7:8 puntos. La edición, de 1,000 ejemplares, estuvo
al cuidado de Maruja Martínez y Luis Valera.